中国发展研究基金会
China Development Research Foundation

中国发展研究基金会

汇率博弈

人民币汇率制度改革影响评估

AN ASSESSMENT ON THE REFORM OF CHINA'S EXCHANGE RATE REGIME

中国发展出版社

图书在版编目（CIP）数据

汇率博弈：人民币汇率制度改革影响评估/中国发展研究基金会.
北京：中国发展出版社，2011.4
ISBN 978-7-80234-558-4

Ⅰ.①汇… Ⅱ.①中… Ⅲ.①人民币汇率—货币制度—经济体制改革—评估Ⅳ.①F832.63

中国版本图书馆 CIP 数据核字（2011）第 041158 号

书　　　名：	汇率博弈：人民币汇率制度改革影响评估
著作责任者：	中国发展研究基金会
出 版 发 行：	中国发展出版社
	（北京市西城区百万庄大街 16 号 8 层 100037）
标 准 书 号：	ISBN 978-7-80234-558-4
经　销　者：	各地新华书店
印　刷　者：	北京明恒达印务有限公司
开　　　本：	720×1000mm　1/16
印　　　张：	14.75
字　　　数：	225 千字
版　　　次：	2011 年 4 月第 1 次版
印　　　次：	2011 年 4 月第 1 次印刷
定　　　价：	40.00 元

联系电话：（010）68990630　68990692
购书热线：（010）68990682　68990686
网　　址：http://www.develpress.com.cn
电子邮件：bianjibu16@vip.sohu.com

版权所有·翻印必究

本社图书若有缺页、倒页，请向发行部调换

"人民币汇率制度改革影响评估"
课题简介

本课题旨在对 2005 年人民币汇率形成机制改革的经济影响进行全方位的评估。基于微观企业数据、海关统计数据以及银行业统计数据，本研究重点评估汇率制度改革对外向型企业生产经营状况、银行业发展、进出口贸易、国际资本流动、宏观经济、以及宏观调控手段有效性的影响。此外，课题利用计量模型对人民币实际均衡汇率水平进行估算，结合日本、德国以及韩国、台湾等新兴工业化国家（地区）的汇率制度改革经验，对人民币汇率的近期调整以及中长期汇率制度改革提出政策建议。

本课题具有以下几方面的特点：（1）本课题是对 2005 人民币汇率制度改革的事后评估；（2）对汇率制度改革经济影响的全面、系统的评估，包含了企业、产业、银行业、宏观经济绩效等不同层面、不同范围的评估内容；（3）课题的研究服务于"十二五"规划的制定以及未来更长期的国家经济体制改革的需要；（4）从经济结构转型和国际比较的视角开展相关的研究。

"人民币汇率制度改革影响评估"课题组

组　　　长　卢　迈，中国发展研究基金会秘书长

副　组　长　汤　敏，中国发展研究基金会副秘书长

分课题负责人　张小济，国务院发展研究中心对外经济研究部研究员

　　　　　　　李善同，国务院发展研究中心发展战略与区域经济研究部研究员

　　　　　　　张　帆，北京大学国家发展研究院教授

　　　　　　　黄益平，北京大学国家发展研究院教授

　　　　　　　连　平，交通银行首席经济学家

　　　　　　　温建东，国家外汇管理局国际收支司研究员

　　　　　　　张　斌，中国社会科学院世界经济与政治研究所研究员

项　目　官　员　俞建拖，中国发展研究基金会项目主任

各分课题负责人及参与人员以个人身份参与本项研究，报告中的观点不代表各课题组成员所在单位的官方观点。

前　言

　　汇率是一国商品和资产对外的"总价格"。在开放经济条件下，汇率的水平以及汇率制度的选择对于一个国家的经济发展具有全局性影响。此外，汇率的调整还涉及复杂的国际政治经济博弈。作为一种价格，汇率既要保持相对的稳定，也要反映市场的供求状况。因此，合理地选择汇率制度对国内国外两个市场的资源配置和争取有利国际环境非常重要。

　　鉴于汇率问题的重要性，中国发展研究基金会决定将其列入研究计划。我们注意到，目前国内关于人民币汇率的讨论已经非常丰富，著述众多，但关于中国 2005 年的汇率制度改革的跟踪研究还不多。从 2005 年 7 月至 2009 年底，人民币对美元已经升值 17%，实际有效汇率升值了近 16%，各种理论分析和假定都应通过政策评估加以检验。因此，我们决定从对 2005 年汇率制度改革影响的评估入手，开展我们的研究。这一想法得到了国务院发展研究中心原主任、中国发展研究基金会理事长王梦奎同志的肯定和支持，随后理事长办公会批准了项目计划。中国人民银行副行长、国家外汇管理局局长易纲教授也对课题给予了关注和支持。

　　这项研究也得到了相关领域专家的积极响应，2010 年 1 月和 4 月，基金会组织了两次专家论证会，并在此基础上成立了由国务院发展研究中心、北京大学、中国社会科学院、国家外汇管理局、交通银行的专家学者组成的课题组。截至 10 月底，各位专家均出色地完成了报告，各分课题及其负责人分别是："人民币汇率调整对宏观经济的影响"（黄益平）、"人民币汇率变动对国际贸易的影响分析"（张小济）、"人民币汇率变动对外向型企业的影响分析"（张帆）、"人民币汇率变动对银行业的影响分析"（连平），"人民币实际均衡汇率的测算"（李善同）、"人民币汇率制度改革策略与宏观经济政策配套"（温建东）、"经济转型与汇率制度选择的国际比较研究"（张斌）。

　　在 7 份分报告的基础上，中国发展研究基金会于 2010 年 11 月底完成了"对 2005 年汇率制度改革影响的评价"，并提交了我们的政策建议。

课题组成员都是汇率研究方面的优秀专家。由于在研究内容上各有侧重，加上研究视角、方法和数据上的差异，大家对于汇率失衡程度判断以及汇率调整的幅度与方式的看法并不完全一致，但是经过多次内部讨论和交流，课题组在汇改影响的一些基本事实和基本的政策导向上形成了共识。

课题组的研究表明，2005年7月以来的汇率形成机制改革成效显著。汇改对宏观经济运行的负面影响小，缓解了汇率和国际收支失衡，明确了产业结构的升级方向，也给外向型企业的升级转型留出了时间，银行业资产质量保持良好。

课题组专家认为，我国所采取的渐进式策略是正确的，一次性大幅升值既无必要，也不可行。当前仍须真正落实有管理的浮动和参考一篮子货币的参照体系，把握国内外宏观经济的有利时机，以小幅、快速调整的方式使汇率回归均衡水平，同时确立经常项目顺差和外汇储备增量的调控目标。此外，汇率制度改革不能单兵突进，应该与能源价格改革、资源与环境税制改革及工资制度改革等一揽子措施进行综合配套。

在本项目设计和研究过程中，卢锋、左小蕾、吴晓求、巴曙松、丁志杰、施建淮、翟凡、张陶伟、高婧漪、邢自强、杨长涌等许多专家都提供了宝贵的建议。中国发展研究基金会承担了此次报告的全部组织工作，基金会项目主任俞建拖除了负责项目的具体组织工作外，也参与了课题的研究和报告的撰写。

中国发展研究基金会自2007年起设立了"发展研究基金"，用于政策研究。认同基金会的宗旨的企业和个人，对基金提供捐赠，而基金会决定研究项目。今年香港恒隆集团和中国国际金融有限公司为基金提供了慷慨的资助，使这项研究得以顺利完成。

值此报告付梓之际，谨代表中国发展研究基金会，对全体课题组成员以及为本项研究工作提供支持的单位和个人表示诚挚的感谢！

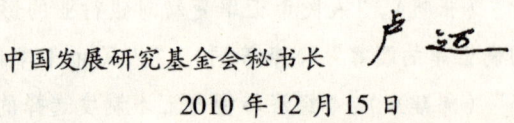

中国发展研究基金会秘书长 卢迈

2010年12月15日

目 录

人民币汇改评估澄清六大认识误区
 ——在汇率课题发布会上的讲话 ·· 1

人民币汇率制度改革影响评估：课题成果综述 ·························· 6
 一、人民币汇率形成机制改革基本内容与进程 ······················· 6
  1. 2005 年人民币汇率形成机制改革的基本内容 ················· 6
  2. 汇改启动以来的人民币汇率走势 ································· 8
  3. 汇改以来人民币一篮子货币的变化 ····························· 10
 二、人民币汇率制度改革的影响评估 ···································· 11
  1. 汇率变动对我国宏观经济的影响 ································ 11
  2. 汇率调整对国际资本流动的影响 ································ 12
  3. 汇率变动对我国进出口贸易的影响 ····························· 13
  4. 汇率调整对外向型企业的影响 ··································· 16
  5. 汇率升值对银行业的影响 ··· 16
  6. 汇率制度改革对消除汇率失衡的影响 ·························· 18
 三、汇率政策调整的国际经验 ·· 22
  1. 德国汇率制度改革的经验与教训 ································ 22
  2. 日本汇率制度改革的经验与教训 ································ 25
  3. 德国和日本汇率政策调整的启示 ································ 28
 四、政策建议 ··· 29

人民币汇率调整对宏观经济和国民福利影响分析 ⋯⋯ 32

一、研究问题与分析框架 ⋯⋯ 32
二、汇率变动对宏观经济影响的实证分析 ⋯⋯ 37
1. 全球宏观经济模型分析 ⋯⋯ 37
2. 升值与经济增长的变化 ⋯⋯ 39
3. 国际收支与贸易结构 ⋯⋯ 41
4. 对国际资本流动的影响 ⋯⋯ 44
5. 汇率政策与通货膨胀 ⋯⋯ 47
6. 就业结构与收入分配 ⋯⋯ 49

三、汇率与宏观经济的国际经验比较 ⋯⋯ 53
1. 日元升值不是日本经济衰退的主要原因 ⋯⋯ 53
2. 马克升值与德国稳定的宏观经济环境 ⋯⋯ 55
3. 韩国汇率制度变化对其宏观经济的影响 ⋯⋯ 55
4. 台湾地区汇率制度变化对其宏观经济的影响 ⋯⋯ 56
5. 国际经验对人民币汇率制度改革的启示 ⋯⋯ 58

四、主要结论与政策建议 ⋯⋯ 59

人民币汇率升值对进出口贸易的影响 ⋯⋯ 65

一、我国进出口贸易发展的国际环境 ⋯⋯ 65
1. 经济全球化带动我国贸易快速增长 ⋯⋯ 65
2. 全球贸易失衡的趋势 ⋯⋯ 67

二、我国贸易顺差扩大的原因分析 ⋯⋯ 69
三、进出口贸易是否存在资源外流 ⋯⋯ 75
四、为什么人民币升值未能抑制出口快速增长 ⋯⋯ 76
五、人民币汇率政策应该立足于中长期发展战略 ⋯⋯ 82
1. 短期内人民币尚不具备大幅度升值的条件 ⋯⋯ 82
2. 加快要素市场定价改革有利于减轻人民币升值压力 ⋯⋯ 84

3. 通过适度鼓励进口和扩大境外投资平衡国际收支 ……… 85
4. 人民币升值的政策选择 …………………………………… 88

人民币汇率调整对外贸相关企业和行业的影响 ……………… 92

引 言 ………………………………………………………………… 92
一、汇率风险 ……………………………………………………… 93
二、我国外向型企业的经营情况和汇率升值的影响 ………… 94
   1. 全部企业的经营情况 …………………………………… 94
   2. 外向型企业经营情况和汇率升值的影响 ……………… 96
三、2005~2008 年汇率升值对企业经营的影响：一般分析 … 105
   1. 各种外向型企业面临的外汇风险 ……………………… 105
   2. 各主要出口行业受汇率变动的影响：其他研究 ……… 108
   3. 企业通常使用的风险规避手段 ………………………… 109
   4. 企业对汇率升值的反应 ………………………………… 109
四、2005~2008 年汇率升值对企业经营的影响：
    经济计量分析 ………………………………………………… 112
五、结论与政策建议 ……………………………………………… 119
附 录 ………………………………………………………………… 120

人民币汇率形成机制改革对商业银行的影响及其对策 …… 124

一、人民币汇率变化和形成机制改革对商业银行的影响 …… 124
   1. 授信业务：机遇和挑战并存 …………………………… 125
   2. 资金业务：喜忧参半 …………………………………… 138
   3. 外汇存贷款业务：影响显著，流动性管理压力较大 … 139
   4. 国际贸易结算业务：结构性影响 ……………………… 140
   5. 境外分行业务：获得新的机遇 ………………………… 141
   6. 其他影响：不容忽视 …………………………………… 142

二、银行的应对策略建议 ·············· 144
1. 有保有压，有进有退，有针对性地优化信贷结构 ·············· 144
2. 加强业务联动，进一步优化外币资产负债业务的发展策略 ·············· 146
3. 抓住升值机遇，积极拓展业务领域 ·············· 146
4. 在有效控制汇兑风险的前提下有针对性地发展国际结算业务 ·············· 146
5. 大力拓展跨境人民币结算业务 ·············· 146
6. 着力提升外汇资金业务的产品创新能力，优化人民币资金业务的品种结构，大力培养和引进资金业务专业人才 ·············· 147
7. 积极稳妥地开展海外并购和增设海外机构，着力提升国际化经营能力 ·············· 148
8. 努力规避再融资的汇率风险 ·············· 148

附录：人民币汇率变化对银行不良贷款率影响的实证检验 ·············· 148

人民币实际均衡汇率的测算 ·············· 156

引　言 ·············· 156

一、近期有关人民币实际均衡有效汇率的文献的回顾 ·············· 157

二、基本均衡汇率（FEER）方法的测算 ·············· 158
1. 基本均衡汇率的计算原理 ·············· 158
2. 贸易弹性的估计 ·············· 160
3. 均衡经常项目的设定 ·············· 161
4. FEER 的计算与分析 ·············· 162
5. 人民币"事前均衡汇率"2010～2015 年 ·············· 163
6. 基于"事前均衡汇率"人民币双边名义汇率升值幅度 ·············· 165

三、行为均衡有效汇率方法（BEER）的测算 ·············· 167
1. 行为均衡汇率理论的原理 ·············· 167

  2. 计量模型和变量选择 ································· 168
  3. 模型的检验和估计 ··································· 168
  4. 实际汇率失调程度的估算及分析 ················· 170
 五、扩展购买力平价方法 ································· 172
  1. 模型及其说明 ·· 172
  2. 数据说明 ·· 173
  3. 实证结果 ·· 173
 六、人民币均衡汇率水平的判断及人民币汇率政策建议 ····· 175
  1. 不同研究方法的评估及人民币均衡汇率水平判断 ··· 175
  2. 人民币汇率政策的建议 ···························· 175
 附录：变量定义及数据来源 ···························· 176

人民币汇率政策改革策略与宏观经济政策配套 ········· 179

 一、影响人民币汇率走势的主要因素 ················· 179
  1. 中国实体经济表现是人民币汇率变动的基础 ········ 179
  2. 国际收支持续大量顺差是人民币升值的直接原因 ··· 180
  3. 国际汇率走势影响人民币多边汇率 ·············· 181
  4. 国际环境对人民币汇率产生压力 ················· 181
 二、人民币汇率变动对跨境资本流动的影响 ········· 182
  1. 人民币汇率变动对整体资本流动的影响 ········· 183
  2. 汇率变动对投机性资本流动的影响 ·············· 186
 三、2005 年以来人民币汇率机制变化及其对我国宏观经济
  调控手段的影响 ······································· 189
  1. 2005 年以来人民币汇率机制变化 ··············· 189
  2. 汇率形成机制改革对宏观经济调控手段的影响 ····· 194
 四、近中期人民币汇率调整的策略及其配套政策 ··· 197
  1. 近中期人民币汇率调整的策略 ···················· 197

  2. 近中期人民币汇改配套措施 …………………………………… 198
五、中长期人民币汇率政策选择和配套政策 …………………………… 200
  1. 中长期人民币汇率政策调整策略 ……………………………… 200
  2. 人民币汇率形成机制改革的配套政策建议 …………………… 201

经济转型与汇率制度选择的国际比较研究 …………………………… 203
一、货币升值压力的理论与国际经验 …………………………………… 203
  1. 理论解释 …………………………………………………………… 203
  2. 德国经验 …………………………………………………………… 205
  3. 日本经验 …………………………………………………………… 206
二、应对货币升值压力措施 ……………………………………………… 208
  1. 德国应对措施 ……………………………………………………… 208
  2. 日本应对措施 ……………………………………………………… 209
三、应对货币升值压力措施的效果评价 ………………………………… 211
  1. 德国 ………………………………………………………………… 211
  2. 日本 ………………………………………………………………… 215
四、国际经验及其对人民币汇改的启示 ………………………………… 220
  1. 国际经验总结 ……………………………………………………… 220
  2. 对人民币汇率制度改革的启示 …………………………………… 221

人民币汇改评估澄清六大认识误区
—— 在汇率课题发布会上的讲话

卢 迈

尊敬的易纲副行长、各位专家、媒体朋友们：

非常感谢大家出席今天下午的"人民币汇率制度改革影响评估"课题成果发布会。

在某种意义上，汇率是一个国家的商品和资产的对外"总价格"。人民币汇率改革当前尤其引人瞩目，这是由内外两方面因素决定的。从国内看，当前我国进入了发展方式转变、经济结构调整的关键时期，要发挥汇率作为价格对要素资源配置的调节作用。从国际看，我国前年超过德国成为世界上第一大贸易出口国，去年又超过日本成为第二大单一经济体，人民币汇率的调整对全球的贸易和经济增长都有一定的影响，因此时常成为国际经济与政治博弈的焦点。

鉴于汇率问题的重要性，中国发展研究基金会决定将其列入研究计划。目前国内关于人民币汇率的讨论已经非常丰富，但是，从2005年7月到2009年底，人民币对美元已经升值17%，实际有效汇率升值了近16%，各种理论分析和假定哪些得到了验证，哪些没有，还缺乏比较系统的事后政策评估。因此，我们决定从对2005年汇率改革影响的评估入手，开展我们的研究。这一想法得到了国务院发展研究中心原主任、中国发展研究基金会理事长王梦奎同志的肯定和支持，随后理事长办公会批准了项目计划。

这项研究也得到了相关领域专家的积极响应，2010年1月和4月基金会组织了两次专家论证会，并在此基础上组成课题组，由我任组长，汤敏任副组长。我们设置了7个分课题，各分课题的负责人包括国务院发展研究中心的张小济研究员、李善同研究员；北京大学国家发展研究院的黄益平教授、张帆教授；交通银行的首席经济学家连平教授；国家外汇管理局的温建东研究员；中国社会科学院世界经济与政治研究所的张斌研究员。实际上参与课题研究的专家和学者加起来将近20位。

课题组成员都是汇率研究方面的优秀专家。由于研究内容各有侧重，加上研究视角、方法和数据上的差异，大家对于汇率失衡程度判断、汇率调整的幅度与方式等问题的判断并不完全一致，但是经过多次内部讨论和交流，课题组还是就一些基本事实和基本的政策导向形成了共识。通过这一课题的研究，有助于澄清六个方面的认识误区。

误区一：汇率升值是国际上限制中国经济竞争力的阴谋。对发展中国家来说，小幅度的汇率低估对于保持出口的国际竞争力和经济增长是有好处的，但是对于中国这样的一个劳动生产率快速提高的大国，长期保持汇率低估是不可能的。只要中国的劳动生产率增长持续地快于其他经济体，那么汇率升值的趋势是难以避免的。打个比方，假如中国和美国都只生产同一种牛仔裤，开始的时候牛仔裤在中国价格为10元，在美国为1美元，那么中美汇率应该是10∶1。现在五年过去了，中国劳动生产率提高了，牛仔裤在中国只要5元，美国还是1美元。按理说，人民币兑美元汇率应升值到5∶1。这时候，如果不升值，美国人1美元就可以买到我们2条牛仔裤。而我们呢，只占有了美国的牛仔裤市场和大量的出口盈余，但是本国人民并没有享受到劳动生产率提高的实际好处。这是一个简单的例子，在现实情况下，汇率的扭曲还会带来资源要素在贸易品和非贸易品之间的配置失衡，还会影响货币政策的独立性，等等，这里不展开说。

误区二：汇率升值会对出口行业造成毁灭性打击。根据课题组大样本的企业数据分析，实际情况正好相反。在汇率升值过程中，的确有一些外向型企业倒闭了，但是中国的净出口在这一时期仍然保持快速的增长。原因主要有几个方面，第一，出口企业的销售利润率虽然低，但是资本利润率还是较高，对汇率波动的承受能力要高于很多人的估计；第二，企业面对汇率波动，会采取一定的风险控制措施，可以减少成本；第三，对很多两头在外的跨国企业来说，汇率波动的成本很容易在内部消化；第四，最根本的，外向型企业会及时调整出口的产品结构、区域结构以及加快产业转型。

误区三：汇率调整会对我国经济稳定增长造成实质性冲击。根据模型估算的结果，在2007年和2008年，人民币兑美元每年升值了7%左右。如果不升值，每年的实际GDP会增加0.28个百分点，但是我国每年的通货膨胀率也会上升 0.42 个百分点、工人实际工资将减少 0.07 个百分点、经常项目盈余占 GDP 的比重还会上升 0.28 个百分点。从长期来看，汇率调整带来的产业结构的改善，反而有助于促进经济的长期健康发展。

误区四：渐进式的汇率改革不可行，会导致货币政策的被动、通货膨胀的失控，以及资产泡沫问题。在渐进式汇率改革过程中，货币投放量增加、消费物价和资产价格上涨问题在一定程度和范围存在，但是央行通过票据对冲、资本流动管制等手段，在这一阶段比较有效地解决了这些问题，这也为我们在 2008 年下半年以来抗击国际金融危机的冲击奠定了基础。这同时表明，渐进式汇率改革在我国是可行的。此外，我国制造业目前正处于转型升级的关键时期，渐进式汇率改革明确了产业结构升级的方向，为制造业升级和转型留下了缓冲的余地。

误区五：我国外汇储备存量巨大，汇率升值会带来巨大损失。汇率的升值会带来一定的外汇储备的账面损失，但是只要货币不兑换，这种损失就只是账面上的，而不是实质性的损失。关键在于，要用好现有的外汇储备，用于购买对我国长期发展有利的、高回报的资产，购买有助于增进国民福利的消费品。另外，中国改革的一项经验就是，不能只看存量，更要看增量。在计算损失的时候，不能只看到存量的外汇资产数量巨大，更要看到我国可交易的总资产都会在汇率升值中增值。此外，只要保持外汇储备资产的总量不再继续增加，即使有一些损失，也可以通过经济总量的扩张来消除。

误区六：2005 年以来的汇率改革没有在根本上消除汇率失衡的局面。经过 2005 年开始的汇率制度改革，人民币汇率对均衡水平的偏离有了明显改善。从学术上看，衡量均衡汇率水平的方法有很多，不同方法得出来的结论也不尽相同。我们总体上认同的是，人民币汇率相对于均衡值还有一定的低估，但是低估程度不到 10%。此外，由于我国劳动生产率还在快速提升，在我国贸易依存度、投资占 GDP 比率、国内外物价相对水平基本不变的情况下，预计每年还将产生持续的升值压力。

根据课题组对各方面影响的评估，2005 年开始的汇率形成机制改革，对经济增长的负面影响较小，但是有利于控制通货膨胀，更重要的是，有助于提高服务业的比重，促进出口型企业的结构升级，增加消费支出，提高劳动者的实际工资，促进国内市场发育，这些都是我国"十二五"期间加快发展方式转变所重点追求的。

基于上述研究，我们对"十二五"以及未来更长时间的汇率制度改革，有以下几个方面的建议。

第一，汇率制度改革的长期取向是自由浮动的汇率体制，实现人民币可自由兑换。近中期仍须真正落实有管理的浮动，逐步放宽人民币汇率波动区间。用足银行间外汇市场人民币对美元的交易汇价波动幅度，逐步减少央行对汇率水平和汇率波动的直接干预。

第二，我国汇率制度改革宜坚持"主动、渐进、可控"的原则，一次性大幅升值既不必要也不可行。

第三，真正落实一篮子货币的参照体系，逐渐从关注双边汇率稳定转向多边汇率（有效汇率）水平的基本稳定，维护我国出口产品的总体竞争力。

第四，相机抉择，通过小幅、渐进的升值消除汇率失衡。应抓住国内外宏观经济相对稳定、就业状况良好、产业发展基础扎实、监管环境明显改善、国际环境相对宽松的时机，及时调整。否则，等到国内外形势严峻了，想调也调不了。

第五，确立经常项目顺差的调控目标，争取把经常项目顺差占GDP的比重保持在5%以内。2003年以来我国经常项目顺差占GDP比重平均为3.75%，在2006~2008年连续超过5%后，2009年底已回落至5%左右。保持经常项目顺差占GDP比重在5%以内的目标经过一定努力是可以达到的。此外，过高的经常项目顺差以及由此引起的外汇储备进一步增加，对我国发展来说是不必要的。

第六，通过多种手段实现经常项目和国际收支的基本平衡。包括：加大对国外商品和先进技术的进口；加大国外优质服务（如高等教育服务）的购买；减少没有用汇需求的境外上市；放宽个人境外直接投资政策，扩大境内合格机构投资者对外金融投资；进一步放宽境外放款资格条件和规模，放宽境外机构在境内发行人民币债券等融资限制并允许所筹资金购汇汇出等。

第七，建立外汇储备增量调控目标。争取到2015年基本实现外汇储备不再明显增加，同时做好存量外汇储备保值增值。在渐进升值条件下，只要外汇储备资产总量不再持续增加，可以通过经济发展来逐步消化升值带来的外汇资产损失。

第八，加大短期资本流动管理，遏制短期套利资金流入，为国内政策调整和汇率制度改革争取时间。在近中期可采取建立企业分类管理制度，加强对贸易项下外汇资金收结汇真实性审核。加强借用外债管理，提高贸易信贷管理效率。

第九，借鉴日本、德国汇率政策调整的经验和教训，避免为了减轻货币升值压力而采取过于宽松的国内货币政策或者过度的财政刺激政策，最后导致严重的资产泡沫。

第十，"十二五"时期的经济结构调整，包括汇率在内的价格改革是关键。汇率改革应与价格改革、资源税改革、工资制度改革等一揽子措施进行综合配套，相互促进。

2011 年 2 月 13 日

人民币汇率制度改革影响评估：
课题成果综述

俞建拖

一、人民币汇率形成机制改革基本内容与进程

1. 2005 年人民币汇率形成机制改革的基本内容

2005 年 7 月 21 日，中国人民银行发布公告，自即日起开始实行以市场供求为基础、参考一篮子货币进行调节、有管理的浮动汇率制度。这一改革遵循"主动性、渐进性、可控性"三原则，其总体目标是建立健全以市场供求为基础的、有管理的浮动汇率体制，保持人民币汇率在合理、均衡水平上的基本稳定。本次改革包括三个方面的主要内容（温建东，分报告六）。

第一，实行以市场供求为基础、参考一篮子货币进行调节、有管理的浮动汇率制度。人民币汇率不再钉住单一美元，而是按照我国对外经济发展的实际情况，选择若干种主要货币，赋予相应的权重，组成一个货币篮子。篮子内的货币构成，将综合考虑在我国对外贸易、外债（付息）、外商直接投资（分红）等外经贸活动占较大比重的主要国家、地区及其货币。篮子货币和权重的选择主要考虑四大因素：①着重考虑商品和服务贸易的权重作为篮子货币选取及权重确定的基础；②适当考虑外债来源的币种结构；③适当考虑外商直接投资的因素；④经常项目中一些无偿转移类项目的收支，也在权重的考虑之中。参考一篮子不等于钉住一篮子货币，它还需要将市场供求关系作为另一重要依据，据此形成有管理的浮动汇率。

第二，分步改革基准汇率、交易汇价、挂牌汇价管理，放松价格限制。中

俞建拖：中国发展研究基金会。

本文为中国发展研究基金会"人民币汇率制度改革影响评估研究"课题研究成果的综述性报告，研究内容和分析结论主要来自于各分报告以及课题组历次会议讨论材料，同时也参考了其他相关的研究和数据资料。中国发展研究基金会秘书长卢迈、副秘书长汤敏和各分课题负责人在本文撰写过程中给予了宝贵的指导和帮助，在此表示衷心感谢。本文中如有疏漏和谬误之处，文责由作者自负。

国人民银行于每个工作日闭市后，公布当日银行间外汇市场美元等交易货币对人民币汇率的收盘价，作为下一个工作日该货币对人民币交易的中间价格。2005年7月21日后，每日银行间外汇市场美元对人民币的交易价仍在人民银行公布的美元交易中间价上下0.3%的幅度内浮动，非美元货币对人民币的交易价浮动幅度从交易中间价上下1%扩大到上下1.5%。银行对客户的美元现汇、现钞挂牌汇价范围实行汇率中间价上下0.2%和1%的对称性管理。银行对客户的非美元货币挂牌汇价实行买卖价差幅度管理，由于买卖价不需围绕交易中间价对称设置，银行对客户的非美元挂牌价由原来的一日一价调整为一日多价。

第三，从2005年7月21日19时起，美元对人民币交易价格一次性地小幅升值2%，调整为1美元兑8.11元人民币。这一汇率作为次日银行间外汇市场上外汇指定银行之间交易的中间价，外汇指定银行可自此时起调整对客户的挂牌汇价。这一调整幅度主要是根据我国贸易顺差程度和结构调整的需要来确定的，同时也考虑了国内企业进行结构调整的适应能力。

自2005年7月基本确立改革框架之后，人民币汇率形成机制于2005年9月、2006年1月、2007年5月又经历了几次大的调整：①2005年9月，放松非美元货币交易汇价的浮动幅度。每日非美元货币交易汇价浮动幅度从原来的1.5%扩大为3%。并将银行对客户美元现汇、现钞挂牌汇价范围由原来交易中间价上下0.2%和1%的对称性管理分别改为1%和4%的买卖价差管理。同时还取消了银行对客户的非美元货币挂牌汇价的价差幅度限制。②2006年1月，再次对汇率中间价形成方式进行调整。2006年1月4日，即期外汇市场引入询价交易方式，银行间外汇市场会员可自主决定采取询价或竞价交易方式，提高了交易灵活性。为提高流动性，正式引入人民币对外币交易做市商制度，做市商在银行间外汇市场持续提供买卖双边报价，为市场提供流动性。规定中国外汇交易中心于每日银行间外汇市场开盘前向所有银行间外汇市场做市商询价，并将全部做市商报价作为人民币兑美元汇率中间价的计算样本，去掉最高和最低报价后，将剩余做市商报价加权平均，得到当日人民币对美元汇率中间价，权重由中国外汇交易中心根据报价方在银行间外汇市场的交易量及报价情况等指标综合确定。各外汇指定银行在此价格基础上，按照人民银行规定的浮动范围制定本行各币种现钞及现汇的买入、卖出价。③2007年5月，进一步扩大人民币对美元汇率浮动区间，放宽每日交易汇价波幅，提高人民币汇率形成机制的市场化程度。自2007年5月21日起，银行间即期外汇市场人民币对美元交易价浮动幅度由0.3%扩大至0.5%，即每日银行间即期外汇市场人民币对美元的交易价可在中国外汇交易中心对外公布的当日人民币对美元中间价上下千分之五的幅度内浮动。

随着美国次贷危机逐渐演变为全球性金融经济危机，2008年7月至2010年6月人民币汇率收窄了波幅，归入事实钉住汇率。2010年6月，随着世界经济复苏基础的进一步稳固，国际上对人民币汇率的预期趋向平稳，国际收支失衡有所减缓，人民币汇率形成机制改革再次启动。

2. 汇改启动以来的人民币汇率走势

自2005年汇改以来，人民币对美元的汇率大体上可以分为三个阶段：第一阶段（2005年7月～2008年6月），这一阶段人民币对美元总体上处于渐进升值状态，尤其又以2007年下半年和2008年上半年升值速度最快，分别上升了4.26%和6.50%（温建东，分报告六）。第二阶段（2008年7月至2010年6月），由于这一阶段人民币对美元汇率波幅收窄，人民币对美元汇率中间价始终在6.82～6.84之间窄幅波动，事实上重新进入了盯住美元的状态（温建东，分报告六）。第三阶段（2010年6月至今），随着汇改重启，人民币对美元总体上处于升势，其中9月初至10月中旬的升值速度明显加快，目前人民币对美元汇率的中间价已经到达6.6的水平（见图1）。截至2010年11月，汇改以来人民币对美元累计升值达19%。

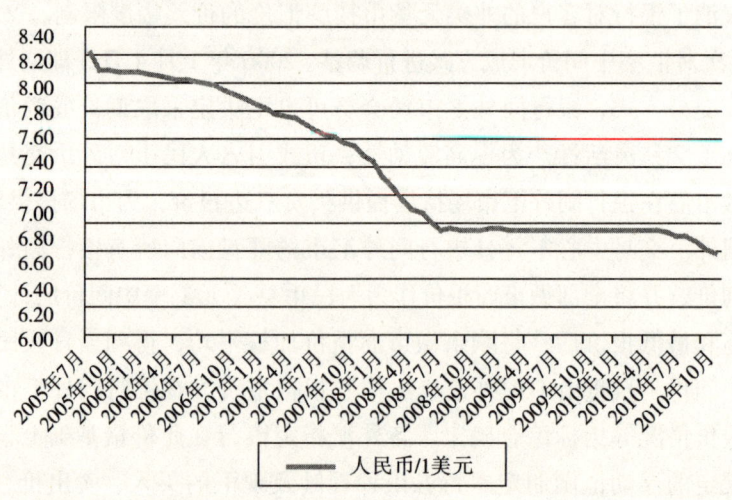

图1 汇改以来人民币对美元的汇率走势

资料来源：国家外汇管理局。

从人民币对日元与欧元的汇率走势看，2008年7月可以视为一个分水岭。汇改启动以来至2008年7月，人民币对欧元总体上处于缓慢贬值状态；对日元汇率则呈先稳步升值，后缓慢贬值。汇率的波动总体上比较平稳。到2008年7月以后，由于国际经济形势总体不稳，人民币事实上重新钉住美元，而期间美元兑其他主要货币的汇率出现较大幅度的波动，导致人民币对欧元和日元的波动幅度都大大增加，不过对日元的汇率自2009年下半年后逐渐走向稳中趋贬，而欧元区则由于2010年初主权债务危机的爆发，2010年上半年对欧元的汇率一度较快上升（见图2）。

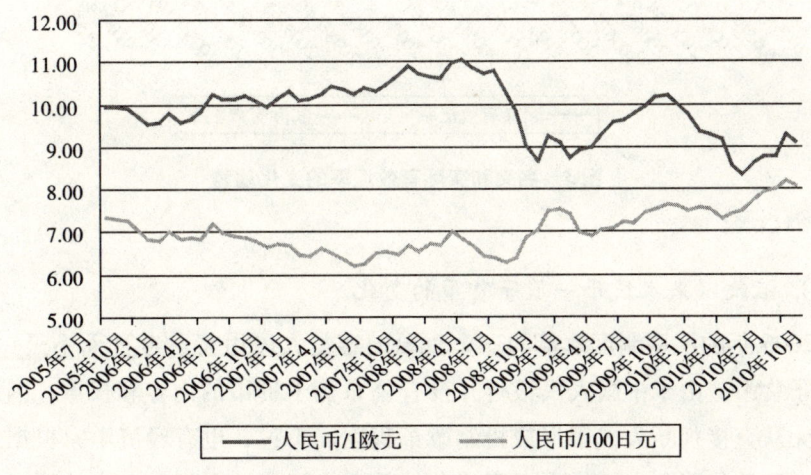

图2　汇改以来人民币对日元与欧元的汇率走势

资料来源：国家外汇管理局。

从人民币有效汇率（加权汇率）走势来看，汇改以来至2009年3月，人民币的名义有效汇率和实际有效汇率总体上处于升值状态，汇改以来分别升值了25%和22%。其中2008年1月至2009年1月的升值幅度尤其明显。自2009年第二季度开始至2010年1月，名义和实际有效汇率回落了10%左右。2010年上半年，有效汇率又重新开始缓慢升值（图3）。截至2010年9月底，人民币名义和实际有效汇率升值分别达12.75%和20.12%。

有效汇率的变化趋势有两点值得注意。第一，在2007年之前，名义和实际有效汇率之间相差相对较小，但是随着2007年下半年我国通货膨胀压力开始凸现的时候，两者之间的差异变得十分明显，但两者的波动方向几基本保持一致；第二，2010年7月至9月，实际有效汇率升值明显，但是名义有效汇率却呈贬值趋势，这表明2010年下半年通货膨胀的明显恶化。

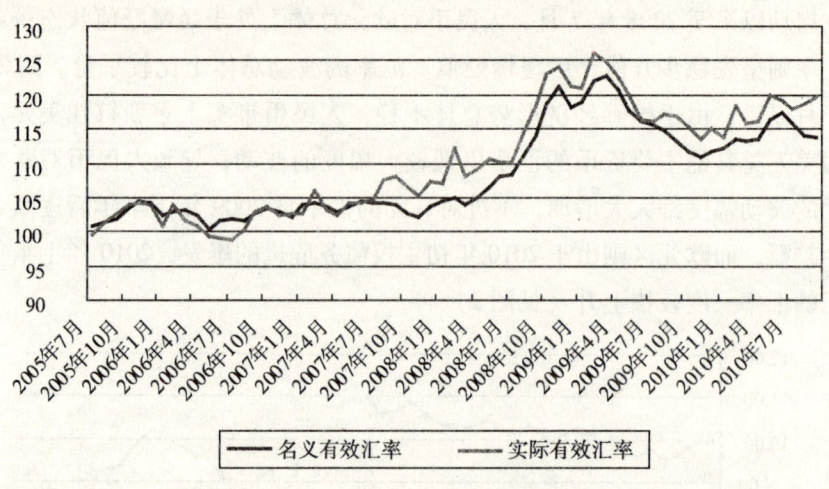

图3 名义和实际有效汇率的变化趋势

资料来源：BIS。

3. 汇改以来人民币一篮子货币的变化

2005年的汇率制度改革的一个重要内容是人民币将参考（而不是钉住）一篮子货币。由于中国人民银行并没有公布篮子货币的内容和权重，因此人们也无从直接判断人民币形成机制改革程度。不过，也有经济学家根据人民币汇率波动与国际主要货币汇率波动的关系，间接地对汇改以来的篮子货币的权重作了推断。

Frankel（2009）的回归模型中，在篮子中只考虑了美元、欧元和日元。模型结果显示，从汇改启动到2006年6月，美元在篮子里的权重一直保持在93%~100%。2006年7~9月美元的权重一度降到90%左右，但是从2006年10月~2007年6月美元权重又回到93%~100%。从2007年7月开始，到2008年2月，人民币汇率形成机制改革加快，美元的权重一度降到80%以下，基本上在80%~90%之间波动，这与该时期人民币汇率升值幅度加快是对应的。2008年3月以后，篮子中美元的权重又重新回到95%以上的水平。Guo Jin（2009）也探讨了人民币篮子中的货币权重，认为汇改后欧元和日元的确进入了篮子，但是美元的权重仍然占据了主导地位，解释了93.5%的人民币汇率波动，而欧元和日元对人民币波动的解释还不到1.2%。

二、人民币汇率制度改革的影响评估

1. 汇率变动对我国宏观经济的影响

汇率的宏观经济影响,是一个一般均衡的问题,需要从经济的全局来通盘考虑,我们需要借助一般均衡的分析框架来研究汇率的宏观经济影响。在讨论具体分析框架之前,还需要就三个重要条件达成共识:第一,汇率首先是一种价格变量;第二,汇率分析需要一个动态的视角;第三,中国是一个经济大国,这一点对我们理解人民币汇率与宏观经济之间的关系非常重要(黄益平等,分报告一)。

那么,在一个动态的一般均衡和大国经济框架里,汇率变动对相关宏观经济变量究竟有何影响?黄益平等在历史数据基础上,利用牛津宏观预测模型,模拟分析了汇率在连续5年里每年对美元升值5%的情形下,各宏观经济指标对汇率波动的弹性(见表1)。

表1　　　　　宏观经济指标对汇率波动的短期和长期弹性

	短期弹性(1年)	长期弹性(5年)
实际GDP	0.04	0.02
消费支出	0.02	-0.01
固定资产投资	0.08	0.03
工业生产	0.04	0.02
劳动就业	0.03	0.01
通货膨胀	0.06	0.09
实际工资	-0.01	-0.03
经常项目(%GDP)	0.04	0.06
财政平衡(%GDP)	0.02	0.00

资料来源:黄益平等,分报告一。

分析表明,人民币汇率升值对我国宏观经济造成的负面影响总体较小。人民币汇率对美元升值5%,实际GDP在短期(1年)减少0.2个百分点,长期减少0.1个百分点。固定资产投资在短期减少0.4个百分点,在长期将减少0.15个百分点。工业生产在短期下降0.2个百分点,在长期减少0.1个百分点。劳动就业在短期将减少0.15个百分点,在长期将减少0.05个百分点。财政平衡占GDP的百分比在短期减少0.1个百分点,在长期几乎没有影响。从这些宏观变量对汇率的弹性来看,汇率升值的负面影响在短期普遍要大于长期。

从模拟分析的结果来看,汇率升值还有助于促进经济结构的调整。人民币对美元每年升值5%,消费支出在短期减少0.1个百分点,在长期将增加0.05个百分点。工人的实际工资在短期将增加0.05个百分点,在长期将增加0.15个百分点。这对于当前提高劳动者工资收入和促进消费是具有积极意义的。此外,模拟分析也表明,每年5%的升值,将有助于使经常项目占GDP的比重在短期减少0.2个百分点,在长期减少0.3个百分点。使通货膨胀率在短期下降0.3个百分点,在长期下降0.45个百分点。

2. 汇率调整对国际资本流动的影响

汇改对长期资本流入的影响总体不大,不排除短期因为利差和汇率升值预期进入国内(黄益平,分报告一)。

(1) 外商投资等长期资本受汇率调整的影响总体较小

汇率水平的上升并没有降低外商直接投资这类长期资本的流入,主要是因为中国强劲的经济增长势头,被制度性扭曲压低的要素价格,使得外商投资仍然可以在国内获得高额的回报,而国外需求的持续高涨也保障了产品的销路,更增加了外商的投资动机。

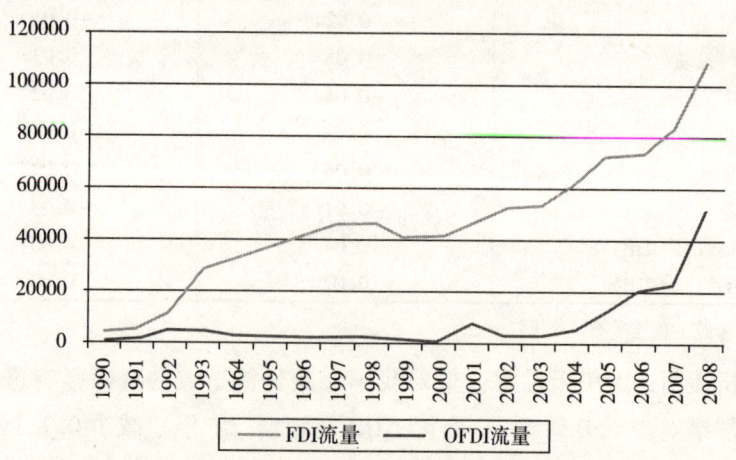

图4 我国的外商直接投资与海外直接投资(单位:百万美元)

资料来源:中经网数据库。

(2) 短期资本流动主要受利差和升值预期的影响

中美利差每增加一个百分点,由月度顺收顺差差距代表的这部分跨境短期资本可能增加流入 4.4 亿美元,年增加 52.8 亿美元(4.4 亿美元×12 个月)。人民币对美元 NDF 汇率远期贴水每增加 1000 个基点(人民币升值),该部分跨境短期资本每月可能增加流入 6.5 亿美元,年增加 78 亿美元(6.5 亿美元×12 个月)(温建东,分报告六)。

内外股票市场收益差异对跨境资本流动影响很小。这也进一步说明中国现有的资本管制导致国际资本在中国境内外股票市场间的流动受到限制,使其不能根据两个市场的收益情况进行自由的投资选择(温建东,分报告六)。

波动性较大的股票、债券类资金和国外银行贷款的流入占比并不高,这类包括国际收支平衡表(BOP)中借贷期限一年以内的其他投资、证券投资中的货币市场工具以及 BOP 以外的隐性和非法的短期国际资本的流动,更多的受到了国内外利差和对人民币升值预期的影响(黄益平等,分报告一)。但是,不能排除一些短期资本通过经常项目(如虚报出口)和贸易信贷等途径流入。

人民币币值的走强也有助于扩大我国的对外直接投资规模,促进国内经济的转型。2005 年汇改以后,我国海外直接投资(OFDI)增速明显,年均增长率达到 70%,年度流量从 2004 年的 55 亿美元上升到了 2008 年的 521.5 亿美元。

3. 汇率变动对我国进出口贸易的影响

我国 2008 年的贸易依存度达 60%,在大国经济中是偏高的。这主要是因为我国在国际供应链分工中处于组装环节,电信和办公设备等产品"大进大出"的加工贸易方式造成重复统计。这种情况在北美自由贸易区的加拿大和墨西哥也存在,由于美国公司在两国边境搞加工贸易,两国的贸易开放度也超过 60%。此外,虽然我国加入世界贸易组织后采取了一系列有利于外商扩大进口的政策,但跨国公司并没有对市场策略做出重大调整,仍然热衷于海外市场。根据国务院发展研究中心课题组对外商投资企业的调查,虽然本地市场规模已经成为扩大投资的第一选择,但多数企业认为在中国市场面临本土企业的激烈竞争(张小济,分报告二)。

汇率变动对我国出口企业的市场取向产生了一定的影响。在金融危机爆发之前，美元指数一直是走低的，人民币贸易加权汇率升值幅度小于对美元升值的幅度。自人民币开始升值，我国对美国出口增速逐步回落，同期欧元走强，我国对欧元区出口增速不仅高于美国、日本，也高于对全球的出口。

但是，在人民币升值过程中，出口快速增长的局面并没有得到根本性的扭转，究其原因主要有以下几点（张小济，分报告二）。

(1) 全球性产业分工格局导致国际经济结构长期失衡

我国贸易顺差主要来自对欧洲和美国的贸易，对日本、韩国、东盟存在巨额逆差，对澳大利亚、巴西等资源出口国的双边贸易也长期存在逆差。这反映了全球供应链的贸易关系，东亚地区是制成品生产和输出地，而欧美制造业向海外转移后，越来越多地进口制成品，成为东亚地区最大的出口目标市场。而我国是供应链的加工组装中心，很大一部分贸易顺差是从其他国家和地区转移过来的。

(2) "入世效应"对我国出口的影响被低估

随着我国加入世界贸易组织，出口部门的生产潜能得以释放。此外，由于重工业生产能力逐渐扩大，钢铁、汽车及零部件等产品进出口由逆差转为顺差。不仅如此，入世后贸易环境的稳定激励跨国公司把出口加工产业向中国转移，进口商也更愿意向供货效率较高的中国企业下订单。美国国际贸易委员会曾经做过调查，大多数企业反馈，在取消配额限制后会把订单下到中国，虽然中国的成本高于其他供应国，但中国供应能力和生产效率是其他国家所不具备的。

(3) 外商投资主导的出口模式决定了汇率升值变动影响的有限性

我国出口的商品有55%是外商投资企业提供的。此外，加工贸易方式出口占全部出口的比例将近50%，我国出口顺差主要是由于加工贸易带来的（见图5）。如果把外商投资和加工贸易这两个因素同时考虑，估计2/3的出口由跨国公司主导。这种出口主体和出口模式就决定了出口企业实际上仅仅是跨国公司的成本中心，再加上中国在全球供应链上处于组装环节，使得人民币升值的影响很容易在跨国公司内部贸易中消化。

(4) 分析期间爆发了本世纪第一次"商品繁荣"

这一轮商品繁荣持续时间之长、涉及商品范围之广、商品价格涨幅之大堪称近50年来之最。本轮商品繁荣是在供求基础、金融预期和宏观经济等多种因素共同作用下爆发的。

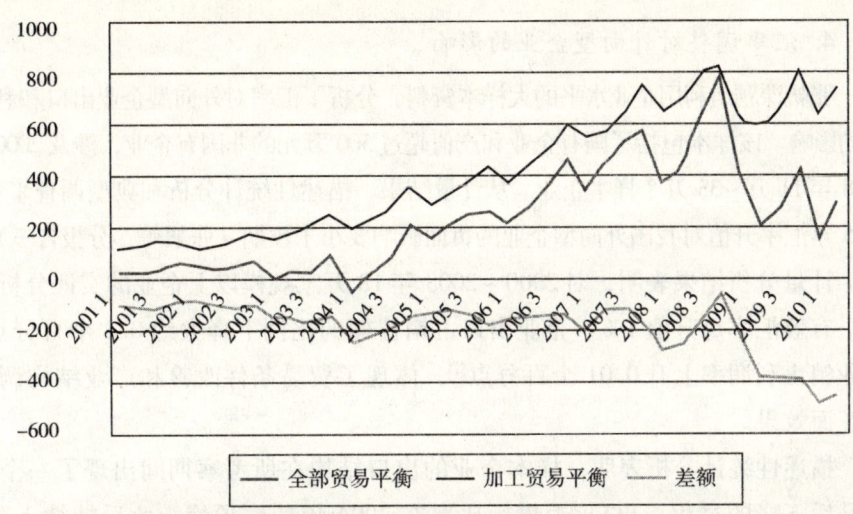

图 5　加工贸易顺差超过全部贸易顺差（单位：亿美元）

资料来源：中国海关统计数据。

(5) 国内经济周期的影响

从 2003 年开始，中国经济进入新一轮上升周期，开始出现投资过旺，信贷增长偏快。"钢铁+石油"的工业化，以及"钢筋+水泥+汽车"的城市化，支撑了中国钢铁、石油炼化、汽车、建材产能的快速扩张，由于宏观调控未能控制住产能的扩张，当国际市场"商品繁荣"到来时，本土企业已经形成的产能部分开始转向出口。

(6) 资源要素价格没有理顺，导致资源外流现象和福利损失

政府在要素定价中发挥了不恰当的作用，如土地低价招商引资、不征或者少征水资源费、提供低于国际市场价格的能源、缺乏强有力的环境保护措施、对出口企业实行优惠的所得税、没有认真执行《劳动法》。政府对资金、油、电等关键要素价格的控制，已经重新出现国内外价格倒挂的现象。在开放条件下，依靠补贴实行低价格，会造成资源外流。

总之，对人民币升值的效果，需要放到国际国内大的背景下加以评价。一方面，不能因为一些特殊因素，低估汇率调节国际收支的作用；另一方面，也应看到，汇率只是影响进出口贸易的诸多因素之一，特别是小幅、渐进的调整，短期内尚不足以改变国际产业转移、国际国内市场供求关系的大趋势（张小济，分报告二）。

4. 汇率调整对外向型企业的影响

张帆课题组利用企业水平的大样本资料，分析了汇率对外向型企业出口和利润率的影响。该样本包括了国有企业和产值超过 500 万元的非国有企业，涉及 2000～2008 年 11 万～35 万个样本企业。从计量结果、描述性统计分析和典型调查来看，2005 年汇率升值对我国外向型企业的负面影响要小于预期（张帆等，分报告三）。

计量分析结果表明，对 2000～2008 年 18 万家规模以上企业的实证分析表明，有效汇率每升值 1%，企业出口占销售额的比例下降大约 0.2 个百分点，企业销售利润率上升 0.01 个百分点①，体现了贸易条件改善和产业结构调整的正面效果。

描述性统计分析表明，样本企业的出口结构在所考察期间出现了一个先上升后下降的过程，出口/销售额比率在 2004 年达到顶峰，此后持续下降，这种变化在一定程度上反映了企业在汇率上升的环境下对出口—内销结构的调节。外向型企业产值占全部企业总产值的份额先上升后下降，这反映了我国企业在变化的经营环境中对国内市场—国外市场结构的选择，天平开始从国外市场转向国内市场，这与 21 世纪初国内产业的重化工业化不无关系。从分行业的产值占全体企业的份额来看，外向型企业份额和变化最大的是电气电子医药类和纺织类。电气电子医药类和纺织类的产值在 2000 年各占近 30%，此后，电气电子医药类的比重持续扩大，在 2007 年超过 50%，而纺织类则缩小到 15% 以下。显然，在外向型企业中发生了显著的结构变化。

从实地调研看，虽然许多出口行业的销售利润率只有 3%，但是资本利润率却超过 10%，对汇率变动具备一定承受能力。此外，我国外向型企业对 2005～2008 年的汇率升值普遍做出了反应，企业都对汇率升值对企业利润的影响有所估计。主要的应对措施包括：重新谈判价格，内部挖潜降低成本，改变进口和本地原材料的结构，等等。还有一些企业采用金融避险措施锁定汇率，但是操作仍不熟练。

5. 汇率升值对银行业的影响

(1) 人民币汇率变动对银行业资产质量的影响

连平等对我国 14 家上市银行 2005～2010 年数据的实证分析显示，人民币

---

① 此处实证数据是俞建拖和黄炜根据相关模型和数据估算的结果，并非张帆、余淼杰分报告原文计算结果，特此说明。

汇率升值对商业银行贷款质量的影响并不明显（连平等，分报告四）。在计量模型中，汇率变量的回归系数为负，显示汇率升值对贷款质量可能有潜在负面影响，但这种影响在统计上不显著。这主要是因为在样本期间，无论是金融危机前世界经济增速较快，还是危机后全球经济陷入低迷时期，外部需求因素始终是影响我国出口的最主要因素，在升值幅度不大的情况下，汇率变化对出口行业进而对银行资产质量的影响尚不够显著。

从绝对数值来看，在对银行不良贷款率具有显著影响的三个变量中，银行信贷监督努力水平对不良贷款率的影响最大，银行信贷监督努力水平变动1个单位，银行不良贷款率变动约0.6个单位；贷款总额的变化量对不良贷款率的影响次之，贷款总额变化量变动1个单位，银行不良贷款率变动-7.83×10^{-7}个单位；实际GDP对不良贷款率的影响显著，但是比前两个变量的影响小，实际GDP变动1个单位，银行不良贷款率变动-2.87×10^{-7}个单位。

（2）人民币汇率变动对银行业相关业务的影响

汇率调整会对银行业的授信业务、资金业务、外汇存贷款业务、国际结算业务、境外分行业务等产生影响（连平等，分报告四）。

①汇率升值对授信业务的影响。从授信业务看，汇率升值会对出口依存度高且没有定价能力的行业、进口替代型的行业、境外投机资金介入较深的行业产生不利影响，但可能会使产品内销率高、原材料进口依赖性强的行业、外汇负债规模大的行业、部分旅游和零售等消费类行业受益。

②汇率升值对资金业务的影响。从资金业务看，一方面，人民币升值及进一步升值预期，会导致外汇资金选择结汇，从而对外汇理财和其他外汇衍生业务的发展造成一定的不利影响。另一方面，进出口企业的汇率风险意识会显著提高，他们将会主动采取规避汇率风险的措施，这些都为商业银行拓展中间业务收入创造出巨大的市场空间，有利于银行扩大非利息收入占比，加快推进经营模式转型。

③汇率升值对外汇存贷款业务的影响。从外汇存贷款业务看，如果升值预期强化，银行业的流动性管理压力较大。人民币升值预期使人们持有外汇的意愿进一步下降，美元套利机会使贸易融资和外汇贷款需求激增，这些均加剧了境内外汇资金的短缺。截至2010年7月末，外汇贷存比高达190%，银行外汇流动性管理压力日益增大。在贸易融资方面，人民币升值预期使客户对进口贸易融资需求增长。

④外汇升值对国际结算业务的影响。从国际结算业务来看，一方面，人民币升值在一定程度上抑制我国产品和劳务的出口量，从而抑制我国出口企业的创汇能力，降低我国企业的收汇量增长，进而影响出口结算业务；另一方面，人民币升值会降低进口产品的价格，提升我国企业对进口产品和劳务的需求，进而使我国企业对外付汇增加，促进进口贸易结算业务发展。

人民币升值对国际结算业务的影响还会因客户和业务结构不同而有所不同。一是目前世界贸易市场处于买方市场，客户在国际市场上议价能力增强，导致客户结算叙做的产品的期限增加（例如选择开立较长期限的远期信用证），以节约企业成本。二是由于人民币升值预期持续上升，客户叙做 NDF 的需求增加，而受限于短债指标对代付业务的限制，导致进口保付业务发展迅速。三是我国出口类企业及对外承包工程等企业利润均较低，人民币升值带来的成本增加及利润下降将给企业效益带来较大影响，可能对出口类贸易结算产品带来负面影响。在人民币升值的背景下，利用人民币进口保付、人民币进口信用证及跨境人民币结算组合融资等方案，不仅可以为客户规避汇率变动风险，还可以为客户提供套利机会，使用人民币进行跨境结算的需求将进一步增加。

⑤对境外分行业务的影响。人民币升值给境外分行业带来新的机遇。一是人民币升值将促进国内进口，相关贸易结算业务有较大发展潜力。二是中资企业境外投资增加，国际化步伐加快，其在国外的子公司的融资需求增加。三是在人民币升值的背景下，香港地区持有人民币的意愿进一步增强，随之我国政府逐步扩大人民币在香港的业务范围。

6. 汇率制度改革对消除汇率失衡的影响

如前所述，2005 年汇改以来，到 2010 年 9 月底，人民币对美元累计升值 18%，名义和实际有效汇率分别升值约 13% 和 20%。这一升值幅度是否有效地消除了人民币汇率的失衡呢？

李善同课题组尝试用基本均衡汇率法（FEER）、行为均衡汇率法（BEER）和扩展的购买力平价法（PPP）等三种当前主流的方法，对 1994~2009 年人民币的均衡汇率水平进行测算，并计算了实际汇率与均衡汇率的偏差。发现不同方法得出来的均衡汇率水平和汇率偏离均衡水平的程度有很大的差异。

利用扩展的购买力平价方法的测算结果显示，人民币汇率自 1994 年以来长期存在低估，2005 年改革前低估程度大约在 20% 左右。在汇改启动后，随着人民币汇率的升值，2009 年人民币汇率的低估程度减少到 8% 左右（图 6a，

6b)。王泽填和姚洋（2008）基于扩展的购买力平价方法的估算表明，2005～2007年人民币被低估的幅度分别为23%、20%和16%（李善同等，分报告五）。李善同课题组与王泽填和姚洋（2008）的估算结果是高度相近的。经济合作与发展组织（2010）用世界银行2005ICP（国际比较项目）的数据分析表明，2007年人民币汇率低估也在15%左右。

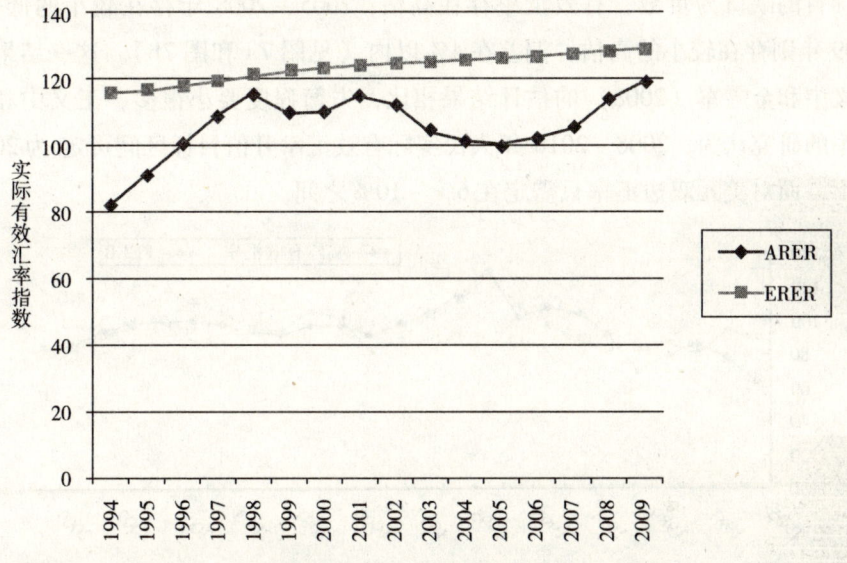

图6a　扩展的购买力平价法估算的人民币实际汇率

资料来源：李善同课题组，分报告五。

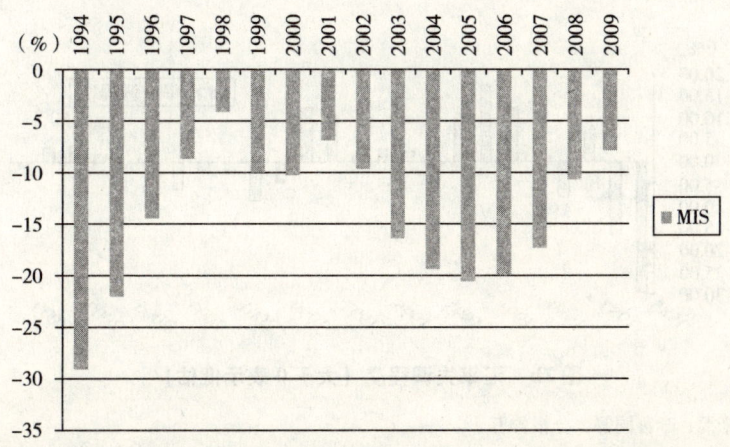

图6b　扩展的购买力平价法估算的人民币实际汇率失调程度

资料来源：李善同课题组，分报告五。

利用基本均衡汇率法的估计结果显示，1994年我国人民币兑美元一次性大幅贬值（从1993年的5.762贬为1994年的8.619），随后的1995~1998年我国的经常项目余额不断增大，使得我国的有效汇率存在低估；而1999~2004年期间受东亚金融危机冲击，周边国家汇率大幅度贬值而人民币汇率保持稳定，相对削弱了中国出口产品竞争力，使得我国实际经常项目与均衡经常项目的缺口为负数，有效汇率存在高估；2005~2008年存在较小的低估，2009年则存在较小的高估，偏差在4%以内（见图7a和图7b）。这一结果与王义中和金雪军（2008）的估计结果相比，失衡程度要小很多，王义中和金雪军的研究认为，2008~2010年人民实际有效汇率升值目标区间可定为20%上下，而对美元双边汇率只需定在6%~10%之间。

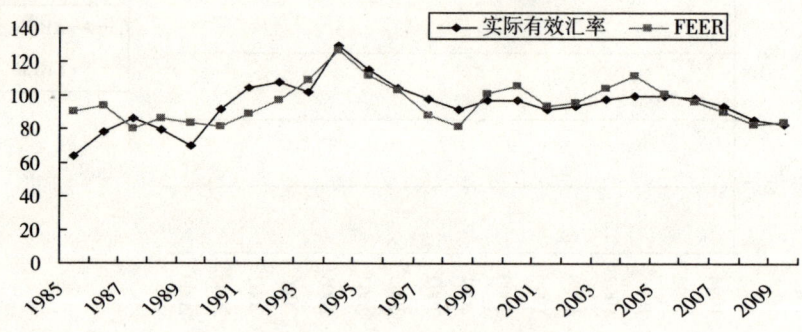

图7a 实际有效汇率指数与FEER指数

资料来源：李善同等，分报告五。

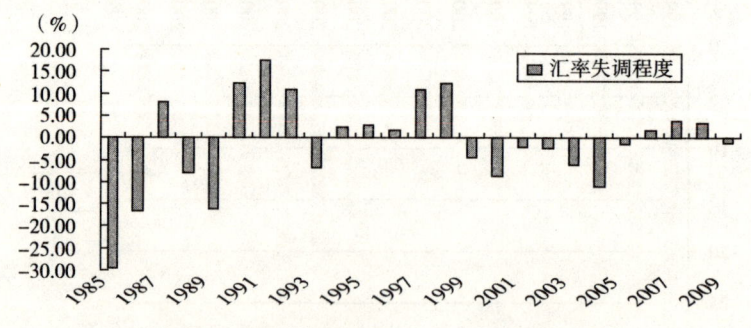

图7b 汇率失调程度（大于0表示低估）

资料来源：李善同等，分报告五。

利用行为均衡汇率方法的研究显示，2005年汇率制度后，人民币实现了一定的升值，尤其是2007年下半年到2008年上半年，人民币对美元的升值加速，与此相应我国的实际保留有效汇率从2008年开始由此前的低估变为稍微的高估，但高估程度仅为2%左右（图8a，图8b）。

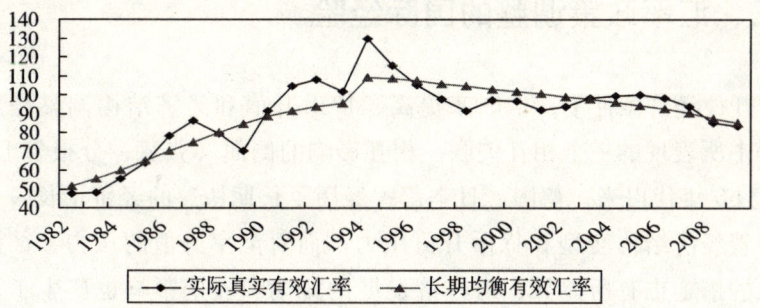

图8a　实际真实有效汇率、长期均衡有效汇率时序图

资料来源：李善同等，分报告五。

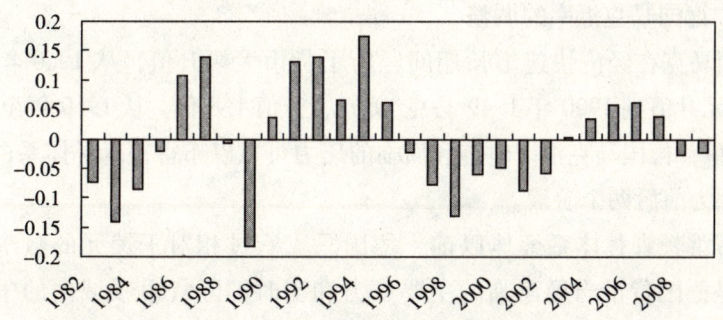

图8b　实际真实有效汇率的长期失调程度（大于0表示低估）

资料来源：李善同等，分报告五。

综上所述，不同的均衡汇率估计方法得出来的结果也有很大差异。综合国内和国外对人民币均衡汇率的分析，笔者更倾向于认同基于扩展的购买力平价方法得出的结论，即人民币汇率在汇改前与均衡汇率水平差距在20%左右，目前汇率失衡大约在8%。扩展购买力平价方法的理论基础是巴拉萨—萨缪尔森假说，一些学者曾对该假说在中国的适用性表示质疑（如林毅夫，2007；胡春田和陈智军，2009），主要原因是二元经济结构下我国长期存在大量的失业或隐性失业人口，从而削弱巴拉萨—萨缪尔森效应。不过，2004年以来，持续的、大范围的民工荒现象的出现，在一定程度上显示了我国农业部门劳动力无限供给的局面已经得到改变，出现了"刘易斯拐点"的特征（蔡昉，2006）。笔者认为，我国劳动力市场格局的改变，为巴—萨假说的成立提供了现实基础。

三、汇率政策调整的国际经验

在开放经济条件下，生产率提高、货币升值和经济结构调整是经济增长过程中所表现的三个相互关联、相互影响的侧面（张斌，分报告七）。自20世纪60年代以来，德国、日本都曾经历了长期快速的经济增长，并且都曾面临着经济结构转型和货币升值压力。面对汇率升值的压力，德国和日本采取的措施也有所差异，对经济发展的短期和长期影响也产生了迥异的后果。

1. 德国汇率制度改革的经验与教训

(1) 德国马克汇率的调整

德国马克在经济快速增长期间经历了货币大幅升值，从1960年的4.17马克/美元升值到1990年1.49马克/美元，升值1.8倍。从1960年至1990年这30年里，德国马克汇率轨迹和面临的压力可以以布雷顿森林体系的解体为标志划分为前后两个阶段。

在布雷顿森林体系解体以前，德国马克有过相对于美元的数次价值重估，但是德国货币当局面临的主要压力和当时国际货币领域内的争议焦点主要集中在如何维系布雷顿森林体系，而不是类似于中国目前面临的双边压力。

在布雷顿森林体系崩溃以后，由于贸易顺差强劲，当时市场对德国马克升值的期望很高。德国货币当局如果干预外汇市场，可能会带来国内货币供给失控、加剧由于石油危机带来的通货膨胀。1973年3月1日，德国曾破纪录地在一天之内买入了27亿美元，在3月2日迫于市场压力关闭了外汇市场。此后，德国选择了浮动汇率体制，在汇率问题上更多让位于市场供求关系。德国马克先后经历了1973～1979年的持续升值，1979～1984年贬值，1985年广场协议后再次升值。德国更看重国内货币供给的稳定，因此对外汇市场的干预力度有限。由于市场较多地释放了货币升值的内生压力，德国马克的总体升值/贬值轨迹相对平稳，没有在以后诸如广场协议这样的国际联合干预行动中出现过于剧烈的调整（图9）（张斌，分报告七）。

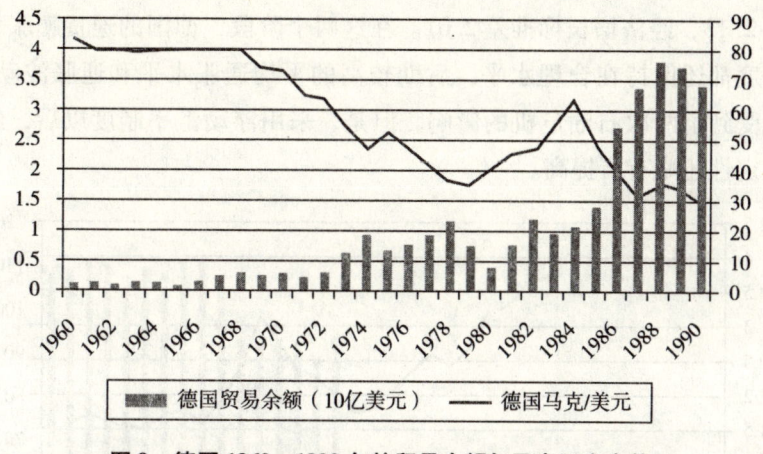

图 9　德国 1960~1990 年的贸易余额与马克汇率走势

资料来源：张斌，分报告七。

（2）德国马克汇率调整对经济的影响

德国在放弃钉住美元的汇率机制后，马克的汇率主要由市场决定。期间经历了长期持续的升值过程，但是马克的升值并没有对德国的真实进出口带来实质性的冲击，而且明显地促进了德国贸易条件的改善。此外，在采取浮动汇率制度后，德国的宏观经济增长稳定性反而有进一步改善，真实劳动生产率也稳定提高，经济结构中服务业的比重也有明显提升（张斌，分报告七）。

德国的真实进出口没有因为马克的大幅度调整产生实质性的下降。德国马克在 20 世纪 60 年代末至 1978 年、1985 年至 1990 年这两段时间里，经历了持续的升值过程。但是从实际的出口和进口数量来看（剔除了价格的影响），德国的出口和进口在此期间没有出现实质性的下降，总体上保持了稳定增长的态势。

从德国 1980 年至 1995 年的贸易条件来看，马克的升值对德国贸易条件的改善作用非常显著。80 年代前期马克贬值并没有带来显著的贸易条件恶化，但是 80 年代中期以后的马克大幅升值带来了贸易条件的显著提升。1985 年到 1995 年，马克/美元汇率从 2.46 升值到 1.43，同期贸易条件从 93.3 上升到 107.4（图 10）。

马克的升值没有对宏观经济稳定造成冲击。1972 年之前，马克汇率相对稳定时期，德国 1961~1972 年的平均通货膨胀水平 2.8，标准差 1.07，经济增长率标准差（被认为是反映实际经济增长相对于潜在经济率的偏离程度）2.11。1972 年以后马克升值时期，德国 1973~1990 年的平均通胀水平 3.78，标准差2.13，经济增长标准差2.01。在这两个阶段，德国的通货膨胀水平和波动幅度都还保持在合理水平，后期较高的平均通胀水平和通胀波动幅度，也显著受到了两次石油危机的影响。但是，采用浮动汇率制度以后，经济增长的稳定性还略有所提高。

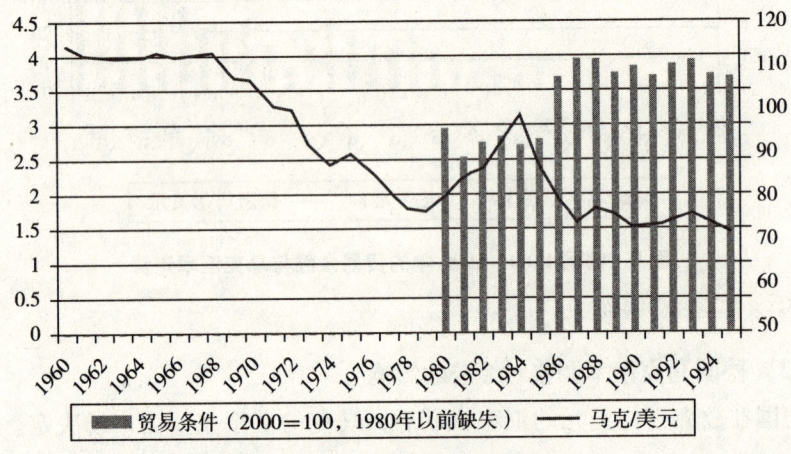

图10　马克升值与贸易条件改善

资料来源：WDI。

德国的真实劳动生产率没有因汇率的调整出现大幅的波动。从以单位工作小时真实 GDP 表示的劳动生产率看，在德国马克波动期间，真实劳动生产率基本围绕趋势线小幅波动，并没有因为德国马克的波动出现大幅的提高或下降（图11）。

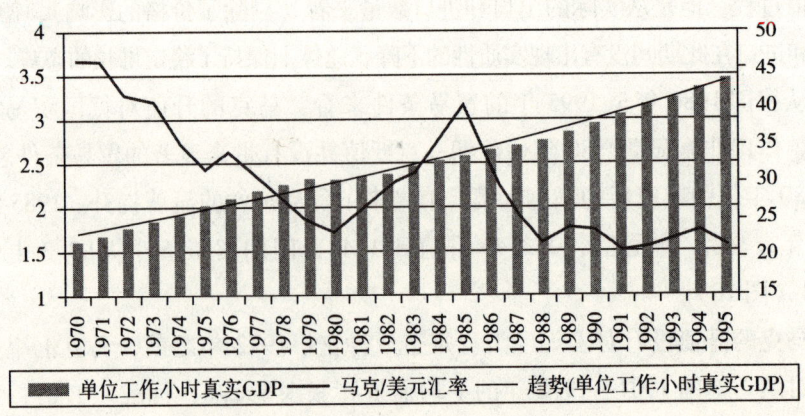

图11　德国真实劳动生产率与马克的汇率波动

资料来源：WDI；单位工作小时真实 GDP 来自 Penn World Table 6.3。

马克升值对服务业的发展具有一定的促进作用。1970~1980年德国马克升值期间，德国服务业增加值/GDP比率持续稳步上升，从1970年的48.2%上升到1980年的56.5%，平均每年上升0.75%。80年代中前期德国马克贬值，服务业增加值/GDP比率上升幅度急剧下降，1981~1985期间平均每年上升只有0.29%。1985年广场协议后，马克又经历了一轮升值，与之相伴随的服务业增加值/GDP比率在1986~1995年期间平均每年上升0.76%。汇率升值与服务业占GDP的比重之间的紧密联系，在一定程度上说明汇率波动对提高服务业比例的影响。不过，汇率仍然只是影响服务业发展的因素之一，还有其他重要的经济变量在支撑着服务业增加值/GDP比率趋势性的上升。

2. 日本汇率制度改革的经验与教训

(1) 日元汇率的调整过程

日元在经济快速增长期间也经历了货币大幅升值，从1960年的360日元/美元升值到1990年的144日元/美元，升值1.5倍。与德国相比而言，日本面临的国内外升值压力更加直接和突出。日本国内对升值一直持犹疑态度，并采取各种措施，试图延缓货币升值的步伐，这一方面给货币政策操作带来了巨大压力，另一方面也导致日元多次以突兀、快速的方式完成了其升值过程（张斌，分报告七）。

从1960年至布雷顿森林体系解体前夕，尽管日本贸易顺差不断积累，但日本政策决策层和国民对日本经济还没有建立信心，担心汇率升值会导致日本经济陷入衰退，因此日元一直保持在360日元/美元的固定汇率。面对国际压力，日本当局采用了促进进口自由化、对不发达国家采取优惠关税、削减关税；推进对内、对外的资本投资、降低非关税壁垒、加强对外经济援助等方法，试图通过减少贸易顺差来缓解外部压力。

1971年8月中旬尼克松讲话之后，市场抛售美元，法国以外的欧洲主要国家关闭了外汇市场，而当时的日本还继续以360日元/美元的汇率继续买入外汇。短短两周之内，日本货币当局买入了40亿美元，这个数字接近日本当时外汇储备的一半，因为购买40亿美元而投放出的日元大约1.5万亿，而当时日本M1总量也只有24万亿。货币当局因此面临货币升值与通货膨胀之间的两难选择，同时开始面临来自美国的国际压力。1971年底，日本在史密森协议同意日元升值16.9%，在当时所有国家当中升值幅度最大。

1973年以后，日元汇率进入浮动阶段。尽管日元在石油危机中一度走弱，但是随着1975年日本最早从石油危机中复苏，贸易顺差又开始大幅增加，日元升值压力卷土重来。日本在1975年以后的浮动汇率体制内，非常频繁地干预汇率，大部分操作是买入美元，减少日元升值幅度，引起了国际社会的广泛指责以及来自美国的贸易制裁。此外，为了减少升值压力，日本还以财政扩张方式来扩大内需和增加进口，减少贸易顺差。

1979年第二次石油危机爆发、美国的高利率政策，再加上日本保险公司和养老基金购买数百亿的美国国债，使得日本在1979～1984年期间没有显著的货币升值压力。但是国际社会普遍认为美元被高估了，日元、马克等世界其他主要货币再次面临被重估的压力。1985年8月，美英德日法五国集团签订了广场协议，目的是阻止美元的进一步上升，同时会议还提出不寻求美元的急剧贬值。日本大藏大臣竹下登明确表示可以接受日元10%～20%幅度的升值，这甚至超过了美国的预期，日方在汇率问题上的让步是为了缓解来自美国国会对日本的贸易制裁压力。广场协议后，日元升值步伐没有停止，日元在随后几年中连续升值，并引发了国内不满和批评。日本当局在此期间也曾干预市场，但收效甚微。日本曾希望美国帮助制止日元进一步升值，但遭到拒绝。为了减缓广场协议后日元的持续升值压力，同时也是为了刺激国内经济，日本采取了低利率政策。

(2) 日元汇率调整的经济影响

日本在20世纪60年代至90年代汇率调整的经验表明，1970年代后的汇率升值对真实进口和出口在短期有一定影响，但没有阻挡真实进口和出口的长期稳定增长，而且汇率升值还带来了贸易条件的显著改善。但是，由于在汇率升值过程中一直处于犹疑和拖延的态度，加上货币政策和财政政策的失当，为日本广场协议后的资产泡沫和财政赤字问题埋下了后患（张斌，分报告七）。

日本1970年代以后的汇率升值没有阻挡真实出口和进口的长期稳定增长，但是汇率升值在短期对减少贸易顺差起到了作用。1980～1985年期间，日元/美元汇率升值步伐停滞，其间真实出口快速增长，真实进口停滞不前，贸易顺差急剧放大。1985～1986年日元快速升值以后，真实出口经历了短暂下滑，真实进口增速大幅提高，真实贸易余额有所下降（图12）。

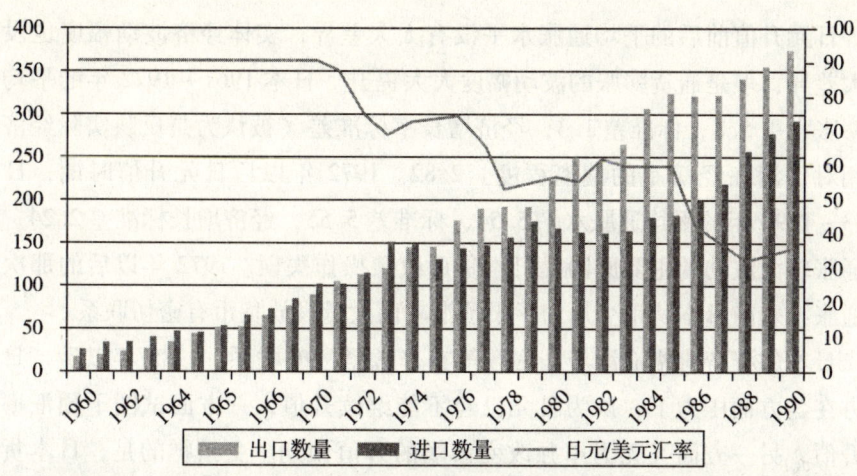

图12　日元汇率调整与日本真实进出口

资料来源：WDI。

日元升值显著地改善了日本的贸易条件。观察1980~1995年的日本/美元汇率和同期的贸易条件变化，可以发现日元升值带来了贸易条件的持续改善。1980~1995年，日元/美元汇率从226升值到94，同期贸易条件从79.7上升到114.9（图13）。日本经济学家认为，正是在1985年广场协议日元大幅升值以后，日本国民才更充分地认识到了日元升值给国民福利带来的好处（沃尔克，行天丰雄，1997），特别是进口商品价格的下降对于提高日本国民福利发挥了重要作用。

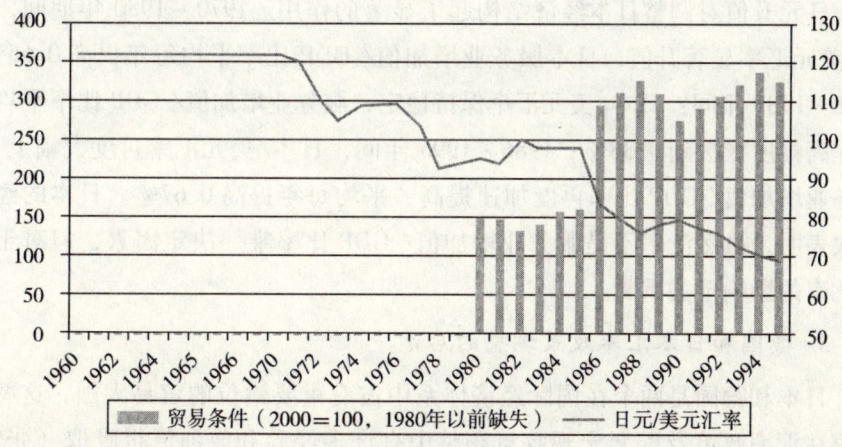

图13　日元升值与贸易条件改善

资料来源：WDI。

日元升值前后的平均通胀水平没有太大差异，实体经济波动幅度也没有太大差异，但是通货膨胀的波动幅度大大提升。日本1961～1972年的平均通货膨胀水平5.8，标准差1.3，经济增长率标准差（被认为是反映实际经济增长相对于潜在经济率的偏离程度）2.82。1972年以后日元升值时期，日本1973～1990年的平均通胀水平5.54，标准差5.55，经济增长标准差2.24。造成通胀较大波动的主要原因是日本货币政策操作失误。1972年以后的那次严重通胀与之前日本货币当局为了干预汇率而大量投放货币有密切联系。

日本的资产价格泡沫与汇率政策有非常紧密的联系。1985年以后，日本官方在各方面压力下，认为日元已经不能继续升值，一方面试图干预汇率继续升值，另一方面又无力单独改变市场的升值预期。更糟糕的是，日本货币当局为了缓解市场上的升值压力，在实体经济增速表现尚可的情况下连续调低了贴现率，引发了市场上的流动性过剩，造成日本资产价格泡沫膨胀（Koruda，2003）。

日本的财政状况恶化与汇率政策也有密切联系。70年代中后期，日本为了减少国际社会对日本不断增加的贸易顺差抱怨和对抗日元升值压力，采取了扩张性财政政策，这使得日本财政状况逐渐恶化。到1985年，日本政府赤字达到预算的22%，所有的公共债务余额达到国民生产总值的42%，这是当时发达国家的最高水平。80年代中期，日本政府也一再对国际社会做出增加国内财政开支和减税的承诺，目的同样是减少贸易顺差和日元升值压力。

日元升值对调整日本经济结构起了显著的作用。1970～1980年期间，日元/美元汇率显著升值，日本服务业增加值/GDP比率平均每年提高0.65%；1981～1985年间：日本/美元汇率保持稳定，服务业增加值/GDP比率平均每年提高幅度减缓到0.38%；1986～1995年间，日本/美元汇率再度大幅上升，服务业增加值/GDP比率再度加速提高，平均每年提高0.67%。日本的经验再次表明，虽然汇率不是服务业增加值/GDP比率唯一决定因素，但对于这个比率的影响至关重要。

3. 德国和日本汇率政策调整的启示

日本和德国是两个在国际经济体系中占有重要地位的贸易大国，这两个国家在汇率政策及配套宏观政策调整中有许多经验和教训值得吸取（张斌，分报告七）。

第一，国家间重大、持续的相对经济实力变化过程中，汇率调整在所难免，减轻货币升值压力的其他各种措施不能从根本上缓解压力。

第二，政府过多干预外汇市场代价沉重，包括更高的通货膨胀、资产价格泡沫以及国际社会的集体施压和贸易战，且最终也达不到稳定汇率的效果。

第三，货币持续大幅升值显著影响短期内的真实进口、出口和真实贸易余额，但1~2年后真实进口和出口迅速向中长期增长趋势回归，汇率大幅波动不显著影响真实进口和出口的中长期增长趋势。

第四，货币持续大幅升值没有显著影响劳动生产率变化。

第五，汇率持续大幅波动显著影响产业结构调整，货币持续大幅升值会加速提高服务业增加值在GDP中的比率，货币贬值则延缓服务业增加值在GDP中的比率上升。

第六，货币持续大幅升值显著改善贸易条件和国民福利，随着货币升值对国民福利改善的积极作用得到认识，社会各界对于货币升值的态度会由刚开始的反对逐渐转向理解和支持。

四、政策建议

我国汇率制度改革宜坚持"主动、渐进、可控"的原则，根据宏观情势进行小幅、渐进的调整，一次性大幅升值既不必要也不可行。当前应在完善有管理浮动、参考一篮子货币进行调整的同时，综合运用贸易、资本管控、财政和货币政策、资源与要素市场改革等综合手段，促进国际收支趋向平衡，推动经济结构调整和发展方式转变。

①汇率制度改革的长期取向是自由浮动的汇率体制，近中期仍须真正落实有管理的浮动，逐步放宽人民币汇率波动区间。用足银行间外汇市场人民币对美元的交易汇价波动幅度，减少央行对汇率水平和汇率波动的直接干预。

②落实一篮子货币的参照体系，逐渐从关注双边汇率稳定转向多边汇率（有效汇率）水平的基本稳定，维护我国出口产品的总体竞争力。

③相机抉择，通过小幅、渐进、快速的升值消除汇率失衡。研究认为，当前人民币汇率还有一定程度的累积失衡。在其他条件不变的情况下，如果我国经济增长仍高于世界其他国家平均水平，特别是贸易部门的生产率持续提高的情况下，每年还会产生新的升值压力。课题组研究认为，要趁

国内外宏观经济保持良好发展态势的时机,使实际有效汇率每年平均升值4%~5%,用三年左右时间使汇率基本回归均衡水平,此后放宽汇率的浮动幅度。

④确立经常项目顺差的调控目标,争取把经常项目顺差占GDP的比重保持在5%以内。2003年以来我国经常项目顺差占GDP比重平均为3.75%,在2006~2008年连续超过5%后,2009年底已回落至5%左右。保持经常项目顺差占GDP比重在5%以内的目标经过一定努力是可以达到的。此外,过高的经常项目顺差以及由此引起的外汇储备进一步增加,对我国发展来说是不必要的。

⑤通过多种手段实现经常项目和国际收支的基本平衡。包括:加大对国外商品和先进技术的进口;加大国外优质服务(如高等教育服务)的购买;减少没有用汇需求的境外上市;放宽个人境外直接投资政策,扩大境内合格机构投资者对外金融投资;进一步放宽境外放款资格条件和规模,放宽境外机构在境内发行人民币债券等融资限制并允许所筹资金购汇汇出等。

⑥建立外汇储备增量调控目标。争取在"十二五"期间使外汇储备增幅每年下降500亿~1000亿美元,到2015年基本实现外汇储备不再明显增加,同时做好存量外汇储备保值增值。在渐进升值条件下,只要外汇储备资产总量不再持续增加,可以通过经济发展来逐步消化升值带来的外汇资产损失。

⑦加大短期资本流动管理,遏制短期套利资金流入,为国内政策调整和汇率制度改革争取时间。在近中期可采取建立企业分类管理制度,加强对贸易项下外汇资金收结汇真实性审核。加强借用外债管理,提高贸易信贷管理效率。

⑧借鉴日本在汇率政策调整上的教训,避免为了减轻货币升值压力而采取过于宽松的国内货币政策或者过度的财政刺激政策。

⑨借鉴1994年改革的经验,汇率改革应与价格改革、资源税改革、工资制度改革等一揽子措施进行综合配套,相互促进。

⑩利用人民币升值预期强烈的时机,加快推动人民币在周边区域内的国际化,以减少国内市场的流动性压力。

课题分报告

分报告一：人民币汇率调整对宏观经济和国民福利影响分析（黄益平，陶坤玉）

分报告二：人民币汇率升值对进出口贸易的影响（张小济）

分报告三：人民币汇率的调整对外贸相关企业和行业的影响（张帆，余淼杰）

分报告四：人民币汇率形成机制改革对商业银行的影响（连平等）

分报告五：人民币实际均衡汇率的测算（李善同等）

分报告六：人民币汇率政策改革策略与宏观经济政策配套（温建东）

分报告七：经济转型与汇率制度选择的国际比较研究（张斌）

参考文献

[1] Balassa, B. "The Purchasing Power Parity Doctrine: A Reappraisal", *Journal of Political Economy* 72 (6), 1964: 584 – 596

[2] Guo Jin. "Examining the Exchange Rate Regime for China", *International Research Journal of Finance and Economics*, Issue 25, 2009: 64 – 77

[3] Koruda, H. "The Nixon Shocks and the Plaza Agreement: Lessons From Two Seemingly Failed Cases of Japan Exchange Rate Policy", 2003 年在中国社科院世界经济与政治研究所提交的演讲论文

[4] Samuelson, P. A. "Theoretical Notes on Trade Problems", *Review of Economics and Statistics* 46 (2), 1964: 145 – 154

[5] Frankel, J. A. "New Estimation of China's Exchange Rate Regime", NBER Working Paper 14700, February 2009.

[6] 林毅夫. 关于人民币汇率问题的思考和政策建议. CCER 工作论文 NO. 2007001

[7] 王义中，金雪军. 人民币内外均衡汇率：1982 – 2010. 数量经济技术经济研究，2008 (5)

[8] 王泽填，姚洋. 人民币均衡估计. 金融研究，2008 (12)

[9] 沃尔克，行天丰雄. 时运变迁. 北京：中国金融出版社，1996

人民币汇率调整对宏观经济和国民福利影响分析

黄益平　陶坤玉

一、研究问题与分析框架

2010年6月19日，中国人民银行再次重申将增加人民币汇率的灵活性，由此结束了自2008年年中以来人民币对美元汇率的波动区间显著收窄的做法。不过在随后的几个月，人民币汇率的波动区间似乎并未明显放大。这个趋势如果持续下去，中国势必将面对一个日益恶化的国际经济环境。不过汇率升值的步伐从9月10日开始已经再次加速，到目前为止，汇改重启以来人民币对美元升值累计已经达到2.5%。不过总体看来，汇率政策相对保守和国际压力上升这两个趋势都没有明显改善。

一方面宣布汇率将增加弹性，另一方面汇率波动区间依然保守，这两个矛盾的现象所反映的可能是决策者面对的一个两难问题。从改善国内经济结构和保持外部经济环境考虑，人民币汇率应该逐步由市场机制来决定。不过，当前市场因素的指向非常明确，即人民币需要加快升值。但宏观经济究竟能否承受货币升值的压力，确实是一个见仁见智的话题。我们可以简单地将决策者的两难选择概括为：对长期改革方向很坚定，但对短期宏观后果很担忧。

不过好在我国在增加人民币汇率弹性方面已经积累了一些经验，为我们理解汇率变动与宏观经济之间的关系提供了一些实例。考察改革期间的汇率政策，1994年初是个重要的分界线。在那之前，人民币基本是被高估的，1978年时是1.5元兑1美元。在随后的15年内，政府采取了一系列的措施包括直接贬值和引进双轨汇率等，其目的就是要让汇率更好地反映市场机制的要求，不断地逼近"均衡汇率"。

1994年1月1日，央行将官方汇率和市场汇率合并，新的人民币对美元

黄益平，陶坤玉：北京大学国家发展研究院。

的汇率为8.7。从此之后,汇率体系决定将逐步由主要参照美元转向主要参照一揽子货币,并且实行有管理的浮动,让市场机制发挥越来越大的作用。在随后的几年里,人民币缓慢但稳步地升值。到1997年,人民币兑美元的汇率已经下降到8.3。亚洲金融危机爆发之后,中国政府为了阻止地区货币竞相贬值的趋势,决定将人民币对美元的汇率固定在8.27。这一政策执行了近8年时间。

2005年7月21日,央行宣布终止钉住美元的人民币汇率政策,新政策主要包括三个方面的内容:第一,当天晚上人民币兑美元的汇率升值2.1%;第二,汇率的参照体系从单一的美元转向一揽子的货币;最后,汇率实行有管理的浮动体系。从2005年年中到2008年年中的三年间,人民币对美元的双边汇率升值21%,而其真实有效汇率则升值16%。2008年年中,美国金融危机迅速恶化,严重影响到中国经济,央行将人民币对美元的汇率限制在6.84附近一个很小的区间内。2010年6月19日央行再次重启汇改,人民币相对于美元再次开始稳步升值。

不过如果我们看过去16年来实际有效汇率的变化,发现其实显著升值发生在东亚金融危机之前。实际有效汇率指数从1994年初的77上升到1998年初的118,自那以后,指数出现了比较大的反复,东亚危机期间贬值的趋势十分明显,尽管2005年汇改以后再次出现稳步升值,2010年初与1998年初指数都在接近120的水平。按照国际经验,如果一个国家的人均收入相对于其他国家增长快1%,这个国家的实际有效汇率大致会上升0.4%。这样看来我们的汇率政策确实相对保守(图1)。

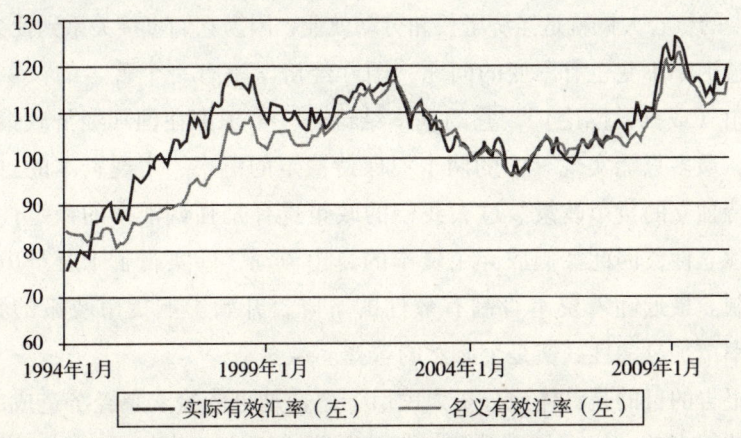

图1 人民币实际与名义有效汇率指数

资料来源:WIND数据库。

因此，我国自1994年以来所实行的一直是有管理的浮动汇率体系，而且人民币升值的方向也十分清晰。这一制度在两次金融危机期间被暂时性地中断了，2010年6月19日以来重新开始的汇率体制实际是1994年开始的汇率制度延续。在这样一个前提下，判断汇率走势，长期比较容易，短期比较困难。

短期的困难主要来自两个方面：市场与政策。汇率决定的因素很多，但如果我们将外汇看成一种商品，其实它的价格也同样是由供应与需求决定的。简单地看，外汇市场的需求主要由两大因素决定：进口和对外投资。而供应主要也取决于两个因素：出口和外国投资。现在经常项目有顺差，外商投资比海外投资多，意味着我们外汇市场的基本格局是供大于求。这就决定了人民币升值的趋势。

不过一个完整的外汇市场必定包括很多短期的投资甚至投机行为。投资者决定持有何种货币，一看回报，二看风险。而风险恰恰是最难预测的，比如2010年第二季度欧洲主权债务危机恶化波及中国投资者的信息，以及部分国际投资者在年初的时候因担心中国经济过热和资产泡沫而看空中国。这些都可能改变投资者对未来汇率走势的预期，从而影响外汇市场上的供求关系。

但对于人民币汇率来说，政策因素还是要比市场因素更为重要，毕竟央行对外汇市场的干预是决定汇率水平最主要的机制。决策者如何决定有时候让货币升，有时候又不让升，究竟是什么原因？我们没有完全的信息，因此只能做猜测。政府最担心的，大概是货币升值对宏观经济造成负面影响，包括出口下降、顺差缩小、增长减速和就业萎缩等等。对于各级政府官员来说，所有这些负面因素的核心大概就是经济增长和劳动就业，因为它们直接关系到社会稳定。

不过汇率不变也有不变的问题，国际经济学里有一个著名的"蒙代尔不可能三角（或三元悖论）"。它的基本结论是一个国家在国际经济政策的三大目标中，最多只能实现其中的两个：保持稳定的汇率、实现资本的自由流动以及维持独立的货币政策。过去我们的政策选择是强调汇率的稳定性和货币政策的独立性，因此我们放弃了资本的自由流动，即实行了十分严厉的资本项目管制。最近随着资本管制有效性的下降，开始影响货币政策的独立性。这样汇率增加灵活性其实是个必然的选择。

本报告的目的是具体地分析人民币汇率变动可能给宏观经济造成的影响。与任何政策变动一样，货币升值对经济的影响既有正面的，也有反面的。经济决策的关键在于如何在这两个方面合理地权衡，以便做出对长期经济发展最为有利的选择。在本报告中，我们力求详尽地利用已有的理论框架，根据中国的实际经济情况做出分析，我们特别会将重点放到分析2005~2008年汇率升值对宏观经济指标的一些影响。

2010年年初，某政府部门做了一个关于人民币汇率变动的压力测试。测试的结论是短期内人民币升值的幅度不宜超过3%，否则可能给出口和就业造成巨大的负面影响。这一结论显然背离各国的实际经济经验，比如从2005年年中开始的实施有管理的浮动汇率的三年间，人民币兑美元的汇率平均每年升值7%，但同期的出口和就业市场均十分强劲。在其他国家一年内汇率波动超过20%~30%是比较常见的现象，实际部门也没有受到毁灭性的打击。

其实这样的压力测试的最大问题并非其结论，而是其分析方法。政府官员到出口企业搞调查、做分析，这是好事情。不过既然是出口企业的问题，光听企业一方的意见，就难做到客观。出口企业当然不愿意货币升值，但投资企业的看法可能完全不一样。更重要的是，汇率的宏观经济影响，是一个一般均衡的问题，需要从经济的全局来通盘考虑，单纯看出口的局部均衡分析框架就不太合适。

因此，我们需要一般均衡的分析框架来研究汇率的宏观经济影响。在具体讨论这个框架之前，我们需要就三个重要条件达成共识：第一，汇率是一个价格变量。汇率所反映的是一种货币相对于另一种货币的价格，这一点与大米或者钢铁价格并无本质的区别。当然汇率会影响所有跟国际贸易和投资相关的价格变量，因此是一种特殊的价格，目前还不能完全任由市场供求来决定其价格。但如果我们不承认汇率是一个价格变量，就无法将其放在市场框架里来分析。

第二，汇率分析需要一个动态的视角。比如说，在正常情况下货币升值将引起出口下降，因为货币升值使得同样产品的国际价格上升，竞争力降低。不过如果动态地看，竞争力下降会迫使企业提高生产率、降低成本，这样起码可以适当弥补竞争力的损失。也就是说汇率对出口的长期影响可能低于短期影响。当然情形也可能相反，比如国际贸易理论里的J曲线，就是说汇率升值，对出口的影响得过几个月甚至几个季度才会反映出来。

最后，中国已经是一个经济大国。国际经济学里的大国与小国跟疆土或人口没有直接关系，但跟它们对国际市场的影响力有关。小国经济无论如何改变供求行为都不会对国际市场产生影响，大国经济增加或者减少供应或需求，都会直接导致国际市场价格上升或者下降。简单地说，东亚危机之前，中国基本上是小国经济，但现在已经成为实实在在的大国经济。这一点对我们理解人民币汇率与宏观经济之间的关系非常重要。

在一个一般均衡框架里，汇率如何影响经济？最直接的改变就是相对价格：人民币升值使得中国出口品与其他国家出口品的相对价格上升、进口品与国内产品的相对价格下降和非贸易品与贸易品价格的相对价格上升。在经济学里，相对价格变化是经济结构发生变化的最重要的导因。中国出口产品比其他国家出口产品变得更贵，中国的出口便可能减少。而进口产品比国内产品更便宜，消费者会增加对进口产品的需求，减少对国内产品的需求。非贸易品与贸易品的相对价格上升，投资者会增加对非贸易部门的投资。

简单地说，相对价格的变化会直接影响生产者、消费者和投资者的行为。最终影响如何，要看这些因素综合作用的结果。举个例子说，货币升值会使得出口部门的竞争力降低，这就会减少出口部门的就业。但货币升值也会增加对进口产品的需求，因此可以增加进口部门的就业。更重要的是升值其实鼓励非贸易部门发展，因此非贸易部门尤其是服务业的就业可能会明显增长。将这几个方面的因素综合在一起，就业究竟会上升还是减少？这是一个必须经过实证分析才能回答的问题。

另外，汇率制度与汇率变动是否合适，不是一个简单的理论问题，而是与每个经济的发展水平和制度环境紧密相关的。比如，Rogoff 及其合作者（2003）从汇率对于通货膨胀、经济增长、经济波动性以及危机可能性四个方面研究了汇率制度的演化及其对宏观经济的影响。他们研究了 158 个经济体从 1970~1999 年间的汇率制度变化，并区分了发达国家、发展中国家以及新兴市场国家。实证表明完全自由浮动与固定钉住这两种极端的汇率制度并没有明显的好坏之分，而是与该国的经济发展阶段密切相关。

对于一个金融市场不完善的发展中国家而言，固定以及有限制的浮动汇率制度安排则可以较低成本达到低通胀，并在减少经济波动的情况下更好地推动经济增长。随着经济体内金融体系的完善及其对全球资本市场融入的深化，汇率灵活性的意义日益重要。由于政策可信度的提升以及政绩的建立，使得政府和私人个体可以更容易用其本国货币进行借贷。此时，浮动汇率制度能够在保持低通胀的水平上很好地促进经济增长。

但是对于新兴市场国家，由于他们面临着更为频繁的国际资本流动，因此固定或者钉住的汇率制度会给其带来更大的风险，增加了爆发危机的可能性。

作者的建议是，发展中国家以及新兴经济体应该随着其经济的发展从渐渐从害怕浮动转变为学习如何浮动，以此来更好的利用汇率制度提高经济绩效。

Aghion 及其合作者（2009）利用 83 个国家 1960～2000 年的面板数据，应用了广义矩估计的除了汇率波动性和产出增长之间的非线性关系。他们建立了一个货币增长模型，表明当存在信贷约束的时候，汇率波动性对国内厂商的投资是有害的。但是在一个有更完善金融市场的国家，汇率波动的正向作用则是持续的，更有利于促进经济的增长。

二、汇率变动对宏观经济影响的实证分析

1. 全球宏观经济模型分析

我们应用牛津宏观经济预测（OEF）模型对人民币汇率升值的可能影响进行了模拟分析①。我们的假设是每年人民币相对于美元升值5%，这样到第五年累计升值已经达25%。在具体分析的时候我们做了两组模拟，第一组假定汇率保持在当前的水平，第二组把人民币年均升值5%作为外部变化输入到模型中。两组结果之差其实就是升值的净效应。我们以弹性表示升值的宏观经济影响，并分别计算了短期（1年）弹性和长期（5年）弹性（表1）。

表1　人民币汇率波动对主要宏观经济指标的影响：短期与长期弹性

	短期弹性（1年）	长期弹性（5年）
实际 GDP	0.04	0.02
消费支出	0.02	-0.01
固定资产投资	0.08	0.03
工业生产	0.04	0.02
劳动就业	0.03	0.01
通货膨胀	0.06	0.09
实际工资	-0.01	-0.03
经常项目（%GDP）	0.04	0.06
财政平衡（%GDP）	0.02	0.00

说明：表中的数据表示人民币汇率升值1%，这些具体的指标将会变化的百分比。正的弹性表明一旦汇率升值，所有这些指标都会下降。

资料来源：作者根据牛津宏观经济预测模型所做的模拟结果。

---

① OEF 模型是个全球宏观经济模型，包括主要经济体和主要经济活动。关于 OEF 模型的具体信息可以参看 www.oef.com。

从结果中可以看到，人民币每升值1%，短期内GDP会减少0.04%，而就业则会下降0.03%。换句话说，如果人民币升值10%的话，实际GDP和劳动就业会分别减少大概0.4%和0.3%。长期影响会更小一些。另外一方面，在短期内，汇率波动对投资的影响要远远超过对消费的影响，这可能反映了投资的价格弹性要高于消费的价格弹性，不过汇率变化对两者的长期影响基本差不多。但我们注意到，实际工资反而是增加的，这是因为尽管经济活动有所减少，名义工资减少小于通胀下降的程度，工人的实际收入反而增加了。最终的结果是消费反而增加了，而消费在经济中的比重也出现了上升。

虽然表面上看，人民币汇率的升值会给这5年的经济增长和就业带来一定程度的负面影响，但是其中并没有包含结构调整会给长期经济增长带来的好处。在后文的分析中，我们可以进一步看到：首先，人民币汇率升值会带来产业结构的调整，汇改之后，第一、第二产业的GDP占比稳定下降，而第三产业占比则稳定上升。因此，汇改对经济增长的效应我们应该从动态的视角去考察：虽然短期上看，汇改对经济增速造成了一定程度的负面影响，但是其对经济结构的调整更有利于增强经济长期增长的潜力，同时从实际数据上看，1994年以及2005年两次汇改后的3年里，我国都处在高速增长的阶段。因此人民币汇率的升值其实可以缓解我国经济过热的压力。

其次，汇率升值对不同行业就业的影响：实际汇率的升值将减少农业就业人数、增加第三产业的就业量，提升服务业在GDP的比例；短期内会对第二产业就业产生一定程度的负面影响，主要体现在进口竞争行业的就业上，但是长期上与第二产业的就业人数没有显著的相关关系。因此，从长期上看，汇改也有助于优化就业的结构布局。此外，汇改后，居民的平均工资增速明显加快；同时人民币升值使得人民币实际购买力明显加强，这些也有助于改善人民的生活水平和社会福利。

汇率对通货膨胀的影响似乎更为明显，人民币若升值10%，就可能令通货膨胀下降接近一个百分点。这显然说明升值其实是一个有效的货币紧缩措施。另外模型结果表明升值会导致短期政策利率降低，也表明其实加息和升值之间存在一定的替代性。最后，本模型的结果显示升值可以降低经常项目顺差，这与一般预期是一致的。不过这个结果的背后其实是马歇尔—勒纳条件的成立，即如果进口与出口的价格弹性的绝对值之和大于1，货币升值就可能缩小经常项目顺差。

同时我们也注意到，有些变量的短期效应比较大，但长期效应比较小，也就是说随着时间的推移，影响会部分地得到抵消。这类变量中比较突出的包括实际GDP、固定资产投资、工业生产和劳动就业等。这些变化所反映的是经济主体自我调整的能力以及调整的灵活性，如果经济主体有升值预期，就会相应地调整他们的行为，从而降低升值对实际经济的冲击。但是更重要的是，我们需要认识到人民币汇率改革对宏观经济变量的影响更多的是通过对我国经济结构的调整而产生的，即使短期会有一定程度的负面影响，但是对于产业结构的优化有利于增强我国的长期竞争力，汇改对经济过热的有效缓解以及提高我国居民的实际收入等等也是改善了整个社会福利水平。

2. 升值与经济增长的变化

人民币汇率对我国经济增长的影响主要包括两个方面的作用：一是汇率升值的影响；二是汇率波动变化的影响。从理论上看，汇率会通过多种渠道影响到经济增长，同时汇率水平也会受到经济增长变动的影响。人民币汇率制度的改革首先会影响到进出口贸易和国际资本流动的变化，其次还会影响到国内的产业结构调整，以及就业情况和物价水平，从而对整个经济增长产生影响。

一方面，汇率的贬值不一定会拉动经济的增长。虽然理论上人民币贬值能在短期内扩大我国出口产品和进口替代产品的生产，但是也会带来很多负面影响：包括进口成本的上升、外债的增加、通货膨胀的加剧等。从国际经验的研究上看，很多国家的证据表明本币贬值有可能给本国经济带来紧缩性。Edward（1988）选取了12个发展中国家1965～1980年相关变量研究了贬值对经济增长的影响，结果表明，汇率贬值在一年内具有紧缩效应，而一年后紧缩效应逆转，长期看来则为中性。Copelman以及Werner（1995）对墨西哥的经验研究表明，汇率贬值引起了墨西哥产出的下降。

另一方面，虽然从理论上看，汇率的升值会压制出口，提升进口，对于出口依赖度较高国家的经济增长会产生一定程度的负面影响，但由于同时降低了进口的成本，在外需变动不大的情况下，国内的投资和生产是会受益于汇率的升值。同时，人民币汇率的升值也会影响到国际长短期资本的流动方向和速度，对国内资本积累产生重要的影响。汇率升值后不仅会影响到国际投资的成本，从而改变外商直接投资以及我国对外直接投资的数量，更会影响到国际市场对人民币升值预期的变化，从而使得短期资本流动发生较大波动，会对宏观经济稳定以及经济增长产生很大的影响。

此外，进出口和国际资本流动的改变还会影响到我国的产业结构和就业水平。汇率升值可以通过增加本国居民的实际财富,扩大居民消费;同时可以提高工资水平,促进收入再分配的合理,使得收入从高边际储蓄倾向的群体向低边际储蓄倾向的群体转移;从而从消费和投资两个方面促进经济的增长。最后,这些宏观经济的变动又会反馈影响到汇率水平的变动,从而又产生了另一轮对经济增长的影响。

从实证经验的研究上看,普遍结果是人民币升值对我国经济增长有负向影响,这一点与我们利用牛津宏观预测模型所做的分析结果基本上是一致的。但每个研究所得到的对经济增长影响的程度差别很大。比如,魏巍贤(2006)通过建立可计算的一般均衡模型研究了人民币升值对中国经济的影响,结果表明人民币升值对我国实际 GDP 增长的影响是负向非线性的。人民币升值 5%、10% 和 20%,实际 GDP 会分别下降 0.29%,0.73% 和 2.18%。这些结果表明增长对升值的弹性反应大概在 0.06~0.11 之间。

卢万青、陈建梁(2007)构建了一个汇率对该国经济增长影响的模型,以此考察汇率与国内总产出之间的作用。作者采用了 1995~2005 年的季度数据估计了汇率影响的乘数效应,结果表明,在此期间人民币实际有效汇率上升 1%,出口和进口分别下降了 2.37% 和 2.19%,经济增长下降了 0.12%,外商直接投资基本没有受到影响。其政策建议为人民币小幅升值对经济的影响不大,但是大幅升值可能引发国际游资冲击、金融系统震荡,从而严重危害中国经济的持续快速增长。

施建淮(2007)运用向量自回归模型实证考察了人民币实质汇率冲击对中国产出的影响。实证结果表明,在控制了可能导致人民币实质汇率与中国产出之间的伪相关来源后,人民币实际汇率升值仍会导致中国产出一定程度的下降。但这种汇率冲击的紧缩性效应不是支配性的,一旦考虑了中国经济与国际金融体系的联系,汇率冲击对我国产出的影响力度明显减少,美国的利率冲击对中国的产出波动有更大的影响。同时,升值对城乡居民消费的影响不同,会加大城乡差距。政策建议是需要避免大幅度的升值,应当适当扩大汇率的可浮动范围,缓解人民币的升值压力。

汇率变动的另一个重要内容是增强了汇率的灵活性以及可浮动空间,汇率波动本身也会对经济增长产生影响。丁剑平(2003)利用 1990 年至 2002 年日数据建立了广义自回归条件异方差(GARCH)模型来检验亚洲金融危机前后东亚各国汇率波动与亚洲经济增长的关系。在危机之前,东亚各经济体几乎都保持了7%的经济增长率,而在危机后跌落到低速增长。

丁剑平的计量分析结果表明,亚洲金融危机之后,韩国与泰国的汇率方差明显增大,新加坡和中国台湾稍有扩大,但总体而言,大多数的东亚国家汇率波动性增大。他的政策建议是,在经济高速增长的时期,汇率波动的方差较小,持续性也较短。因此,中国经济持续高增长的阶段是进行人民币汇率市场化的最佳时间,为汇率制度改革、本币国际化创造了稳定的经济环境。

汇率波动与经济增长在中国是一个什么样的相关关系,现在还没有现成的研究可以引用。不过如果我们考察1994年以来经济增长的轨迹,会发现两个汇率波动性相对比较大的阶段1994~1997年和2005~2008年,基本都是经济高速增长的阶段(图2)。不过我们并不能由此断定汇率波动引起经济高速增长,因为这个因果关系完全可能是相反的,即在经济不稳定的时候,政府不愿意接受汇率波动。

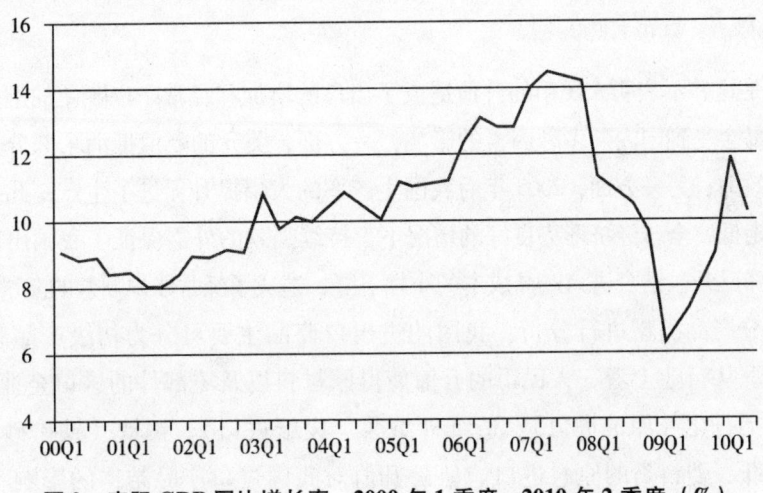

图2 实际GDP同比增长率,2000年1季度~2010年2季度(%)
资料来源:WIND数据库。

3. 国际收支与贸易结构

汇率是联系国内外经济的重要纽带,汇率水平的变动会直接影响到我国进出口产品的价格、总量及其行业结构的变化。2005年的汇率制度改革使得人民币汇率的弹性有所增加,币值有较大程度的上升。从总量上看,伴随着人民币的升值,我国的出口反而更加强劲,经常账户顺差也一路攀升,出现大幅的激增,2007年达到顶峰,占到当年GDP的10.8%,之后受到金融危机的影响,顺差有小幅回落(图3)。

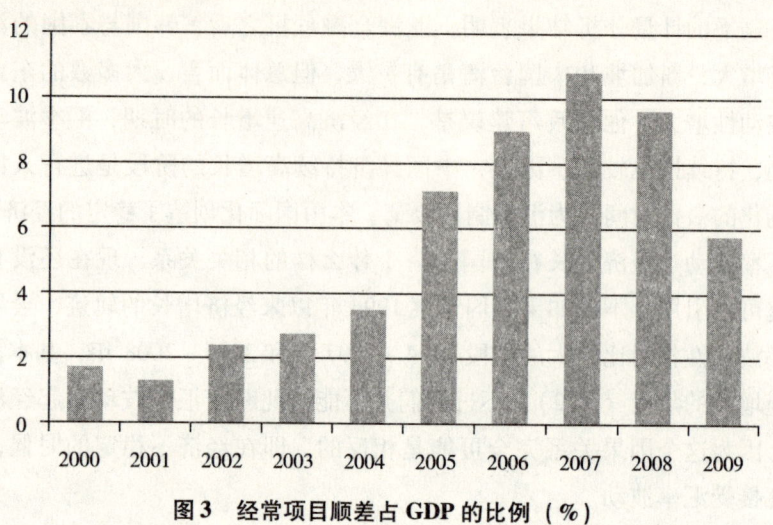

图3 经常项目顺差占GDP的比例(%)

资料来源:WIND数据库。

但是这并不表明人民币的升值造成了出口的增加和经常账户顺差的上升。进出口贸易会受到国内外多种因素的影响,一方面,美元的贬值抵消了部分人民币升值的效力;另一方面,2005年后我国生产率的大幅提升促进了生产;此外在国际利率走低,全球经济形势良好的情况下,持续强劲的外需保证了我国出口产品总量不降反升,结合进口产品成本的小幅下降,造成了经常账户顺差的激增。

若分产品类型进行分析:我国的进出口商品主要可分为初级产品和工业制成品。从行业上看,人民币的升值使得原材料以及零部件的进口企业受益。主要包括石化(原油进口)、造纸(纸浆、废纸进口)、钢铁(铁矿砂进口)及其化纤、塑料类的原料进口。但是升值对我国进口产品结构的影响不是十分显著,在进口商品的构成中,汇改前后初级产品和工业制成品所占比例相对平稳,其中,工业制成品始终占总进口的80%左右。

不过在汇改之后,出口产品的构成发生了较为明显的变化。初级产品比重不断下降,从汇改前的8%下降到2008年的5%。同时,汇改前具有很强出口竞争优势的传统行业则受到了一定程度的打压,主要包括劳动密集型的行业纺织服装类。纺织类产品出口占总出口的比例不断下降,从2004年的26.3%下降到2008年的23.4%。而机械制造类产品的出口占比则从2004年的42.8%上升到了2008年47.1%。

另外从工业制成品产品的构成来看，轻纺制品和杂项制品的增速比机械类出口产品的增速要慢很多，这和我国动态比较优势的变化和人民币汇率升值是密切相关的（图4）。此外，也有很多行业受到了其他因素的双重影响，比如汽车行业既受益于进口零部件价格的下降，又会受到同类进口汽车相对价格下降的竞争冲击。

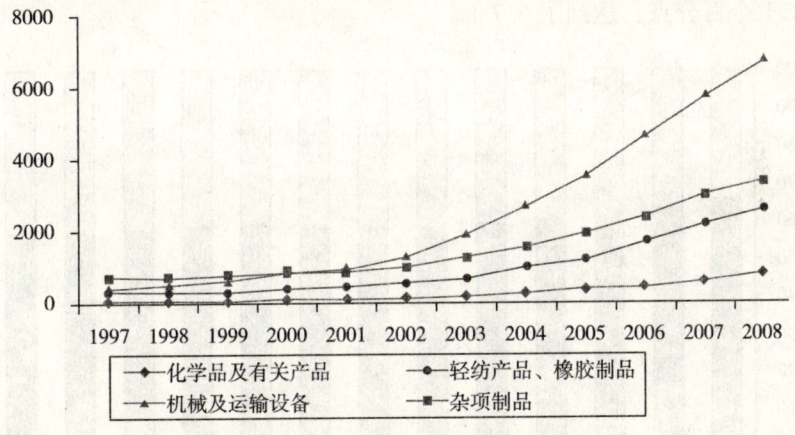

图4 主要工业制成品出口规模，1997~2008（单位：亿美元）

资料来源：中经网数据库。

不仅如此，汇率变动还会对不同类型商品进出口需求弹性产生不同的影响。根据马歇尔—勒纳条件，如果进出口汇率弹性的绝对值之和大于1，货币升值会改善贸易顺差过大的失衡。消除经济趋势的影响之后，我们发现我国初级产品和工业制成品的进出口贸易量均与实际汇率、实际收入以及贸易政策这三个变量存在着长期的相关关系。我们根据改革期间的数据额测算，发现初级产品出口的实际汇率弹性为 -2.48，而工业出口的汇率弹性为 -0.516；而其进口的汇率弹性分别为 0.668 和 0.2。

这些表明，实际汇率变化对初级产品进出口的冲击要明显高于对工业制成品的冲击。此外，初级产品进出口的汇率弹性绝对值之和为 3.15，而工业制成品的只有 0.725，马歇尔—勒纳条件对初级产品成立而对工业制成品不成立，说明人民币的升值能降低初级产品的贸易顺差，但不能降低工业制成品的贸易顺差。在工业品进出口占到我国进出口总量95%左右的情况下，人民币升值会否彻底改变外部失衡，尚待观察。

从人民币汇率制度改革后我国产业结构的变化来看，2005年后第一、二产业占 GDP 比重持续性下降，分别从 2005 年的 12%、47.4% 下降到了 2009 年的 10.6%、46.8%（图 5）；第三产业占比则上升了 2.1 个百分点，达到 42.6%。其中值得注意的是，汇改之后，伴随着宽松的货币政策，我国房地产业及其相关产业有了迅猛的发展，需求强劲，同时资产价格也一路攀升。房地产业增加值占第三产业比重稳固上升，同时相应的建筑业占 GDP 比重上升了 1.1 个百分点，达到了 6.7%。

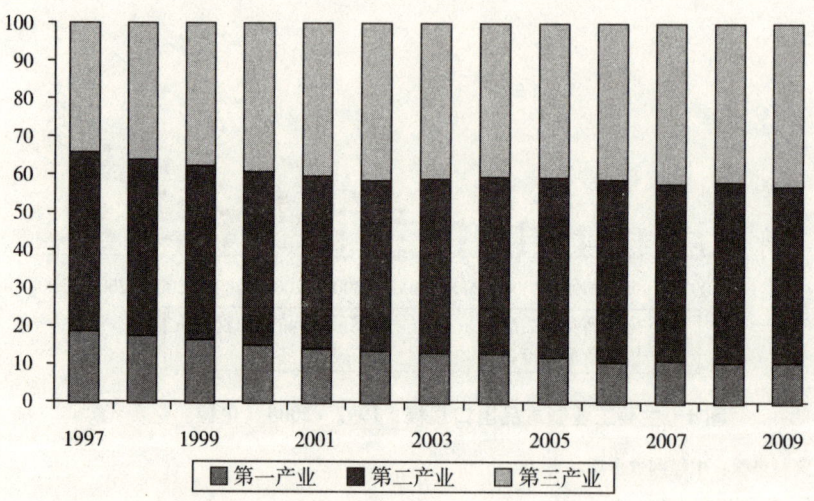

图 5　三次产业占 GDP 的比重，1997～2008（%）

资料来源：中经网数据库。

4. 对国际资本流动的影响

人民币汇率不仅通过贸易账户产生影响，也同时会从资本账户影响到我国的经济。在我们进行汇率改革之后，对人民币的升值预期高涨，也导致国际短期资本流动过于频繁，可能会给我国经济带来的影响。这部分旨在分析人民币汇率改革之后我国短期、长期资本流动频率、方向等方面的变化。

国际资本流动会受到国内外利差、通胀水平、金融发展水平、汇率预期以及国内外经济形势的影响。汇改后，人民币的升值以及汇率弹性幅度的扩大不仅会增加国内外利差对国际资本的吸引力，更会增强人们对于人民币进一步升值的预期，从而影响到短期资本的流动。

从长期上看，我国 1994 年汇率并轨之后，实际利用外资金额就开始了明显的增加，随后一直保持在 600 亿美元左右，2005 年汇改之后，实际利用外资金额有所上升，2008 年达到顶峰，有 952.5 亿美元（图 6）。外商来华直接投资（FDI）余额累计达 8984 亿美元，占我国对外金融负债的 62.5%，比 2005 年末提高了 3.6 个百分点。2006~2008 年，外商直接投资累计流入 2645 亿美元，累计流出 1036 亿美元，净流入 1609 亿美元。

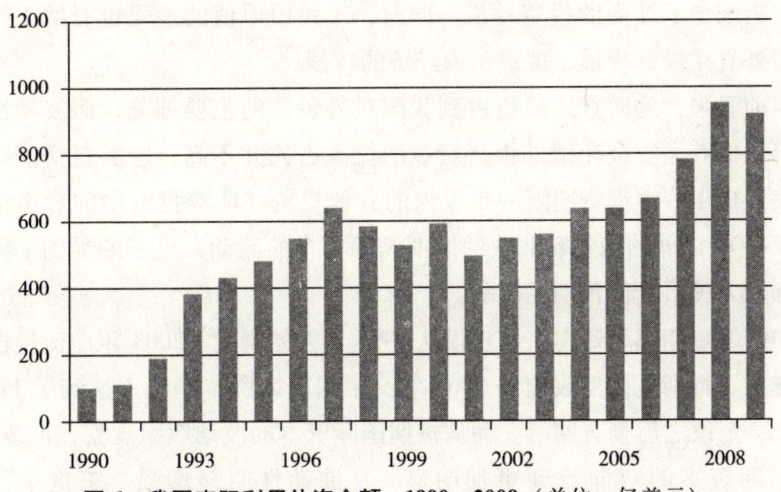

图6　我国实际利用外资金额，1990~2009（单位：亿美元）

资料来源：中经网数据库。

2005 年汇改以后，我国海外直接投资（OFDI）增速明显，年均增长率达到 70%，年度流量从 2004 年的 55 亿美元上升到了 2008 年的 521.5 亿美元（图7）。一个直接原因是汇改以后适度放松了对海外直接投资的管制，这与逐步降低或消除对外收支盈余的政策目标是相一致的。

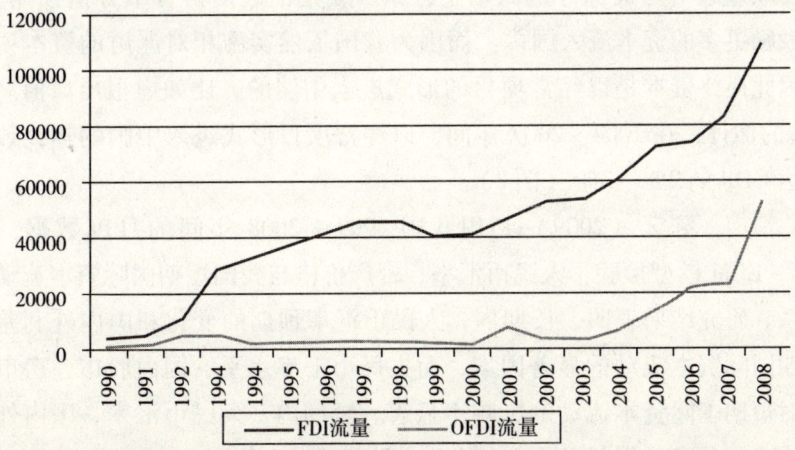

图7　我国外商直接投资与海外投资流量，1990~2008（单位：亿美元）

资料来源：中经网数据库。

汇率水平的上升并没有降低外商直接投资这类长期资本的流入，主要是因为中国强劲的经济增长实力，被制度性扭曲压低的要素价格，使得外商投资仍然可以在国内获得高额的回报，而国外需求的持续高涨也保障了产品的销路，更增加了外商的投资动机。同时，人民币币值的走强也有助于扩大我国的对外直接投资规模，促进国内经济的转型。

目前看来，外商直接投资占到我国对外负债的主要部分，而波动性较大的股票、债券类资金和国外银行贷款的流入占比并不高，这类包括国际收支平衡表（BOP）中借贷期限一年以内的其他投资、证券投资中的货币市场工具以及 BOP 以外的隐性和非法的短期国际资本的流动，更多的受到了国内外利差和对人民币升值预期的影响。

中国的短期国际资本流动规模从 1995 年开始剧增，2003 年净流量由流出转为流入。特别是在汇改前的 2004 年，中国短期资本净流入达到了 1139.54 亿美元，汇改之后稍有回落。而从短期国际资本的波动频率观察，汇改之后，短期国际资本的双向流动更加明显，且波动性明显增强。王世华、何帆（2007）以中国短期国际资本流动为研究对象，研究了影响资本流入和流出的主要因素。结果表明，长期内国内外利差和人民币预期升值率都是影响我国短期国际资本流动的主要因素，其中人民币升值预期的影响更为重要。

Zhang（2009）则从另一个角度考察这个问题，他发现 2003 年以来经常项目顺差暴涨，与汇率升值同步进行，这是一个令人奇怪的现象。他认为经常项目顺差起码是被部分地高估了，原因就是汇改使得货币升值预期上升，这就鼓励更多的资本流入国内。而因为我国依然实施相对严厉的资本项目管制，因此最终资本是以经常项目的形式进入中国的，比如虚报出口值。根据 Zhang 的估计，在 2004~2007 年间，以经常项目形式进入中国的热钱数量可能高达 GDP 的 2%~3%（图 8）。

陈浪南、陈云（2009）利用我国 1999~2008 年间的月度数据，运用 ARDL-ECM 模型检验了人民币汇率、资产价格与我国短期国际资本流动之间的关系。研究结果表明，长期内，人民币汇率预期的变化和国内外利差是影响短期国际资本流动的显著因素，而人民币汇率水平、国内股市、房市的收益率对短期国际资本流动的影响不显著。短期内，人民币汇率、国内外利差和房地产收益率对短期国际资本流动有显著的滞后作用。

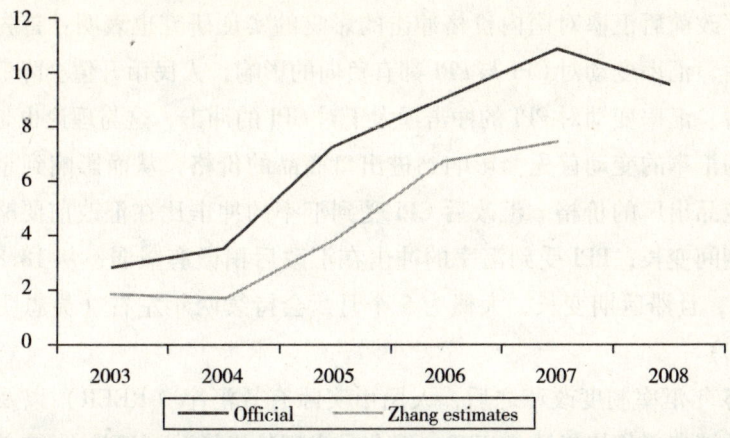

图8 官方与扣除热钱之后的经常项目顺差，2003～2008（%GDP）

资料来源：中经网数据库和 Zhang（2009）。

陈学斌等人（2007）实证分析了我国 2000～2007 年初影响长期与短期国际资本流动的因素。结果表明，中国经济的高速发展和人民币稳步升值有利于吸引长期海外直接投资。而对人民币升值预期的加强和我国资本市场的发展对短期资本的流入套利具有将强的吸引力。

虽然实证表明，2005 年人民币汇率改革之后，国际短期资本的流动频率加大，并且随着对人民币升值预期的加强，接下来的资本流动肯定也会较频繁。但是从我们对于汇率改革对经济增长影响的分析，以及随着国家发展阶段不同，适用的汇率制度的演变，从长期看，一旦我国汇率政策的信誉建立、国内经济稳定，并保持持续地增长，并不会使得国际短期资本给国内生产带来很大的冲击。

5. 汇率政策与通货膨胀

人民币汇率水平的变化会直接或者间接地影响到国内的物价水平，这种影响被称为汇率的价格传导效应。人民币的升值一方面使得进口商品和原材料的成本下降，使得国内物价下降；另一方面，出口产品的价格上升，削弱其在国际市场上的竞争力，国际市场需求的下降有可能减少国内的生产，造成国内的通货紧缩和物价的下降。此外，汇率的变动还会通过影响消费商品结构从而影响到国内的物价指数。同时，由于存在着各类的摩擦成本，汇率的变化并不会百分之百地传导到国内的物价水平，并且还会受到很多其他因素的影响。

对汇改前后汇率对国内价格冲击的影响的实证研究也表明：首先，不论汇改前后，汇率变动对 CPI 与 PPI 都有负向的影响，人民币升值会降低物价指数；同时，汇率变动对 PPI 的冲击远大于对 CPI 的冲击，这与理论也是相符合的，因为汇率的变动首先会影响到进出口商品的价格，从而影响到企业的成本和工业品出厂的价格。汇改后 CPI 受到汇率的冲击比在汇改前要略大，但是滞后期间变长；PPI 受到汇率的冲击在汇改后稍微有减弱，从 18.8% 降低为 16.74，且滞后期变长，大概为 5 个月，会持续两年左右（吴志明和郭予锴，2010）。

2005 年汇率制度改革之后，人民币实际有效汇率（REER）以及国内物价水平的消费者价格指数（CPI）、工业品出厂价格指数（PPI）的走势变化如图 9。可以看出，汇改后随着实际有效汇率指数的走高，直到 2008 年中，CPI 和 PPI 呈现出上升的趋势。之后，随着实际汇率的大幅升值，CPI 和 PPI 却出现了很大程度的回落。

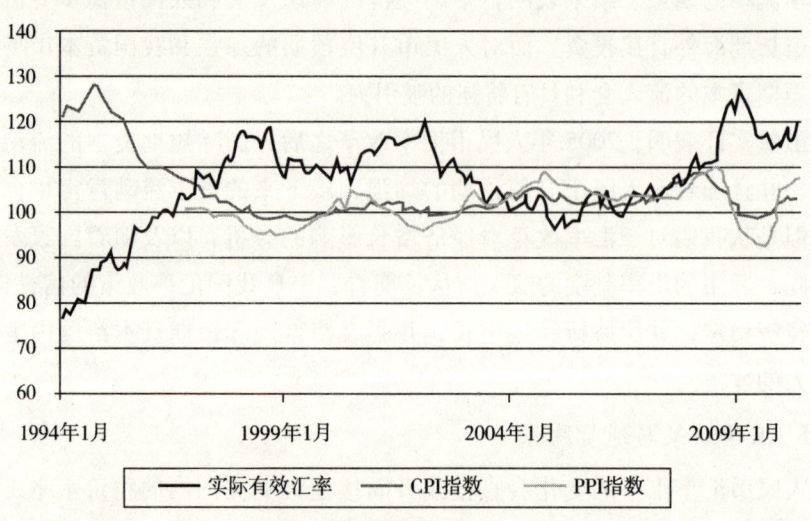

图 9　人民币实际有效汇率指数与物价指数走势，1994~2010

资料来源：WIND 数据库。

从三者的走势图观察，首先可以看出，汇率水平对零售物价和生产者物价的动态影响是不同的。PPI 是先行指标，反映了宏观经济的走向。汇改后人民币对 PPI 的传递效应减弱，与我国进口商品主要为能源类的大宗商品有关。2005 以来，国际能源价格的不断上涨以及我国在能源市场上的低议价能力，部分削弱了人民币升值对进口商品成本的降低作用，弱化了汇率对 PPI 的传导效应。

其次，我们看到了 2005 年汇率改革至 2008 年中，人民币的升值和我国物价上涨、通胀压力变大同时发生的现象，这是由于零售物价更多是受到国内经济因素的影响而造成的。汇改之后发生的通胀首先是体现在房地产市场价格的上涨，及其相关行业产品价格的上升，进一步是股票价格的上升，最后才传递到经济薄弱环节的农产品和食品价格之上。

之所以会产生这样的现象，主要是货币供给过多、要素市场扭曲等结构性和制度性等多方面因素共同作用的结果。近些年，我国资产价格的暴涨很大程度与国内较宽松的货币政策是密不可分的。同时，国内劳动力市场、土地市场、资本市场的扭曲对于要素价格的压低刺激了房地产及其相关企业的高额投资，投资需求的增加进一步拉高了资产价格。而国际需求不降反增的局面，使得我国劳动力供求出现了结构性趋紧，随后工资的上升推高了生产成本，而国际原材料和能源价格的上升部分抵消了升值所带来进口成本的下降，这些使得我国的物价被进一步抬高。

因此，从汇率对 CPI 以及 PPI 的传导机制分析，汇率的上升会带来物价的下降，实证的结果表明，汇率对价格的传导效应并不大，且有很强的滞后性。另一方面，物价水平更多地受到国内货币供给以及其他制度性因素的影响，人民币升值的同时，国内实施的宽松货币政策，以及当时国际经济形势的影响，是我国物价上升的主要原因。

6. 就业结构与收入分配

在开放的经济中，汇率的调整会引起国内外产品相对竞争力的变化，从而导致本国与外国劳动力总量的变化以及重新配置。汇改后，人民币的升值直接影响到了进出口商品的价格，从而会影响到外贸依存度较高企业的生产和就业水平，此外，汇改后对整个行业布局的影响也会影响到服务业、建筑类等行业的就业，从而对我国就业水平及其结构分布造成影响。

我国的二元经济结构的特点，保证了在农村地区还存在着较为丰富的剩余劳动力。尽管随着经济的发展，我国农村人口大量转移到城市，但仍有 40% 的劳动力还是从事于传统农业行业，而农业生产只占到在我国 GDP 的 10%。我国现行国情的一个重要特点就是处于人口红利最高峰时期，达到了 2.5，即 2.5 个劳动人口只负担一个被抚养人口，是世界上最低的。分析我国的就业总量（图10），可以看出，我国从业人口数在近10年内保持较稳定的小幅增长，汇改之后的增速稍有下降。同时，在岗职工的平均工资自2004年后有了较大幅度的上升，2007与2008的平均增幅达到了18%，比汇改前3年的平均水平上升了5个百分点。

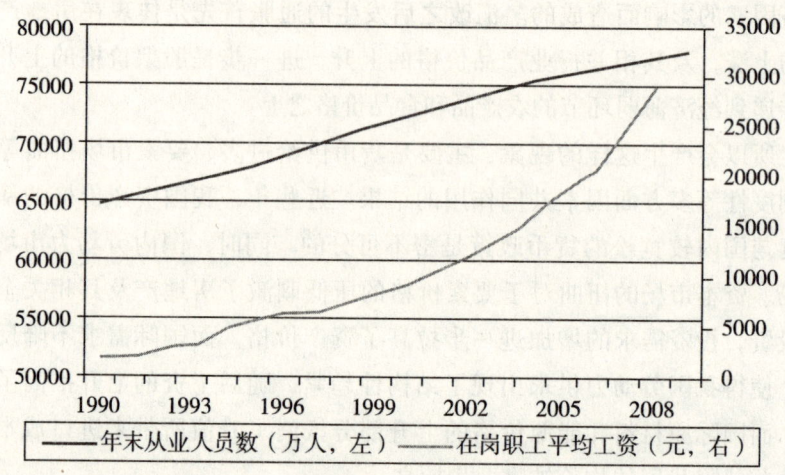

图10　我国就业人口数量和在岗职工平均工资，1997~2008

资料来源：中经网数据库。

实际汇率的变动不仅可以通过出口价格、进口成本等途径影响企业的劳动力需求，还会通过企业预期未来汇率变动从而调整投资决策的途径影响就业水平。范言慧、宋旺（2005）选取1980~2002年的相关数据，分析了我国实际汇率变动对就业量的影响，结果表明实际汇率贬值（升值）对制造业就业有促进（抑制）作用，但对实际工资的影响不显著。万解秋、徐涛（2004）的研究表明，在人民币汇率比较稳定阶段，汇率小幅度的波动对就业的影响不显著，但当汇率出现较大幅度升值时，国内就业会受到显著的负面冲击。

现有的研究大都是基于汇改之前分析汇率变动对就业水平影响，但是汇改之后，我们看到就业总量并没出现下降，只是增速有小幅回落。骆传朋（2009）利用主成分分析以及协整检验的研究表明，人民币汇率的升值无论从长期或者短期看，都不会对我国的就业水平造成实质性的不利影响：长期看来，国内就业水平对汇率的弹性系数为0.022；短期看来，汇率的对就业水平贡献率最多也不超过25%，并且逐年下降。影响国内就业水平的主要变量是国内的工资水平和利率水平；其短期贡献率分别为46%~49%与28%~30%。

汇率变动对就业的直接影响，一方面是进口商品价格的下降，打压了进口竞争行业的生产与就业；另一方面出口产品价格的上涨，有可能减少外贸依赖度较高企业的商品需求，从而影响到就业。纺织类企业、机电类企业的就业在这次汇改后受到的影响不大，主要是由于国外需求仍然强劲的原因所导致；化工行业的就业则受到了较大负面冲击，进口竞争类商品价格下降占到了主导因素。

汇率变动对就业影响的实证经验方面，巴曙松等（2009）运用协整检验、脉冲反映等计量方法研究了人民币汇率升值对三次产业的就业量的影响，结果表明：从长期影响看，实际汇率的升值将减少农业就业人数，增加第三产业的就业量，提升服务业在 GDP 的比例；与第二产业的就业人数没有长期均衡关系，而在短期内会对第二产业就业产生一定程度的负面影响。

观察三次产业的就业占比的实际数据（图 11），汇改之后，第一产业的就业占比虽然有所下降，但是高达近 40% 的占比保证了我国仍然存在着较为丰富的农村劳动力可以被转变到第二、三产业部门，这部分就业的变化几乎完全取决于城镇工资与农业收入差距、我国户籍制度的改革以及社保制度的完善程度，受到汇率的影响很小。第二、三产业的就业占比稳定上升，其中第二产业就业占比的增速在 2005~2007 年保持在 6%，之后下降到 2%；第三产业的就业增速在汇改后持续上升，2008 年为 3%。

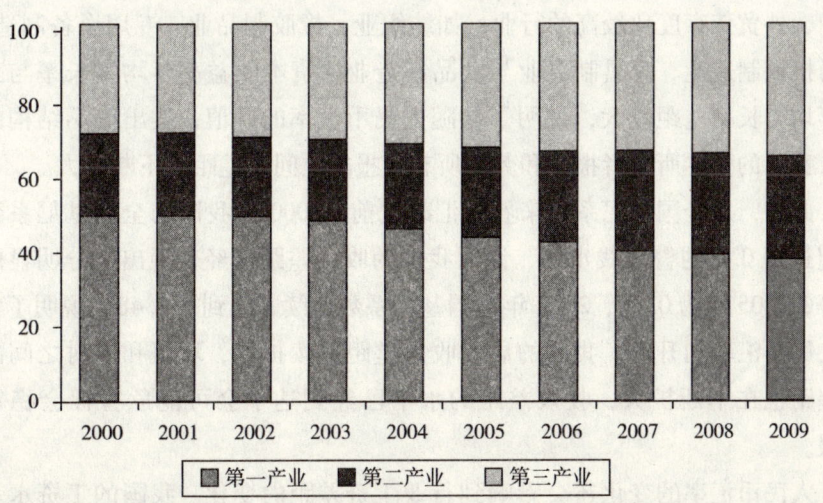

图 11　三次产业就业比重，2000~2009（%）

资料来源：中经网数据库。

这些结果与巴曙松（2009）的研究结果一致，也与丁剑平（2006）运用亚洲八国汇率与就业关系的经验分析得出的结论一致。因此，即使汇率升值可能会对制造类企业的就业产生一定程度的负面影响，但是国外需求的稳定使得我国制造类就业受到的冲击不大，同时升值也有助于我国就业向服务类行业的转移，与产业的变迁优化同步进行。

人民币汇率制度对我国居民收入分配主要是通过产业结构调整和物价水平变动这两个渠道发生影响的。汇率制度的变化首先会影响到进出口产品的结构、产业布局的变化，从而影响企业对劳动力的需求以及劳动力的报酬。另一方面会通过商品的价格途径影响到不同要素的价格。

一般而言，劳动力在各个行业之间是可以自由流动的；而资本和土地，在生产中作为特定要素，流动受到了较大的限制。根据国际贸易中的特定要素模型，贸易的发展会对特定要素所有者的收入有利，对可流动的要素的所有者不利。在 2005~2008 年国外需求强劲的情况下，人民币汇率的升值，伴随着的是贸易的增加，而贸易量的增加会更大程度提高资本和土地收入者的报酬，扩大其与劳动所有者之间的报酬差距。

朱钟棣、王云飞（2008）运用我国近些年 30 个行业的数据研究表明，贸易的发展提高了我国行业的全要素生产率与行业产品的出厂价格，会同时提高各个要素的报酬，但是对资本报酬的提升力度要大于对工资的提升力度，其中，外贸依存度比较高的行业，如纺织业、橡胶制品业、专用设备制造业、普通机械制造业、家具制造业与食品制造业的资本收益率年均增长率与工资的年均增长率差距较大，说明了伴随人民币汇率的升值，进出商品结构的调整，我国的资本所有者报酬和劳动所有者报酬之间的差距在不断扩大。

此外，从全国基尼系数来看，汇改之前，2000 年我国的全国基尼系数已经超过了 0.4 的警戒线水平，说明我国的收入差距已经表现出十分明显的不平等，2005 年为 0.46，2007 年全国基尼系数持续恶化到了 0.48，说明了伴随着人民币汇率的升值，我国的居民收入差距持续扩大，城镇和农村之间的收入差距也在不断扩大，收入差距的水平已经到达了会可能危害社会稳定的界限。

人民币汇率的变化还会影响到行业工资差距的变化。我国的工资水平不仅受到劳动力供需双方的作用，还会受到国家对一些特定行业（如电力、邮电、金融保险、房地产等行业）实施的严格准入限制的影响。从分行业的工资水平和增速上看（见图12），我国行业平均工资以及资本收益率从2004年后有了较明显的上升，但是各行业上升的幅度不同。2005年汇改后，金融保险行业的平均工资水平最高，增速也最快，从2005年的19%增加到了2007年的26%。其次是采掘类和电力、煤气等垄断性很高的行业的工资增速；制造类和农林牧渔服务类行业的工资增速最慢，说明了2005年人民币汇率制度改革后，农业部门的工资增长变慢，同时制造类等劳动力密集型行业的工资上升较慢；一般垄断行业的工资上升则较快。

因此，汇率变动以及贸易发展虽然会影响到我国工资水平的变化，但是并没有起到关键性的作用，目前我国各个行业工资水平的变化更多的还是受到国内经济变量，如市场集中度以及垄断程度变化的影响。

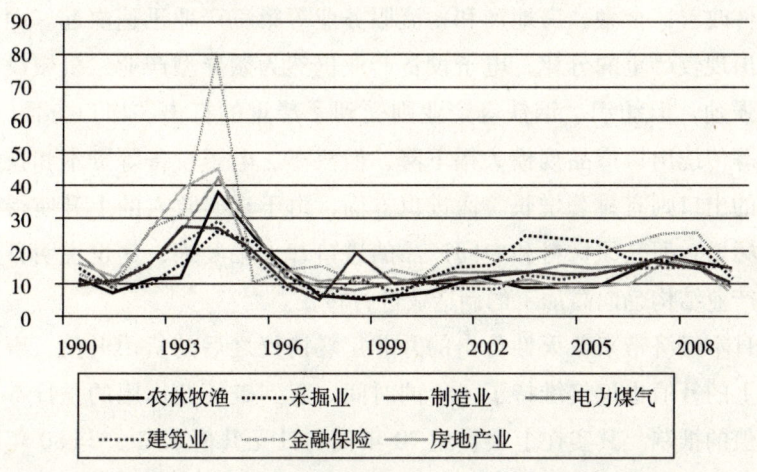

图12　我国分行业工资增速，1990~2009（%）

资料来源：中经网数据库。

三、汇率与宏观经济的国际经验比较

1. 日元升值不是日本经济衰退的主要原因

1985年9月的广场协议使得日元兑美元的汇率持续升值，一年时间内从协议签订时的250∶1调整到152∶1，1987年最高达到了120∶1；1990年4月至1995年4月，从158∶1升值到84∶1。国内许多专家将日元升值看成是随后导致日本经济 10 年甚至 20 年没有增长的祸根,并由此建议中国政府谨慎对待货币升值压力。其实这是对当年日本经济状况的严重误读。

首先,伴随着日元持续性的大幅度升值,日本国内宏观经济形势并没有受到很大的负面影响。实际上随着投资与消费增长,加上国际石油价格持续下降,日本经济保持了较好的增长。升值前实际 GDP 的年均增速为 3%,而 1985~1991 年的平均增速则达到 4.6%。另外,在 1989 年以前通货膨胀也相对稳定,进出口均有下降,但幅度不大。广场协议后,由于进口下降比出口更快,因此日本的经常项目顺差有增无减,1988 年后在刺激内需政策的影响之下才稍有减少。

其实升值带来的最大影响是产业结构与进出口结构发生明显变化。随着贸易条件改善,金融、房地产和物流服务业等第三产业迅速崛起。而制造业内部则出现较严重的分化,电子设备产业仍然为领导型产业,机械设备类产业发展强劲,但纺织、钢铁等产业则受到了严重的打击。出口方面,食品、纺织品等传统出口产品规模大幅下降,但汽车、电子设备等资本和技术密集型产品的出口则有显著增长。而进口方面,由于真实收入的上升使得消费品的进口猛增,但是原材料和中间产品的进口却大幅萎缩,这也说明日元升值后,其产业结构趋向高加工的制造业进行转变。

给日本经济带来毁灭性打击的并非广场协议之后的货币升值,事实上真正意义上的升值也仅仅维持了一年的时间。起到破坏性作用的是日本当局对货币升值的抵制。其实在上个世纪 70 年代初日元升值 33%,与 80 年代日元升值 37%,差别不大,但 70 年代的升值没有导致明显的宏观经济后果。政府长年抵制升值的一个后果是使得升值的压力日积月累,一旦升值发生,汇率变动的幅度就比较大。

广场协议之后,日本当局仍然没有停止对升值的抵制,而是采取一系列宽松的货币政策措施,包括增加广义货币发行、降低央行贴现率等等,减轻升值的压力。国内利率在 1987 年之后长期保持在 2.5% 的低水平,其后果是在日本经济内部积累了大量的资产价格泡沫,资金流向证券市场和房地产市场,而产业政策也向金融和房地产倾斜,使得资产价格一路攀升,投机之风也愈演愈烈。1985~1990 年间,东京的商业用地价格平均上升了 3.4 倍,住宅用地价格上涨了 2.5 倍。如果将 1980 年实际加权平均的资产价格指数设定为 100,到 1989 年,美国、英国、法国等发达国家的指数都处在 190 以下,而日本的指数却达到了260。

而到了1989～1990年，在通胀压力之下，日本政府又采取了突然的并且十分强劲的通缩政策，短时间内将利率从2.5%提高到了6%。而来自美国的外界压力进一步动摇了投资者的信心，股市出现大幅下跌，而就银行对房地产贷款进行的严格限制，切断了房地产企业的资金链条，地价税等消费税的征收使得房价进一步猛烈下跌。这一系列强劲的紧缩性政策刺破了资产价格的泡沫，带来了巨额的房地产贷款坏账，对国民信心造成了重大打击，也使得经济陷入了混乱和长期停滞不前的局面。

2. 马克升值与德国稳定的宏观经济环境

德国马克对美元的汇率早在"广场协议"之前，就在持续性地温和升值。"广场协议"之后，马克兑美元汇率在1988年与1984年相比上升了61%，1995年与1984年相比上升了104.4%。1985年至两德合并前的1989年，德国在马克稳步升值的形势之下，仍然保持了较高的经常项目顺差，并且呈上升趋势。出口方面一直保持着稳定增长，但是进口却持续下降，扩大了外贸顺差的这个缺口。主要原因是德国的出口产品多以投资品为主，需求的价格弹性较小；同时，马克升值却降低了进口原材料的成本。

德国在马克的升值过程中，保持了稳定的宏观经济环境，这与德国政府的配套措施密不可分。首先德国以立法的形式保证了德国央行在行政管理、经营管理、货币政策的制定和执行上的独立性，使得德国央行可以不受政府的干预，执行应对汇率升值的相关政策。德国央行在保证其独立性之后，实施了稳健的货币政策，这是德国成功应对马克升值的关键基础。德国央行通过严格控制货币供应量来稳定经济增长。其次，升值的缓慢节奏也是德国经济保持稳定的重要因素，避免其货币受到猛烈的外部冲击从而给实体经济带来的伤害，保证了国内物价和生产的稳定。

3. 韩国汇率制度变化对其宏观经济的影响

韩国的汇率制度经过了几个阶段，早期的汇率受到了很严格的管理，20世纪90年代开始实行有管理的浮动汇率制度，1997亚洲金融危机之后，韩国在接受IMF援助时答应加快开放资本账户的条件，同年12月，韩国采用了浮动汇率制度，并随后完成了资本账户的完全开放。

在汇率制度转变之前，韩国国内的经济形势不容乐观。资本项目不合时宜的开放造成企业过度借贷，外债规模迅速扩大，从1993年的439亿美元到达了1997年的1544亿美元，其中短期外债占比达到了44.3%。另一方面，韩国的外汇储备几乎枯竭，接近900亿美元的储备都难以支付一个月的进口需求，同时，韩国中央银行也丧失了对外汇市场的干预能力。因此，在内外经济形势的压力之下，韩国被迫于1997年底实行浮动汇率制度的改革（表2）。

汇改后的一年内由于受到金融危机的影响，韩元的汇率还很不稳定，汇率月均变动率达到了8.8%，高于汇改前的0.64%，随后从1998年底至2006年，汇率月均变动率为1.55%。韩元在汇改初期有小幅的贬值，之后升值的幅度也不大，与汇改前的汇率水平变动不大。

汇改前的CPI平均为3个百分点，在汇改初期，通胀率达到了0.45%，但随后又维持在了0.23%。货币政策的框架进行了相应调整，规定货币政策的中介目标不再是汇率，而是通货膨胀率。韩国改变为浮动的汇率制度之后，外汇储备不降反升，由1997年的450亿美元左右上升到了2007年的2400亿美元，究其原因，一方面是由于韩国出口导向的战略仍然没有改变，长期保持高额的经常顺差，而韩国银行对外汇市场的干预使其国内积累了大量外汇储备；另一方面，韩国的资本流入多以证券投资为主，具有较大的不稳定性，为应对短期资本的外逃，需要韩国央行持有充足的外汇储备。

表2　　　　　　　1997年底韩国汇率制度变化时国内宏观经济状况

主要指标	数值
财政赤字占GDP比重（%）	-0.2
可动用的外汇储备（亿美元）	890
外债（亿美元）	1544
外债占GDP比重（%）	58.7
短期外债比重（%）	44.3
外债占出口比重（%）	111.4

资料来源：曲凤杰："从管理浮动到自由浮动：韩国汇率制度转型的经验及启示"，《新金融》，2007（8）。

4. 台湾地区汇率制度变化对其宏观经济的影响

台湾汇率制度经过早期的固定汇率制度、80年代的机动汇率制度最后演变为了现行的浮动汇率制度。早在1989年改革为浮动汇率制度之前，新台币就已经在内外经济形势的压力之下，开始了持续不断的升值，1986～1989年间，新台币对美元汇率从 39.85∶1 上升到 26.16∶1，升值了 33.7%。新台币的升值对台湾经济造成了很大的影响。

出口受到极大的负面冲击，尤其是在劳动密集型产业。新台币的升值使得工资上涨，而地价的猛升也使得出口成本进一步攀升，削弱了台湾出口产品的价格竞争力，致使大量以劳动密集型产品出口为主的中小企业破产。

资产价格急剧膨胀，投机之风盛行。新台币升值之后使得岛内的流动性泛滥，缓慢升值的策略刺激了市场更强的升值预期，导致了证券市场和房地产市场的投资过热，资产价格疯狂上涨；股票指数由 1986 年 945 点上升到 1989 年的 8616 点，台北地价也在此期间上涨了 4 倍。同时还导致了六合彩、地下投资公司的泛滥，进一步助长了投机之风，对经济的稳定造成很大威胁。

外商直接投资的流向发生很大变化。新台币升值使得台湾向外的直接投资大幅增加，并主要集中在东南亚地区以及中国大陆，主要是为了寻求更为低廉的生产成本。而来自发达国家的外商直接投资则持续下降，并且集中于新兴工业部门。

虽然新台币汇率制度的改革及其大幅升值给台湾经济造成了很大的影响，但是之后台湾的经济还是保持了较好的形势，总体而言，汇改还是比较成功的，政府的配套措施更是起到了关键性的引导作用。首先，台湾当局在汇改之前就已经基本完成了利率市场的自由化，从逐步扩大利率浮动区间到全面取消管制，为外汇自由化奠定了良好的基础。

其次，面临外汇储备大幅增加，通胀压力攀升的局面，台湾中央银行在新台币升值的过程中多次上调存款准备金率，并运用信贷控制的手段实施了紧缩性的货币政策，一定程度上缓解了急速膨胀的经济泡沫。在资本项目的管制方面，台湾当局自上个世纪 80 年代后期就加大了引入外资进入台湾的证券市场的力度，但在开放外资进入证券市场的同时通过制定严格详尽的监管条目，对外资进入起到了很好的引导作用。

同时，在新台币升值，外汇储备激增的背景之下，台湾当局积极调整外汇储备结构。1987～1989 年大量购入黄金，平均占到当年世界黄金产量的 15% 左右。积极根据国际货币形势的变化调整外汇储备，1987 年，美元占外汇储备的 80%，而随后美元汇率走低，其占比也被调整到了 60%。

最后在产业方面，台湾政府引导产业升级，从传统劳动密集型产业转变到技术密集型产业，并以电子信息类高科技产业作为领导型行业，以维持由于成本上涨所在制造业丧失掉的国际竞争优势，增加了其出口产品的附加值，提升了台湾在国际分工中的产品竞争优势，减少了升值对出口的负面影响。

5. 国际经验对人民币汇率制度改革的启示

纵观日本、德国、韩国以及台湾地区汇率制度变化及其宏观配套政策的经验，可以说日本是失败的，台湾不太成功，而韩国和德国在汇改之后仍然保持了较好的经济形势；结合我国现行汇率制度的变迁，有如下几点启示。

①汇率制度从有管理的浮动变为完全浮动或者汇率的升值，会在一定程度上影响本国经济的稳定，但是起到更加关键作用的是相关政策的选择搭配。显然，在广场协议之后，日元和马克都显著升值，但这两国的政府所采取的不同的配套政策最后对宏观经济表现的差别起到了重要的作用。

②从升值的幅度来看，应该在完全改变为浮动汇率之前就逐步放宽对汇率的管理，让汇率保持温和的升值，如德国和韩国。如果长期抵制升值，不但容易积累经济中的激励扭曲与效率损失，一旦开始升值，其幅度之大、速度之猛就可能给经济带来比较大的冲击。

③在汇率改革之前，应该完成国内利率市场的自由化，并做好资本项目的监管。国内利率市场的自由化可以在一定程度上减少国际短期资本对国内经济的冲击，从而保证国内经济的稳定。而在扩大资本项目开放的同时，也应该通过相应的监管措施，减少短期信贷的流动，引导外资的流向。

④汇率的升值可能会带来国内资产价格的暴涨，如日本和台湾地区的经验，货币当局应当在保持独立性的前提下实施稳健的货币政策，严格控制货币发行量，维持国内物价的稳定。在这个时候如果再执行宽松的货币政策以抵制或者减轻升值压力，后果便会变得十分严重。

⑤积极调整外汇储备结构。汇率升值并不一定会减少国内的外汇储备，但是波动区间的扩大说明该国会更多地受到国际外汇市场行情的变化，因此有必要积极主动地根据不同国家货币的币值变动调整本国的外汇储备，既要保证其充足性，也要保证其稳定性。

⑥做好产业政策的引导，优化产业结构。汇率升值势必会影响到进出口产品的结构，从而影响到产业的布局。从台湾地区和日本的经验来看，两个国家（地区）的政府都在本币升值的同时，引导国内产业从传统的劳动密集型转向为技术或资本密集型，重新定位本国（地区）在国际市场上的竞争力，进一步完成经济的转型，从而保证长期和稳定的发展。

四、主要结论与政策建议

人民币汇率究竟该不该升值,一直是一个令我国决策者纠结不已的政策问题。不过人民币汇率逐步走向由市场机制决定,越来越多地随着供求关系变化波动,这一方向其实在1994年1月1日已经决定了,央行在2005年7月21日和2010年6月19日两次重新确定了这个方向。最近央行几位高级官员明确表示人民币汇率走向自由浮动和人民币逐步国际化,是我国的长期政策目标。

不过过去几年政府一直在汇率问题上表现得非常谨慎,2008年年中以来,人民币汇率制度实际上是采取了"软钉住"美元的做法。但是现在起码有三个方面的因素表明人民币汇率增加弹性已经成为一项十分紧迫的任务。首先,人民币汇率弹性是降低外部失衡和提高资本利用效率的必要条件。全球危机期间我国外部失衡的程度已经明显减轻,经常项目顺差占GDP的比例从2007年的10.8%减少到2010年第一季度的3.5%。不过这个回落更多地是周期性的,危机过去之后仍然可能反弹,实际上贸易顺差已经在明显回升。同时,我国的外汇储备已经高达25000亿美元,这些资产除了继续支持美国政府借债过日子,对中国经济没有多上实际贡献。

其次,人民币汇率增加灵活性也是保障我国货币政策独立性的必然步骤。在蒙代尔不可能三角中,我国目前的政策选择是维持相对稳定的汇率和独立的货币政策,但放弃自由流动的资本。黄益平和王勋(2010)的研究发现,我国资本项目管制的有效性已经在明显减弱。而其直接后果,就是跨境资本流动尤其是热钱的自由流动已经明显影响到货币政策的独立性。大量的资本流入使得国内市场流动性十分充裕,严重干扰央行实现利率政策的目标。作为一个高速增长的经济大国,显然不可能像香港那般放弃货币政策的独立性。

最后,人民币适当升值是避免贸易保护主义政策的重要环节。许多专家喜欢强调汇率政策是我国自己的政策,无需他国指手画脚。这个从原则上看并没有错,但问题是中国确实已经是一个经济大国,我们的任何政策都会对国际市场造成重要影响,其他国家有反应也是正常现象。目前的问题是许多新兴市场国家对人民币汇率政策有看法,发达国家的意见更大。美国议员最近动作频频，主要是因为美国接近两位数的失业率，以及国会面临中期选举。但问题是如果我们不能适当回应，中美发生贸易战的风险是实实在在的。其实，尽力避免贸易战也是保护我国自身利益的策略。

如果我们接受人民币汇率增加弹性已经是当前必然的选择，那么我们需要理解的是这样的变化究竟会给经济带来什么样的冲击。关键是会不会产生难以承受的变化，比如失业太多导致社会不稳定。具体分析货币升值或者汇率增加灵活性对宏观经济的影响的框架很多，简单地划分，就是两大类：局部均衡和一般均衡。而要准确地了解汇率变动的宏观含义，我们必须应用恰当的分析框架，这个框架应该满足如下三个条件：①一般均衡模型；②动态分析视角；③大国经济设定。汇率政策分析最忌讳的就是只强调个别的一个或几个传导机制。

根据我们用 OEF 模型所做的一般均衡的模拟，如果人民币升值 10%，在短期内可能会导致 GDP、消费、投资和就业微小下降，对经济有影响。但通货膨胀和经常项目顺差也会下降，实际工资、消费占 GDP 的比例增加和非贸易部门在经济中的比重上升，这些其实是正面的变化。从长期看，这样的变化更加明显。从这些分析结果看来，适度升值的宏观影响基本还在可控范围内，而且对于经济结构调整具有正面的作用。因此一个政策建议是还是应该继续保持人民币小幅稳步的升值过程

同时，汇率改革对宏观经济的影响更多的是体现在对经济结构的调整。汇改之后，我国第一、第二类产业占比下降，而第三产业的占比明显上升，有助于我国完成产业结构的优化；同时，汇率的升值也改变了我国的出口产品结构，从劳动密集型更多地偏向于资本和技术密集型产品，有助于我国重新定位出口优势，获取更多的产品附加值。此外，汇率的升值有效地抑制了通胀压力，部分缓解了经济过热所可能带来的不良影响。

最后，人民币汇率的升值促进了工资的增长，而人民币实际购买力的加强也有助于提高人民的生活水平，改善整个社会的福利。因此，从 5 年的时期上看，人民币汇率对 GDP 增速，以及总就业量的负面影响力度大幅减弱，对通胀的缓解力度则会加大。同时，我们相信在稳步小幅升值的前提下，从更长的时期看，经济结构的优化，人民生活水平的提高更有助于保持经济长期增长的潜力并且增强我国的国际竞争力。此外，从过去的经验看，除了升值的幅度可能是个问题，其实升值以后最容易出问题的并非实际经济部门，而

是跟资本流动和资产价格相关的领域。

日本和台湾的教训为什么比较大,主要是因为他们一直在抵制升值,这样在汇率和其他价格变量方面积累了相当严重的扭曲,以后调整的幅度就会比较大,步伐也会比较激烈。更重要的是它们在升值的同时保持了非常宽松的货币政策,试图减轻升值的压力。但实际的后果却是促成了严重的资产泡沫,这又进一步鼓励大量的资本流入。

我国政府如何才能既顺应市场要求让人民币适当升值,又保持宏观经济稳定?根据本报告的分析结果,我们提出六条具体的政策建议。

第一,人民币应该尽快适度升值,重新取得国际经济政策博弈的主动权。其实重启人民币汇改的最佳时机在2009年年底,当时已经非常清晰的是2010年将是个贸易保护年,人民币汇率政策一定会成为国际经济政策争论的焦点之一。拖延的直接后果就是我们已经置身非常被动的境地。如果2010年下半年人民币还不能出现明显的升值趋势,我们在国际市场上将举步维艰。

第二,真正落实一揽子货币的参照体系,改变目前过度重视人民币与美元双边汇率的做法。美元已经不再是当前国际货币体系中的稳定力量,如果我们继续让人民币紧追美元,其实反而造成汇率体系极大的不稳定。过度重视美元汇率也容易让人民币汇率政策问题双边化,这其实是不合理的。而要改变这种状况,不仅要真正做到以一揽子货币为参考,而且央行可以考虑每天发布一个人民币相对于一揽子的有效汇率指数,并将其作为市场干预的目标。

第三,既然是有管理的浮动汇率,政府在短期内可以适当控制升值幅度,同时要大力推进汇率避险工具与市场的发展。人民币汇率刚刚开始随市场波动,在近期内还是要避免汇率水平的大起大落,防止对经济造成过大冲击。而在增加汇率灵活性的同时,政府也应该支持避险工具的发展。企业只有学会运用各种金融工具有效地对冲风险,才能够承受市场波动的冲击。不过市场波动区间的放大最好一步一步走。

第四,积极地以包括货币升值和结构改革的综合手段降低经常项目顺差,从根本上消除汇率争端的风险。现在对中国汇率压力的一个重要依据是我国的庞大的经常项目顺差。在经济学研究中,其实没有一个科学、一致的标准判断汇率扭曲的程度,通常的方法是看经常项目平衡。而且实现国际收支平衡是我国经济政策的目标之一。当然降低外部顺差,汇率只是一个手段,任何降低国内经济扭曲,包括要素价格低估等的措施,都有助于促进消费增长、促进服务业发展,最终有助于实现国际收支平衡,减少与重要贸易伙伴的冲突,有利于实现长期可持续增长。

第四,在允许人民币升值的同时,应该高度关注国内资产泡沫的风险。日本和台湾地区的一个共同教训就是长期抵制升值,甚至不惜吹大国内资产泡沫。而德国和韩国的调整相对成功,主要也是因为避免了这一错误。根据2005~2008年的经验,一旦人民币再次稳步升值,通过正规、非正规渠道流入国内资产市场的资本会大幅度增加。为了避免将来发生日本那样的悲剧,我国政府应该严格监控国内资产泡沫。通常情况下,升值与加息可以互相替代。但我们以为人民币升值时,可以考虑同时收紧人民币流动性和适当加息,以防范资产价格泡沫。

第五,我国当前应该考虑执行"紧货币、宽财政"的宏观经济政策组合。紧货币是为了降低通货膨胀和资产泡沫的风险,而宽财政则是为了帮助平稳度过经济结构的调整期。比如,人民币升值可能导致部分出口企业面临困难,而部分工人也可能失去工作。相对宽松的财政政策就可以提供诸如失业救济和再就业培训等服务,帮助工人和企业应对因人民币升值所带来的结构性震荡。

参考文献

[1] Aghion P., Bacchetta, P., Ranciere, R., Rogoff, K. 2009, "Exchange Rate Volatility and Productivity Growth: The Role of Financial Development", Journal of Monetary Economics, Vol. 56, 494-513

[2] Carmen M. Reinhart and Kenneth S. Rogoff, 2004, "The Modern History of Exchange Rate Arrangements: A Reinterpretation," The Quarterly Journal of Economics, Vol. 119, 1-48

[3] Chinn, Menzie D. and Shang-jin Wei. 2009. "A Faith-Based Initiative: Does a Flexible Exchange Rate Regime Really Facilitate Current Account Adjustment". HKIMR Working Paper NO. 12, Hong Kong Monetary Authority, Hong Kong

[4] Copelman M. and Werner A., 1995, "The Monetary Transmission Mechanism in Mexico", International Finance Discussion Paper, NO. 521

[5] Edward S., 1988, "Real and Monetary Determinants of Real Exchange Rate Behavior, Theory and Evidence from Developing Countries", Journal of Developing Economics, 29, 311-341

[6] Goldstein, Morris and Nicholas Lardy, eds, 2008, Debating China's Exchange Rate Policy, . Peterson Institute for International Economics, Washington D. C., U. S.

[7] Goldstein, Morris and Nicholas Lardy, 2006, "China's Exchange Rate Policy Dilemma", American Economic Review, 96 (2): 422-426

［8］Goldstein, Morris and Nicholas R. Lardy, 2009, The Future of China's Exchange Rate Policy, Peterson Institute for International Economics, Washington D. C., U. S.

［9］Kenneth S. Rogoff, Aasim M. Husain, Ashoka Mody, Robin Brooks, and Nienke Oomes, 2003, "Evolution and Performance of Exchange Rage Regimes," IMF Working Paper, NO. WP/03/243

［10］Michael D. Bordo, 2003, "Exchange Rate Regime Choice in Historic Perspective," NBER Working Paper, NO. 9654

［11］Leslie Lipschitz, Timothy Lane and Alex Mourmouras, 2002, "Capital Flows to Transition Economics: Master or Servant?" IMF working Paper, No. WP/02/11

［12］Morris Goldstein, 2003, "China's Exchange Rate Regime", Peterson Institute for International Economics, Washington D. C., U. S.

［13］Prasad, E., Wei, S., 2005, "The Chinese Approach to Capital Inflows: Patterns and Possible Explanations," NBER working Paper, NO. 11206

［14］Roberto Chang and Andres Velasco, 2000, "Exchange Rate Policy for Developing Countries," The American Economic Review, Vol. 90, NO. 2, 71 – 75

［15］Ronald I. McKinoon, 2005, "China's New Exchange Rate Policy: Will China Follow Japan into a Liquidity Trap?" The Economists' Voice, Vol. ?

［16］W. Max Corden, 1993, Exchange Rate Policies for Developing Countries, The Economic Journal, Vol. 103, No. 416, 198 – 207

［17］Zhiwei Zhang. 2009. "Dark Matters in China's Current Account". Paper presented at the China Economist Society Conference on Greater China Economic Integration, March 30 – 31, Macau

［18］巴曙松. 内部改革与结构调整重于汇率改革. 资本市场, 2010 (1)

［19］巴曙松, 王群. 人民币实际有效汇率对我国经济影响的实证研究. 财经问题研究, 2009 (6)

［20］曹阳. 实际汇率变动对东亚国家的经济影响. 华东师范大学博士论文, 2007

［21］陈浪南, 陈云. 人民币汇率、资产价格与短期国际资本流动. 经济管理, 2009 (1)

［22］陈学斌, 余辰俊, 孙婧芳. 中国国际资本流入的影响因素实证分析. 国际金融研究, 2007 (12)

［23］丁剑平. 汇率波动与亚洲的经济增长. 世界经济, 2003 (7)

［24］丁剑平, 李菲. 货币升值对不同产业就业的影响——对亚洲八国汇率与就业关系的经验分析. 河北经贸大学学报, 2006 (7)

［25］范言慧, 宋旺. 实际汇率对就业的影响——对中国制造业总体的经验分析. 世界经济, 2005 (4)

［26］范幸丽, 王晶. 广场协议、日本长期经济萧条与人民币升值. 世界经济研究, 2003 (12)

［27］封思贤, 吴玮. 汇率变化对不同类商品进出口的影响. 数量经济技术经济研究, 2008 (7)

［28］谷雨. 人民币汇率体制变革对中国经济的影响分析. 吉林大学博士论文, 2008

［29］黄益平, 王勋. 中国资本项目管制有效性分析. 国家发改委对外经济研究所委托课题报告, 2010 年 5 月

［30］李国林. 人民币汇率预期的稳定性与国际资本流动关系的实证研究. 中国海洋大学硕士论文, 2009

[31] 林玉正.20世纪80年代新台币升值过程中台湾当局的对策与大陆借鉴.厦门大学硕士论文，2008
[32] 卢万青，陈建梁.人民币汇率变动对我国经济增长影响的实证研究.金融研究，2007（2）
[33] 骆传朋.全球经济失衡与人民币汇率走势.武汉：武汉大学出版社，2009
[34] 卢向前，戴国强.人民币实际汇率波动对我国进出口的影响：1994－2003.经济研究，2005（5）
[35] 曲凤杰.从管理浮动到自由浮动：韩国汇率制度转型的经验及启示.新金融，2007（8）
[36] 沙文兵.人民币有效汇率与宏观经济内外均衡研究.北京：经济科学出版社，2007
[37] 施建淮.人民币升值是紧缩性的吗？.经济研究，2007（1）
[38] 姚洋.调整经济结构，重启改革议程.财经，2010（3）
[39] 魏巍贤.人民币升值的宏观经济影响评价.经济研究，2006（4）
[40] 吴志明，郭予锴.汇率制度改革前后人民币汇率传递效应研究——以2005年7月汇率制度改革为界.经济评论，2010（2）
[41] 万解秋，徐涛.汇率调整对中国就业的影响.经济研究，2004（2）
[42] 王建民，胡增印.台湾、韩国汇率变动与经贸发展关系的实证分析.台湾研究，1996（2）
[43] 王世华，何帆.中国的短期国际资本流动：现状流动途径和影响因素.世界经济，2007（7）
[44] 朱鉽华.人民币汇率问题研究.北京：人民出版社，2007
[45] 朱钟棣，王云飞.我国贸易发展与收入分配关系的理论研究和实证检验.北京：人民出版社，2008
[46] 中国人民银行.《中国货币政策执行报告》2005－2010年

人民币汇率升值对进出口贸易的影响

张小济

一、我国进出口贸易发展的国际环境

1. 经济全球化带动我国贸易快速增长

对外贸易和跨国投资的增长速度超过 GDP 的增长速度是全球普遍的现象，是经济全球化的重要特征。主要原因之一是全球供应链的建立大大增加了中间产品的国际贸易。据世界贸易组织统计，中间产品贸易占 2008 年全球制成品贸易的 40%（见图 1）。

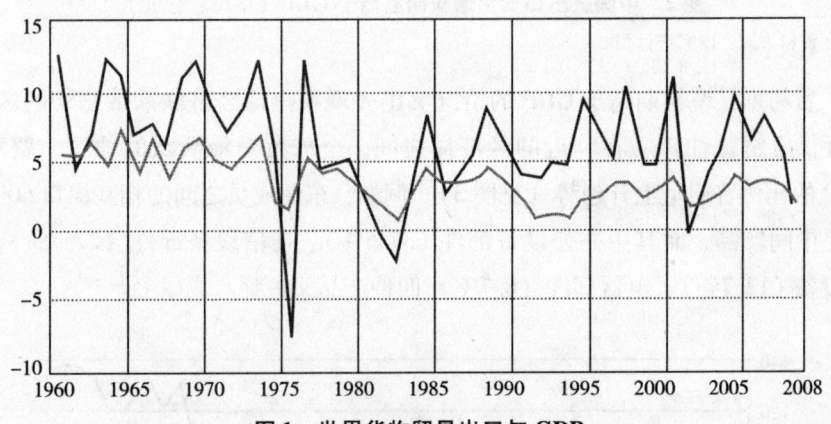

图 1 世界货物贸易出口与 GDP

资料来源：世界贸易组织"2009 年全球贸易统计"。

进出口与 GDP 的比例呈上升趋势（见图 2）。这一比例在我国称为"贸易依存度"，国际上通常翻译为贸易开放度，但世界贸易组织认为比例的高低不能完全代表贸易政策的开放度，一般来说偏重服务业的经济体和大国经济体这一比例较低，例如，美国低于 30%，而许多小国高于 100%。2008 年我国这一比例为 60%，在大国经济中是偏高的，这主要是因为我国在国际供应链分工中处于组装环节，电信和办公设备等产品"大进大出"的加工贸易方式造成重复统计。这种情况在北美自由贸易区的加拿大和墨西哥也存在，由于

张小济：国务院发展研究中心对外经济研究部。

美国公司在两国边境搞加工贸易，两国的贸易开放度也超过60%。

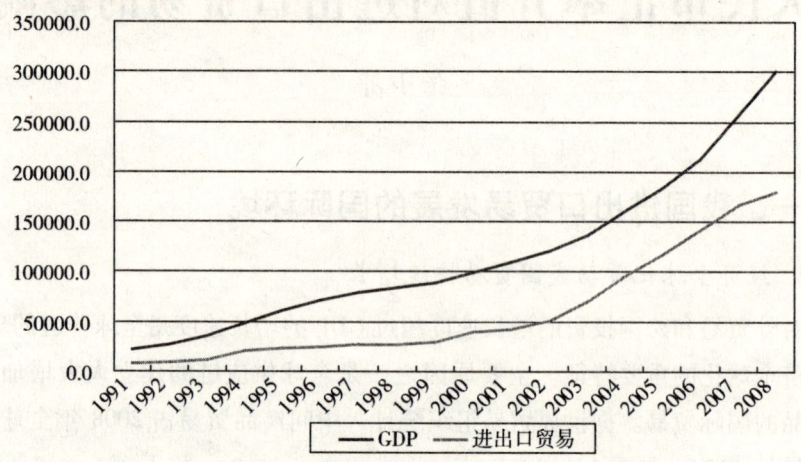

图2　中国进出口贸易增长明显高于GDP（单位：亿元）

资料来源：国家统计局。

贸易增长率长期高于GDP的情况突出表现在全球经济联系最密切的区域。国际供应链往往建立在临近的经济体之间，全球贸易最活跃的地区，贸易与GDP的比例普遍呈上升趋势（见图3）。例如，东亚成员之间的相互出口60%以上是中间产品，而其中办公设备部件（37.5%）、通信设备部件（27.7%）、开关设备（12.7%）、电器部件（6.7%）四种产品又占到八成以上。

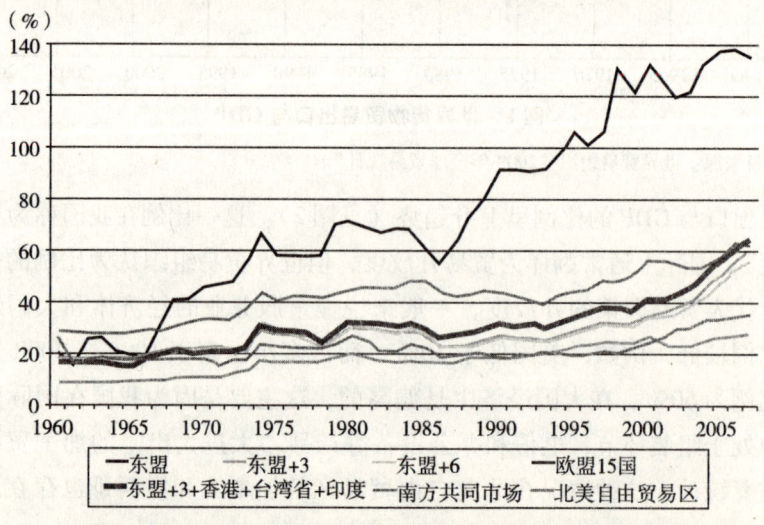

图3　1960~2007年全球主要经济区域贸易与GDP的比例

资料来源：联合国大学"区域一体化比较研究"报告。

2. 全球贸易失衡的趋势

区域乃至全球制造业和服务业的外部化,不仅使国际贸易增长高于经济增长,而且造成或者加剧了国家和地区之间的贸易失衡。从较长的时间跨度看,大国经济净出口占 GDP 的比例在正负 5% 以内是正常状态。德国和日本是世界制造业出口大国,长期存在贸易顺差,而美国制造业大量转移海外,经济过度依赖消费拉动,长期存在贸易逆差(图 4)。全球供需结构的巨大变化,使得贸易失衡与经济周期之间的因果关系更加明显,当出现全球经济过热时,贸易快速增长,失衡问题愈加突出,而出现严重经济衰退时,贸易失衡相对缓和。

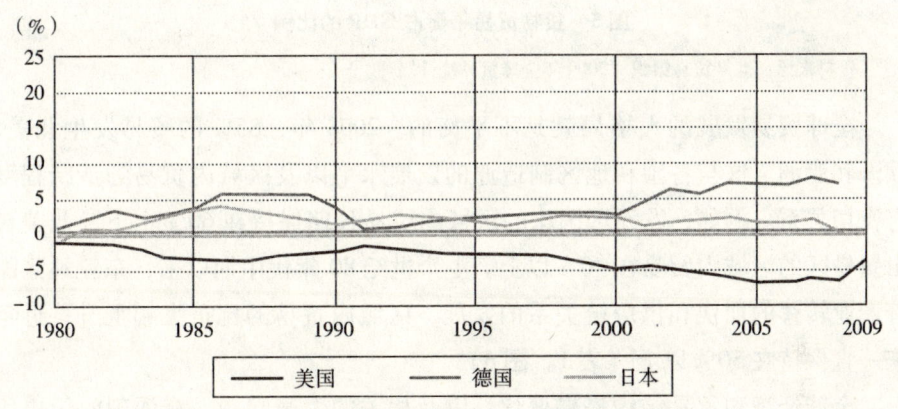

图 4　货物贸易平衡占 GDP 的比例

资料来源:世界贸易组织"2009 年全球贸易统计"。

全球供需结构的变化,以及新兴经济体的崛起,使得大宗商品价格趋升,波动幅度扩大,这又加剧了资源进口国和出口国之间的贸易不平衡。一些国家经济与资源产品进出口关系密切,受国际市场价格波动影响较大,例如,俄罗斯受益于石油价格上涨,贸易顺差与 GDP 的比例曾经超过 20%。印度高度依赖原油进口,2008 年油价飙升时曾经出现巨大的贸易逆差。

我国出口部门的快速发展重要原因之一是承接了发达国家制造业外部化转移,自上个世纪 90 年代中期以来货物贸易一直保持顺差。进入本世纪以来,受全球经济过热影响,贸易顺差与 GDP 的比例曾经连续三年超过 5%(图 5),但 2008 年金融危机爆发以后,这一比例重新回到相对均衡的状态。由于我国经济总量占全球经济的比重越来越大,贸易平衡除了受外部市场的影响,在很大程度上也取决于本国经济结构的变化。

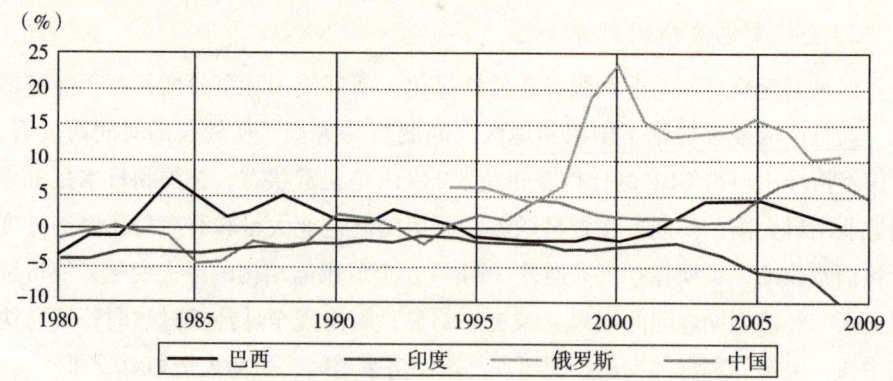

图 5 货物贸易平衡占 GDP 的比例

资料来源：世界贸易组织"2009 年全球贸易统计"。

全球贸易发展的大格局就是不平衡的。2008 年，85%的贸易发生北美、欧洲和亚洲。这与各国和地区制造业的发展水平以及区域内贸易的活跃程度有密切关系。例如，欧元区国家的区域内贸易长期保持在60%上下，北美自由贸易区的区域内贸易在40%以上。上个世纪 80 年代中期以来，东亚地区随着产业转移的加快和供应链关系的发展，区域内贸易的比重大幅上升，近年来一直保持在50%以上（表1，图6）。

全球经济和贸易结构格局变化，以及相关的失衡问题，有深刻的历史原因，也有经济全球化、区域经济一体化新的动因，不是单个国家的宏观经济政策所能改变的。以我国目前的经济实力和在全球经济中的地位，发展战略、经济政策的着力点应该顺应全球发展趋势和格局变化，争取良好的发展环境，争取本国经济的可持续发展和中长期利益的最大化。

表1　　　　　　　　2008 年全球贸易的地区分布

	北美	中南美	欧洲	独联体	非洲	中东	亚洲
全球	17.2	3.7	42.9	3.3	2.9	3.9	24.8
北美	49.8	8.1	18.1	0.8	1.7	3	18.4
中南美	28.2	26.5	20.2	1.5	2.8	2	16.8
欧洲	7.4	1.5	72.8	3.7	2.9	2.9	7.5
独联体	5.1	1.4	57.7	19.2	1.5	3.6	10.9
非洲	21.8	3.3	39.1	0.3	9.6	2.5	20.4
中东	11.4	0.7	12.3	0.7	3.6	12	55.7
亚洲	17.8	2.9	18.4	2.5	2.8	4.5	50.1

资料来源：世界贸易组织"2009 年全球贸易统计"。

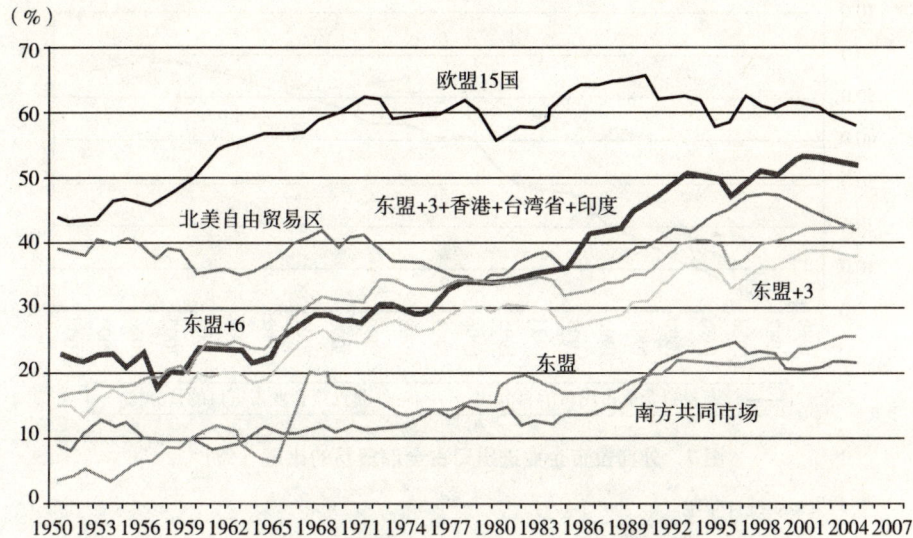

图6 1960~2007年世界主要经济区区域内贸易的比重

资料来源：联合国大学"区域一体化比较研究"报告。

二、我国贸易顺差扩大的原因分析

自上世纪 90 年代中期以来，我国进出口贸易增长速度一直高于全球贸易的平均增速，出口占全球贸易的比重从 1993 年的 2.5% 上升到 2008 年的 9.1%。自 2002 年下半年开始，我国出口步入快速增长轨道，连续 6 年，同比增长率保持在 20% 以上，单月出口额从 200 亿美元到 600 亿美元，到 1300 亿美元，不断刷新纪录。据世界贸易组织统计，2000~2008 年，我国外贸出口年均增速比世界贸易年均增速高 15.5 个百分点，进口高 8.5 个百分点。如此之高的进出口贸易增长率引起国内外诸多质疑，确有必要分析其中复杂的因素。

首先，国际产业转移是我国对外贸易持续高速增长的主要原因。20 世纪 80 年代以来，科技革命和全球贸易投资自由化深入发展，使生产要素的跨国流动更为便利，以跨境直接投资为载体的国际产业转移拉动了国际贸易的高速增长。中国顺应这一国际潮流，实行对外开放政策，凭借劳动力成本低、国内市场潜力大、产业门类齐全等优势，受到跨国公司青睐，发展成为全球供应链的重要节点和全球重要的制造业生产加工基地。2000 年，外商投资企业货物贸易顺差仅占我国贸易顺差的 9%，到 2008 年上升为 57.8%（图 7）。

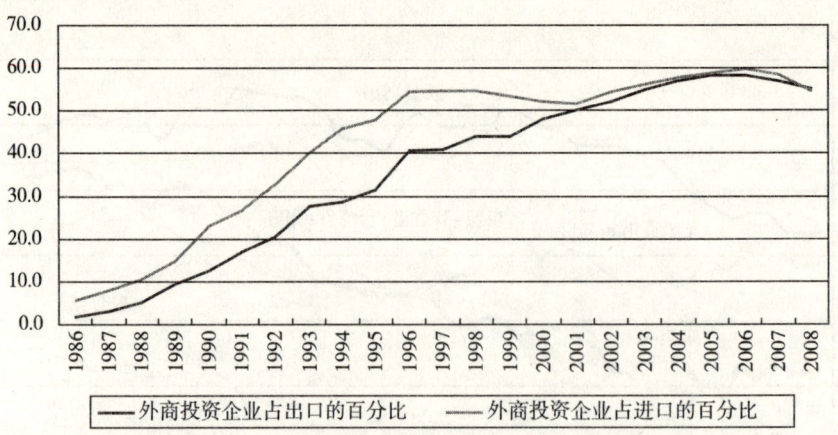

图7 外商投资企业进出口占全部贸易的比重（%）

资料来源：统计年鉴。

值得注意的是，我国加入世界贸易组织，在利用外资政策方面做出了重要的改变：一是取消对外商投资企业本地采购比例的要求；二是不再要求外商投资企业自行平衡外汇收支；三是在制造业领域几乎完全取消了外商独资的限制；四是取消了对出口型外商投资企业的税收优惠。所以这些政策变化都应该是有利于外商扩大进口，但实际结果是跨国公司并没有对市场策略做出重大调整，仍然热衷于海外市场。根据我们对外商投资企业的调查，虽然本地市场规模已经成为扩大投资的第一选择，但多数企业认为在中国市场面临本土企业的激烈竞争。

其次，加工贸易顺差越来越大。在吸引外向型制造业投资方面，中国的加工贸易政策起到了关键性作用。加工贸易成功地将国际资金和技术与中国劳动密集型产业优势结合在一起，这种保税贸易方式在中国沿海地区创造了自由、便捷的贸易环境，促进了中国对外贸易的大发展。进入本世纪以来，加工贸易顺差一直高于我国全部贸易顺差，也就是说，如果剔除加工贸易顺差，我国货物贸易一直是逆差（图8，图9）。2008年是我国货物贸易顺差最大的一年，也是一般贸易出口增长最快的一年，当年加工贸易顺差达2967.78亿美元，仍然略高于当年全部货物贸易顺差2954.6亿美元。加工贸易出口的模式决定了这部分贸易顺差的长期性，其市场销售主导权掌握在跨国公司手中，贸易顺差包含我国劳动、土地、能源、基础设施和服务的收益，也包含跨国公司的部分利润。加工贸易顺差扩大，除了取决于贸易规模的扩大，还取决于本土投入品数量和价格。例如，进入本世纪以来，加工贸易本土采购零部件的增加、劳动工资的提高,是加工贸易增值和贸易顺差扩大到重要因素。

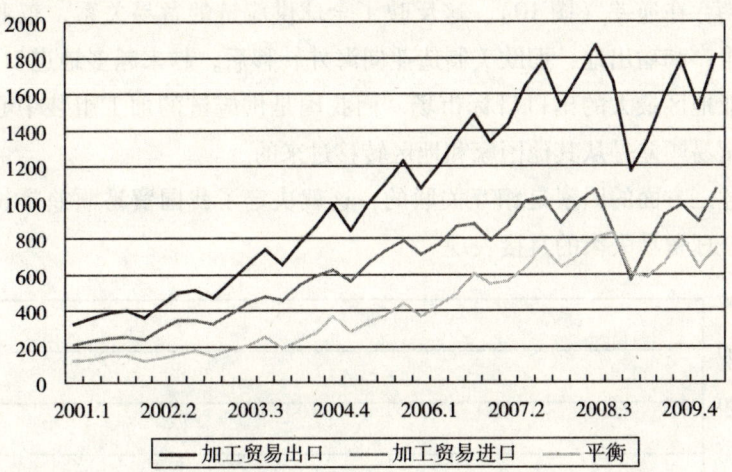

图8 加工贸易增长趋势(2001~2010 上半年,单位:亿美元)

资料来源:国家海关总署。

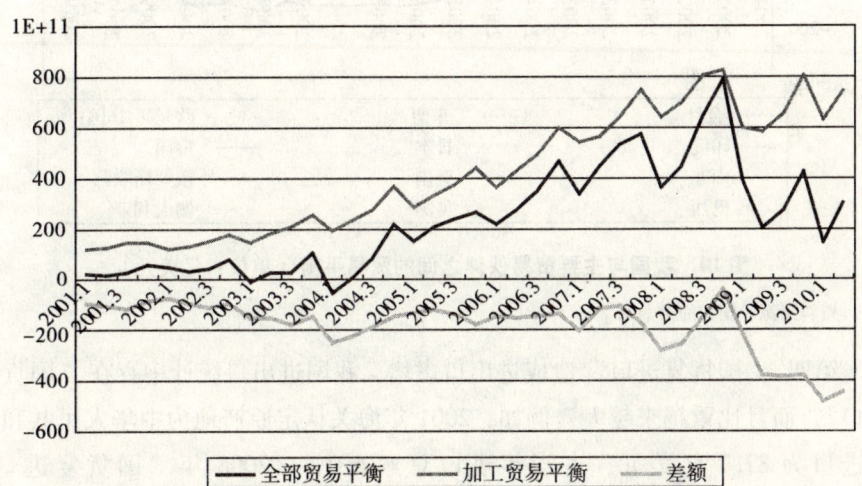

图9 加工贸易顺差超过全部贸易顺差(2001~2010 上半年,单位:亿美元)

资料来源:国家海关总署。

第三,地区和国别之间贸易不平衡的特征越来越明显。我国贸易顺差主要来自对欧洲和美国的贸易,2001~2009 年,我国对美贸易顺差合计 9450 多亿美元,超过同期全部贸易顺差的总和。对欧元区的贸易顺差合计 4220 亿美元,相当于同期贸易顺差总和的一半。而在此期间,我国对日本、韩国、东盟的贸易逆差合计5800多亿美元，对澳大利亚、巴西等资源出口国的双边贸易也长期存在逆差（图10）。这反映了全球供应链的贸易关系，东亚地区是制成品生产和输出地，而欧美制造业向海外转移后，越来越多地进口制成品，成为东亚地区最大的出口目标市场。而我国是供应链的加工组装中心，很大一部分贸易顺差是从其他国家和地区转移过来的。

上述三方面的因素是相互关联的，这就决定了我国贸易顺差是长期性问题，是全球贸易失衡的直接表现。

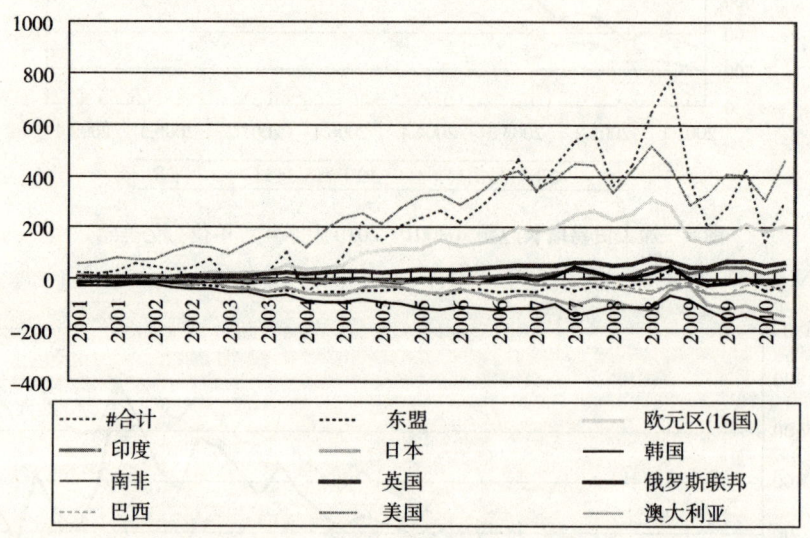

图10　我国与主要贸易伙伴之间的贸易平衡（单位：亿美元）

资料来源：国家海关总署。

第四，"国货复进口"造成进出口虚增。我国进出口统计中存在"国货复进口"，而且比重越来越大，例如，2001年海关认定原产地为中华人民共和国的进口为87.7亿美元，占当年进口总额5.2%，2008年"国货复进口"924.6亿美元，占当年进口总额的13%。这源于我国特殊的出口退税政策、加工贸易管理体制、香港和沿海保税区的便利条件，"出口一日游"和"国货复进口"现象的利弊姑且不论，贸易统计上造成进出口虚增是不争的事实。

第五，结构性因素导致一般贸易进出口出现顺差。一般贸易主要反映我国本土企业对国际市场的需求和供给能力，随着我国工业化和城镇化进程的加快，以及居民消费水平的提高，进口需求越来越大，一般贸易进口中增长较快的大多为资源密集型产品。在全球金融危机爆发之前，我国投资、消费需求一直保持较高的增长率，同期全球能源和矿产资源价格呈上升趋势，按说一般贸易应该出现逆差。之所以出现反常现象，有如下几个原因：一是我国加入世界贸易组织，贸易伙伴取消了一些歧视性的进口限制，特别是2005年全球纺织品贸易回归关贸总协定，进口国取消配额限制，使得我国出口潜能得以释放。2001~2008年纺织品服装贸易顺差从292亿美元大幅上升至1248亿美元，一般贸易由逆差转为顺差，在很大程度上是得益于纺织品贸易顺差的大幅增加（图11）。二是随着我国重工业生产能力扩大，钢铁、汽车及零部件等产品进出口由逆差转为顺差（图12，图13）。

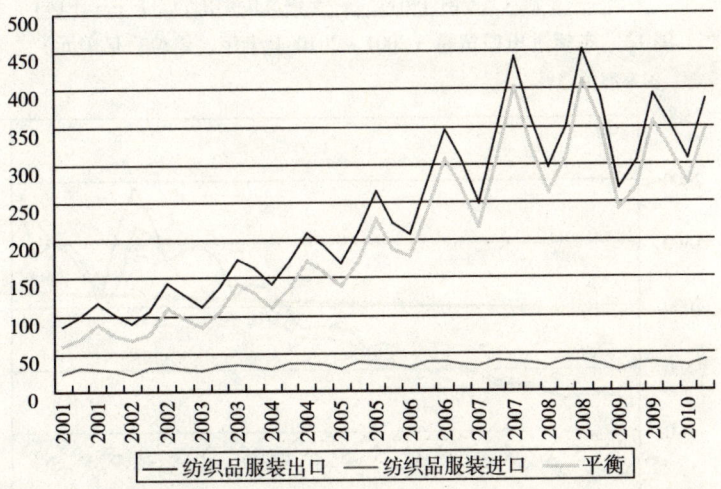

图11　纺织品服装进出口贸易（2001~2010上半年，单位：亿美元）

资料来源：根据海关数据加工。

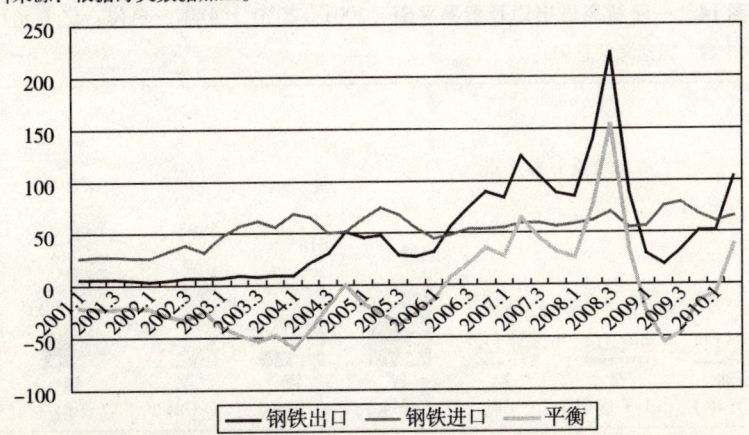

图12　钢铁进出口贸易（2001~2010上半年，单位：亿美元）

资料来源：根据海关数据加工，未包含钢铁制品。

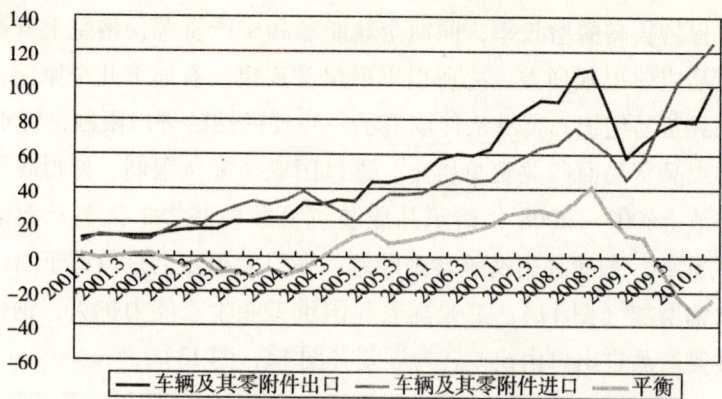

图 13　车辆进出口贸易（2001~2010 上半年，单位：亿美元）

资料来源：国家海关总署。

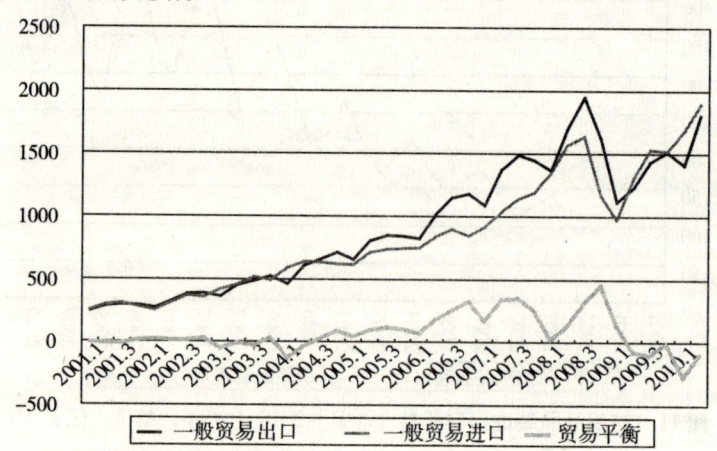

图 14　一般贸易进出口及贸易平衡（2001~2010 上半年，单位：亿美元）

资料来源：国家海关总署。

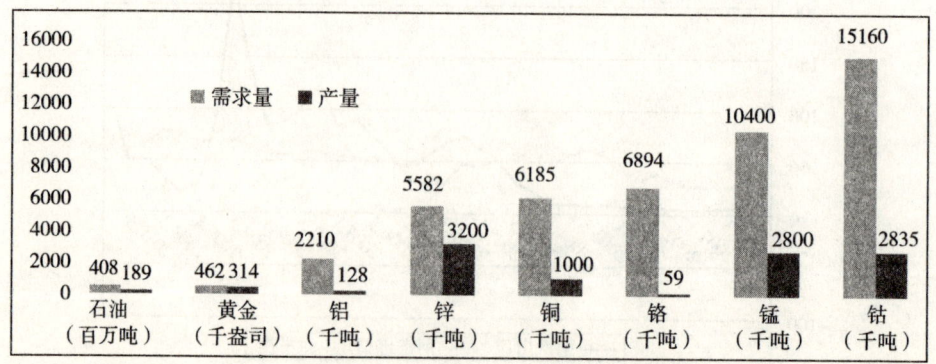

图 15　我国石油和有色金属的产量与需求量

资料来源：中国分析家，2010 年 8 月。

总体评价，进出口规模的扩大和贸易依存度的提高，表明我国经济与国际市场的联系日趋紧密。大量进口我国短缺的资源和资源密集型产品，出口劳动密集型产品，适应我国的要素禀赋和比较优势，为保持经济快速增长、增加就业做出了重要的贡献。

三、进出口贸易是否存在资源外流

分析我国制造业开放程度的主要指标，如出口占行业销售收入的比重、外商投资企业占行业固定资产净值平均余额的比重、行业资本与劳动力的比率等，现阶段，我国出口竞争力较强的行业主要是劳动密集型产业，或者是资本技术密集型产业的加工组装环节。

值得注意的是，虽然大部分出口倾向较高的行业的资本利润率并不低，但销售利润率低于制造业的平均水平。这说明我国企业出口是靠"以量取胜"。从企业的角度考虑，只要投资能够得到较高的回报，在全球价值链分工中处于哪一个环节并不重要。如果要素价格反映市场供求，而且体现我国的比较优势，在国际分工当中即使出口低附加值产品也不会造成总体福利的损失。

不过，由于政府在要素定价中发挥了不恰当的作用，如土地低价招商引资、不征或者少征水资源费、提供低于国际市场价格的能源、缺乏强有力的环境保护措施、对出口企业实行优惠的所得税、没有认真执行《劳动法》，则要素价格可能失真。政府对资金、油、电等关键要素价格的控制，已经重新出现国内外价格倒挂的现象。长此以往，会造成企业之间的不公平竞争，不利于有效利用资源。在开放条件下，依靠补贴实行低价格，会造成资源外流。

在要素价格扭曲的情况下，企业是盈利的，国民经济收益可能是负的，形成潜在的长期负债。在市场开放条件下，甚至有可能造成资源外流。例如，联合国贸发组织分析，2003和2004年我国因进出口贸易条件恶化造成的经济损失相当于GDP的2%，其中能源和矿产品影响最大。

国内外学者已经对中国国际贸易商品中隐含的二氧化碳量进行了许多研究，结论基本上一致，即国际贸易中隐含的二氧化碳量显著增加，且近年来出口商品中隐含的二氧化碳量要大于进口商品中的二氧化碳量。出口品中隐含的二氧化碳量大于进口品中隐含的二氧化碳量可能有两个原因,一个是国际贸易价值量的顺差,另一个是污染贸易条件大于1(单位出口的二氧化碳排放强度大于单位进口的二氧化碳排放强度)。而研究表明,2000年和2005年的污染贸易条件都小于1,因此,我国净出口品中二氧化碳的顺差只能归因于前者,即贸易顺差。另外,从总体上看,1995年、2000年和2005年的污染贸易条件分别为0.85、0.85和0.89,这表明各年单位出口品的二氧化碳排放强度小于单位进口品的二氧化碳排放强度,国际贸易有利于中国的节能减排。但从变化趋势看,环境贸易条件有恶化的趋势,这反映了出口品中污染密集型产品的比重相对于进口品有所上升。根据对中国所有行业的计算,在每一单位出口产品所隐含的二氧化碳中,国内投入品隐含的二氧化碳所占的比例逐步减少,而进口中间投入品隐含的二氧化碳所占比例呈增加趋势。从平均值来看,国内投入隐含的二氧化碳排放量占二氧化碳排放总量的比例在1995年、2000年和2005年分别为83%、81%和72%,相应的,国外中间品投入隐含的二氧化碳排放量占总二氧化碳排放总量的比例分别为17%、19%和28%(李小平,2006)。

随着经济的快速发展,我国产业的比较优势正在发生变化,劳动力、土地、水资源、环境承载能力等生产要素成本快速上升,我国出口加工业的成本优势有所减弱。另一方面,我国市场规模、资金、技术人才、劳动生产率、生产配套能力和产业集聚效应等、物流基础设施较为完备等优势逐渐突显,在全球制造业竞争中仍然保持相对优势,仍是对全球跨国投资最具吸引力的国家。但从长远来讲,我国通过成本优势参与国际分工的模式面临越来越大的压力。

四、为什么人民币升值未能抑制出口快速增长

2005年"汇改"以来人民币累计升值21%,但货物贸易进出口统计表明,人民币升值似乎并没有起到鼓励进口、抑制出口的作用。究其原因:

首先,在金融危机爆发之前,美元指数一直是走低的,人民币贸易加权汇率升值幅度小于对美元升值的幅度。自人民币开始升值,我国对美国出口增速逐步回落,到2007年底和2008年初,对美出口增长率曾经回落至一位

数。而同期欧元走强，我国对欧元区出口增速不仅高于美国、日本，也高于对全球的出口（图16，图17）。这表明汇率变动对出口企业的市场取向是具有影响的。

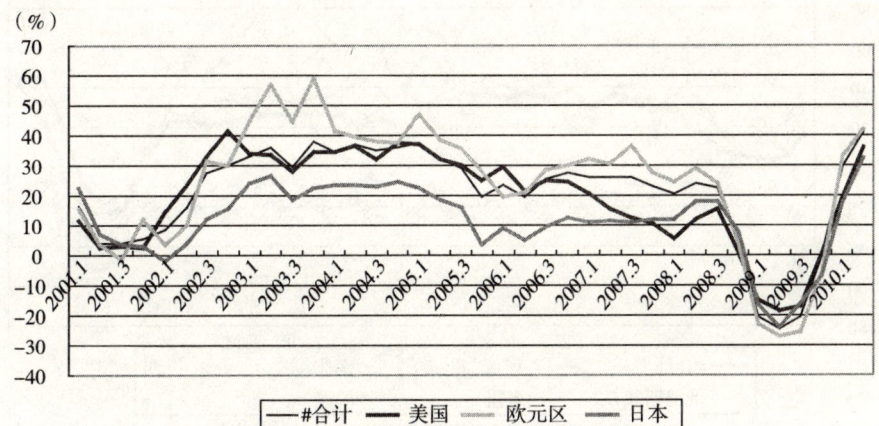

图16 对美国、欧元区、日本出口增长率（2001～2010上半年，季度同比）

资料来源：国家海关总署。

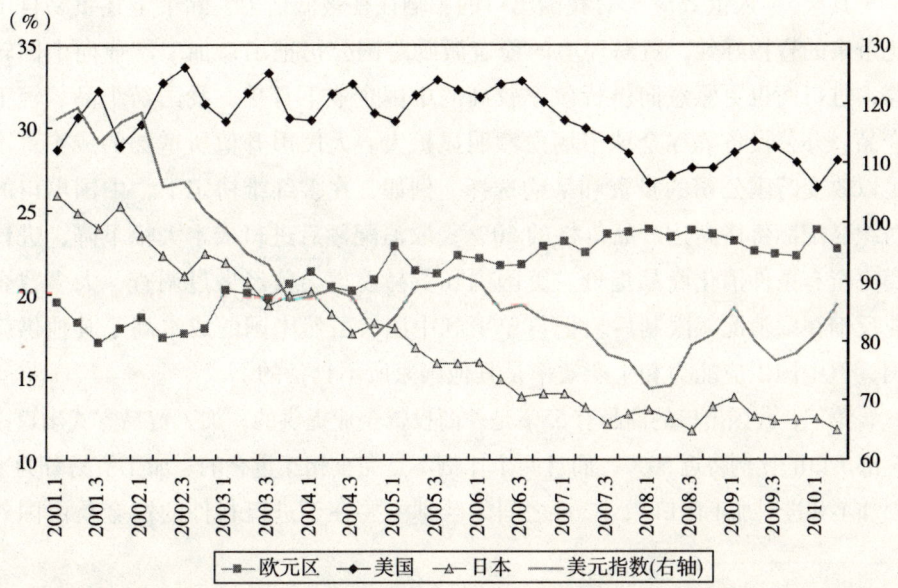

图17 美国、欧元区、日本市场占全部出口的份额（2001～2010上半年）

资料来源：国家海关总署。

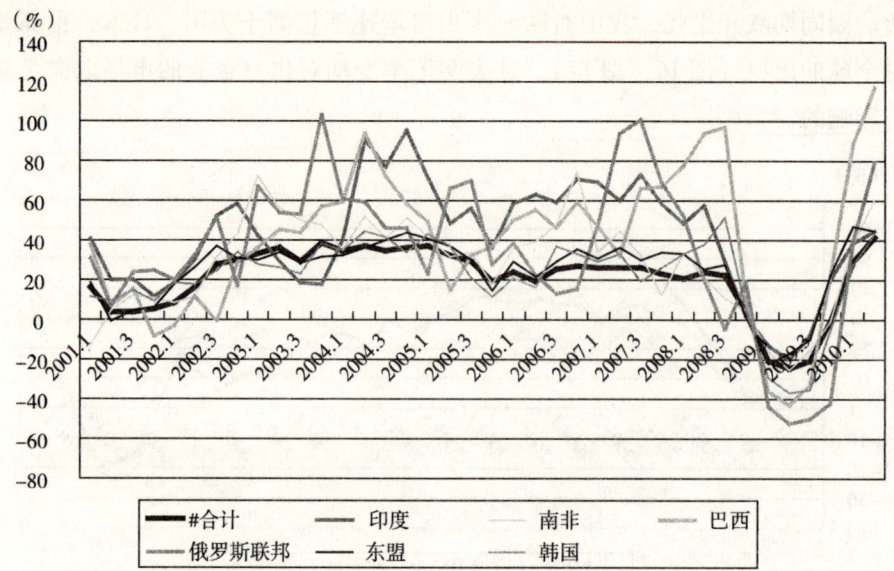

图18 对主要新兴经济体出口增长率（2001~2010上半年，季度同比）

资料来源：国家海关总署。

其次，"入世效应"对我国出口的影响往往被低估了，除了上述贸易自由化带来的直接好处，贸易环境的稳定激励跨国公司把出口加工产业向中国转移，进口商也更愿意向供货效率较高的中国企业下订单。我国纺织品、轻工产品、办公设备等在全球市场份额明显扩大。人民币升值所增加的成本，不足以改变跨国公司的投资和采购选择。例如，在多纤维协定下，中国出口的纺织品配额价格高达产品价格的50%，取消配额后进口成本大幅下降，进口商完全有条件消化商品提价。美国国际贸易委员会曾经做过调查，大多数企业反馈在取消配额限制后会把订单下到中国，虽然中国的成本高于其他供应国，但中国供应能力和生产效率是其他国家所不具备的。

第三，我国出口的商品有55%是外商投资企业提供的，加工贸易方式出口占全部出口的比例将近50%，而且两个比例不是完全相互重叠的。加工贸易分为来料加工和进料加工出口[1]，二者之间的区别主要在于进口料件的资金是由国外

---

[1] 来料加工是指外商向国内企业提供主辅助材料（有时也同时为保障加工产品质量所需的设备、仪器、工具等），由国内企业按外商要求，加工符合所提出的质量规格、式样、包装的产品，外商以外汇支付我方企业加工费用，国家对来料加工贸易的进口料、件和来料加工复出口货物的加工费实行免税政策。进料加工是指国内有外贸经营权的单位用外汇购买进口原料、材料、辅料、元器件、配套件和包装物料加工成品或成品后再返销出口的业务。

企业还是国内企业垫付,相同之处是订单都来自国外进口商,而且一般都使用国外企业品牌、按进口商要求加工和选择原材料。因此,加工贸易出口这种方式就限定了中国企业的主导权。在中国设立的外商投资企业出口中加工贸易占70%左右,例如,从事IT加工出口的台资企业(富士康等)是典型的OEM、ODM经营模式。这样外商投资企业出口(包含加工贸易)加上本土企业加工贸易出口,估计2/3的出口由跨国公司主导。这种出口主体和出口模式就决定了出口企业实际上仅仅是跨国公司的成本中心,再加上中国在全球供应链上处于组装环节,使得人民币升值的影响很容易在跨国公司内部贸易中消化。

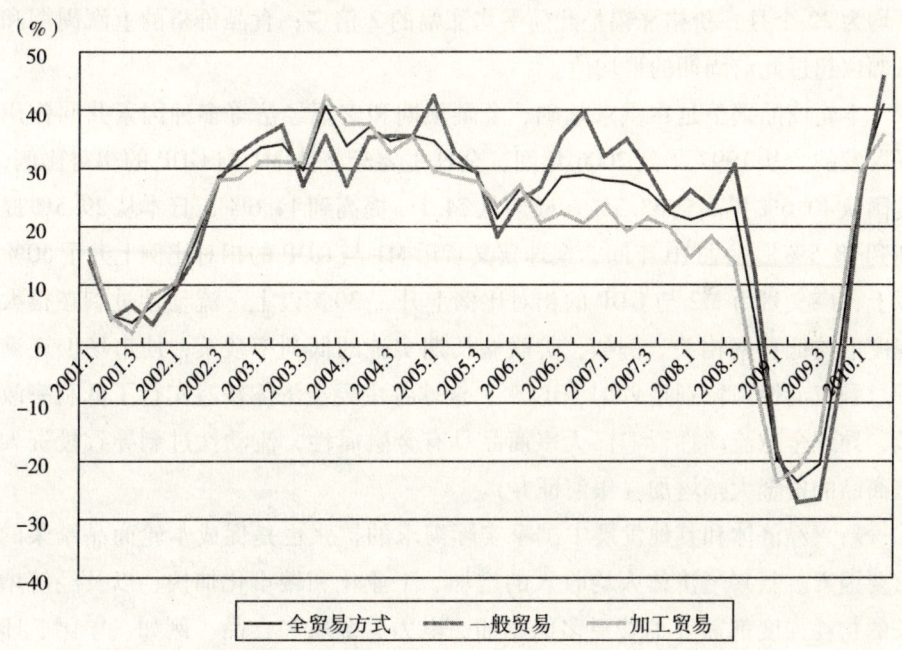

图19 一般贸易出口与加工贸易出口增速的比较

资料来源:国家海关总署。

然而,这些因素仍然不足以解释人民币升值对进出口调节效果不明显的现象。特别是,多数研究报告都认为人民币升值对从事一般贸易出口的本土企业负面影响最大,这也是影响政府决策的主要因素。可是,统计表明,2005年实行汇改前后,一般贸易出口增长速度曾经出现较大波动,2005年一季度同比增长42%,第四季度同比增长18%。这可能反映了企业在汇率升值前的"抢关"

出口行为。不过，自2006年第一季度以后，一般贸易出口不但没有放慢，反而加速增长，增速明显高于加工贸易出口，而且，2007年政府还对2000多种产品降低了出口退税率。同期，加工贸易出口增速伴随人民币升值，增速逐步放缓。"入世效应"、本土企业出口产品结构升级可以部分解释这一现象，但更重要的原因可能需要从全球市场和国内市场重大变化中来寻找。

第一，分析期间爆发了本世纪第一次"商品繁荣"。这一轮商品繁荣持续时间之长、涉及商品范围之广、商品价格涨幅之大堪称近50年来之最。例如，本次商品繁荣，原油价格上涨周期达73个月，此前周期平均为18个月，原油价格涨幅是此前平均涨幅的4倍；金属价格上涨周期58个月，此前周期平均为22个月，价格涨幅是此前平均涨幅的2倍多；食品价格的上涨周期和涨幅也超过此前周期的平均值。

本轮商品繁荣是在供求基础、金融预期和宏观经济等多种因素共同作用下爆发的。从1997年到2006年间，全球主要经济体M1与GDP的相对比例，美国从40.6%提高到53.3%，欧盟从24.1%提高到44.6%，日本从29.5%提高到78.5%。过去10年间，全球狭义货币M1与GDP的相对比例上升了50%以上，广义货币M2与GDP的相对比例上升了30%以上。流动性过剩在很大程度上与低利率相关。例如，美联储长期实施的低利率政策，使市场上充满了过剩流动性。特别是2001年以来，全球各主要经济体普遍实行了低利率政策，导致全球流动性泛滥。大宗商品具有金融属性，流动性过剩导致投资大宗商品的资金大幅增加（银河证券）。

新兴经济体和其他发展中国家实际需求的扩张也是促成本轮商品繁荣的重要因素。新兴经济体人均收入的增加、工业化和城市化加快，以及经济增长的物耗强度都需要消费更多的燃油、电力、金属和食品。例如，中国、印度和中东地区就占2001~2007年新增原油消费的57%。又如，2000~2006年，仅中国就占全球新增铜的消费量的90%。据统计，在铝、锌、钢铁和石油的消费增长中，中国的贡献都超过了50%。

大宗商品价格快速上涨给出口国带来巨大的利益，对进口国特别是商品净进口的发展中国家是极为不利的。但本轮商品繁荣与以往不同，没有对制成品出口带来负面影响，即"荷兰病"，因为价格上涨主要是需求拉动，而非输出国提价。发达国家制造业的资源强度已经大幅下降，其核心价格指数没有大幅上升。相反，大宗商品净出口国从价格上涨获得的巨大收入，形成对制成品进口的需求①。

我国对新兴经济体和发展中国家的进出口贸易大部分是用美元计价和结算的，这些经济体本国货币对美元升值或贬值，如果幅度不大，双边贸易主要取决于贸易伙伴经济状况和贸易结构。大宗商品以美元计价，在需求旺盛、流动性充裕的情况下，美元疲软往往伴随着国际市场大宗商品价格上升。俄罗斯、巴西、石油输出国等新兴经济体是资源价格上升的受益者，财富效应刺激这些国家扩大从中国的进口。总体上，在全球经济扩张的时期，人民币渐进式升值的负面影响绝大部分被外部市场需求抵消了。统计表明，我国对发展中国家特别是资源输出国的制成品出口增速高于全部出口，市场多元化取得进展。

我国是原油、金属等大宗商品的净进口国，人民币升值部分抵消了国际价格的传导效应，再加上政府定价和补贴政策，出口部门收到的冲击较小。

第二，同期政府逐步加大抑制国内需求的政策力度。从2003年开始，中国经济进入新一轮上升周期，开始出现投资过旺，信贷增长偏快。为了防止经济过热，抑制流动性，从2004年10月到2007年12月，人民银行10次上调人民币贷款利率。从2007年1月至2008年6月，从9%提高到17.5%，17次上调存款准备金率。自2004年以后，财政政策也由"积极"到"稳健"，由"稳健"到"从紧"。此外，政府还采取严格审批非农用地、限制钢铁、电解铝、房地产投资等行政手段，试图通过"有保有压"实现经济"又好又快"地发展。

近10年来，"钢铁+石油"的工业化，以及"钢筋+水泥+汽车"的城市化，支撑了中国钢铁、石油炼化、汽车、建材产能的快速扩张，例如，我国粗钢产能由2000年的1亿吨提高到6亿吨，仅用了10年时间。汽车产能在2000年刚刚突破200万辆，现在已经达到1500万辆以上。

由于宏观调控未能控制住产能的扩张，当国际市场"商品繁荣"到来时，本土企业已经形成的产能部分开始转向出口。例如，2005年我国钢铁、汽车产品都首次出现贸易顺差。

值得注意的是，尽管出口资本密集型产品是基于我国工业生产能力的扩大，但仔细分析，我国出口的产品的技术档次和附加价值较低，一些产品实

---

① Pedro Conceicao and Heloisa Marone, UNDP/ODS Working Paper.

现贸易顺差并不代表我国重化工业在国际市场上已经具备了较强的竞争力。例如，我国出口钢材单位价格大大低于进口产品。有些资源密集型、资本密集型产品出口甚至是由于国内要素价格改革滞后，例如，2006~2007年，国内成品油与国际市场价格出现严重的倒挂，造成成品油出口激增，政府不得不采取行政手段加以控制。

上述分析表明，对人民币升值的效果，需要放到国际国内大的背景下加以评价。一方面，不能因为一些特殊因素，低估汇率调节国际收支的作用；另一方面，也应看到，汇率只是影响进出口贸易的诸多因素之一，特别是小幅、渐进的调整，短期内尚不足以改变国际产业转移、国际国内市场供求关系的大趋势。

五、人民币汇率政策应该立足于中长期发展战略

1. 短期内人民币尚不具备大幅度升值的条件

我国实现现代化的目标是，2020年基本实现工业化，到本世纪中叶实现工业现代化。在经济全球化条件下，像中国这样的大国实现工业化，特别是工业现代化，一定要发展具有国际竞争力的制造业，一定要有一批能够在全球市场组织研发、生产、销售的跨国公司。中国制造业增加值已经超过日本，成为世界第二制造大国。制成品出口超过德国成为第一大出口国。

我国是劳动力充裕，人均占有资源不足的发展中国家，承接国际产业转移，进口资源，出口制成品是现阶段实现工业化的必然选择。从20世纪90年代开始，经常项目和资本项目"双顺差"成为我国国际收支格局的常态（图20）。进入21世纪以来，我国自主生产的机械、汽车、电子、装备制造业产品开始进入国际市场。出口产品结构多元化，从劳动密集型产品到资本、技术、知识密集型产品，出口产业的跨度越来越长。这也带来了一些问题，一是我国温室气体排放总量已经位居世界前列，人均排放水平也超过世界平均水平，环境压力越来越大；二是巨额外汇储备增加了宏观调控的难度（图21）；三是双边贸易不平衡的矛盾凸显（表2）。

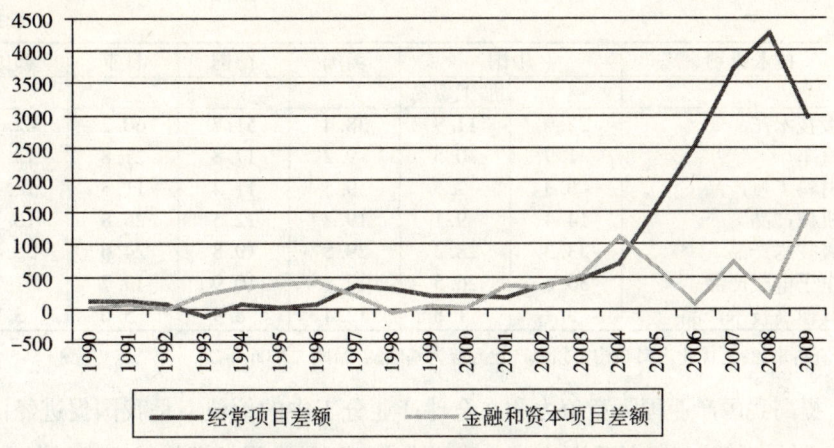

图20　我国经历了长期的双顺差（单位：亿美元）

资料来源：统计年鉴。

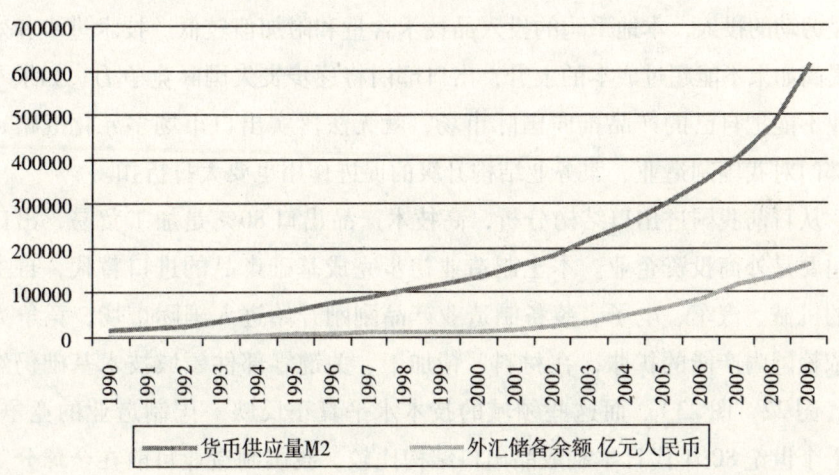

图21　外汇储备与货币供应量

资料来源：统计年鉴。

表2　　　　2005年主要工业国和中国的出口结构比较（%）

技术级别	中国	加工贸易	美国	德国	日本	韩国
初级产品	4.4	0.9	8.5	4.8	1.4	2.1
资源密集型产品	8.5	2.4	14.2	12.3	7.8	11.5
农产品	3.3	1.3	5.2	6.1	2.3	2.6
其他资源密集型产品	5.2	1.1	9.0	6.3	5.5	8.9
低级技术产品	31.1	10.9	9.4	11.4	5.9	8.7
纺织服装和鞋	17.9	5.5	2.2	3.0	1.0	4.3
其他低技术产品	13.2	5.4	7.1	8.3	4.8	4.4

续表

技术级别	中国	加工贸易	美国	德国	日本	韩国
中级技术产品	22.6	11.9	38.4	51.7	60.2	42.3
汽车	1.9	0.5	9.2	17.8	21.8	13.1
材料工业产品	6.3	2.3	9.5	11.4	11.5	12.4
机械产品	14.4	9.1	19.7	22.5	26.8	16.7
高级技术产品	33.3	28.3	29.5	19.8	24.6	35.4
电子电气产品	30.6	26.5	17.1	10.9	19.7	31.7
其他高技术产品	2.7	1.8	12.4	8.9	5.0	3.8

资料来源：《优化出口结构必须以产业升级为基础》，吕刚，2006年。

提高我国产业国际竞争力和在全球产业分工中的地位，是我国促进经济发展方式转变战略目标的重要内容。我国进出口贸易发展长期依赖外商投资企业。我国出口的高新技术产品绝大多数是跨国公司在中国加工组装，实现的增值主要是劳动的投入，本地采购的投入品技术含量和附加值较低。技术进步和效率的提高如果不能超过成本的上升，出口部门将逐步丧失国际竞争力。如果本地企业不能把自己的产品推向国际市场，就无法落实出口市场多元化战略，出口部门对我国制造业、服务业结构升级的促进作用也要大打折扣。

从目前我国进出口结构分析，高技术产品出口80%是加工贸易，出口主体主要是外商投资企业。本土制造业初步完成基础产品的进口替代，自主生产的机械、汽车、电子、装备制造业产品刚刚开始进入国际市场，竞争力主要依赖国内产能的扩张，在材料、精加工、关键零部件领域技术基础仍然薄弱（图22，图23）。而这些领域的技术水平真正反映一国制造业的竞争力。与上个世纪80年代日本制成品出口结构比较，我国制造业目前在全球分工中的地位要比当年日本制造业所处的地位低得多。在此阶段，我国还不具备人民币一次性、大幅度升值的条件。

2. 加快要素市场定价改革有利于减轻人民币升值压力

人民币升值可以全面提升国内相对价格水平，缓解价格扭曲造成的资源外流。但是，单单靠汇率调节，针对性不强，政策成本过高。靠出口关税、出口退税政策调节，力度有限，也不能解决根本问题。因此，必须加快国内资金、劳动力、水资源、土地资源、能源、矿产资源等要素价格改革，包括更多引入市场定价、加大税收调节力度，才能从根本上优化进出口结构，解决贸易当中资源外流和环境成本低估的问题。

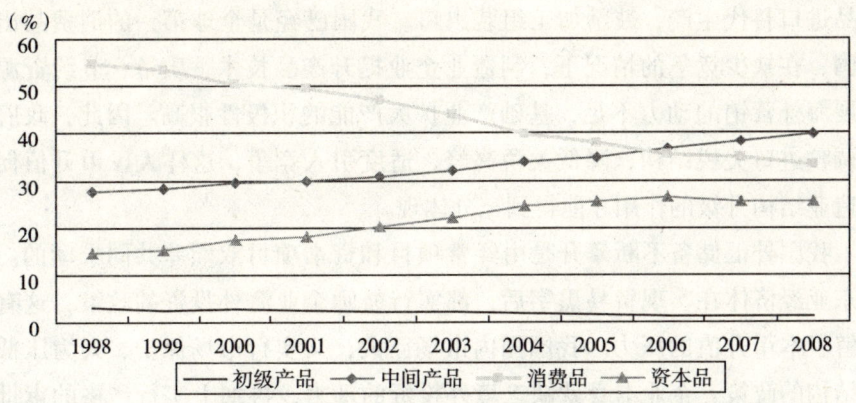

图 22　我国出口结构变化

注：进出口产品分类法参见附件。
资料来源：联合国 COMTRADE。

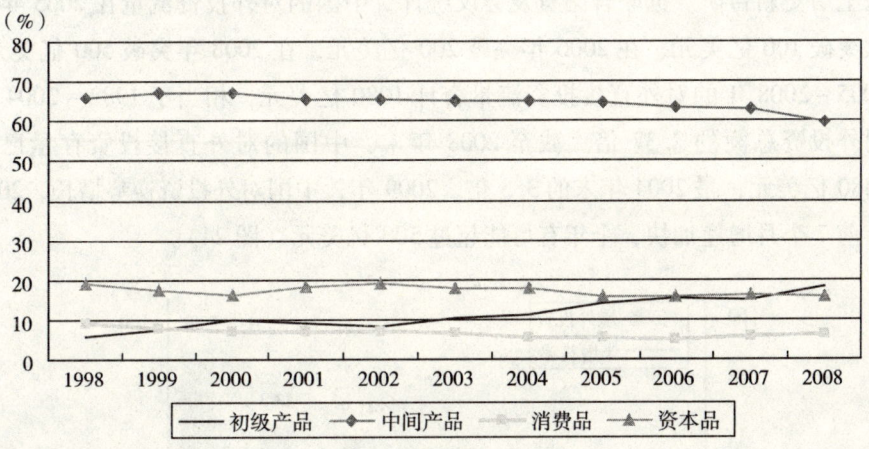

图 23　我国进口结构变化

资料来源：联合国 COMTRADE。

3. 通过适度鼓励进口和扩大境外投资平衡国际收支

长期实行制成品进口替代政策，不利于我国制造业国际竞争力的提高。实践证明，我国进入世界贸易组织，大幅度降低进口关税并没有造成制成品进口冲击。相反进口初级产品、中间产品比重上升，消费品进口比重下降。

我国进口关税结构落差较大，最终产品特别是消费品关税水平很高，例如，服装、家用电器、汽车等产品的关税在 20% 以上，而初级产品的关税普遍较低，加工贸易进口中间产品实行保税。这种关税结构鼓励基础产品、消费品进口替代生产，鼓励加工组装出口。我国已经是全球第一的消费品出口大国，在缺少竞争的情况下，制造业企业提升产品技术、质量、节约资源和开展海外营销的动力不足，基础产业扩大产能的积极性很高。因此，政府需要调整进口关税结构，降低关税高峰，适度引入竞争，这样人民币升值促进制造业结构升级的作用才能得到充分体现。

我国外汇储备不断攀升是由经常项目和资本项目双顺差共同推动的。其他东亚经济体在实现贸易黑字后，都实行鼓励企业海外投资的政策，这有效缓解了本币升值的压力。我国国内市场巨大，又实行市场保护、人为压低要素结构的政策，企业本身就缺乏境外投资的动力，再加上实行严格的审批制度，境外投资增长缓慢。

自2005年来，中国对外直接投资出现了持续的高速增长，投资规模不断迈上历史新台阶。据联合国贸发会议统计，中国的对外投资流量在2005年首次突破100亿美元，在2006年突破200亿美元，在2008年突破500亿美元。2005~2008年的对外直接投资流量合计1080亿美元，相当于1982~2004年对外投资总额的2.37倍。截至2008年末，中国的对外直接投资存量已达1480亿美元，是2004年末的3.3倍。2009年，中国对外投资逆势增长，2010年前7个月增速加快，全年有可能超过500亿美元（图24）。

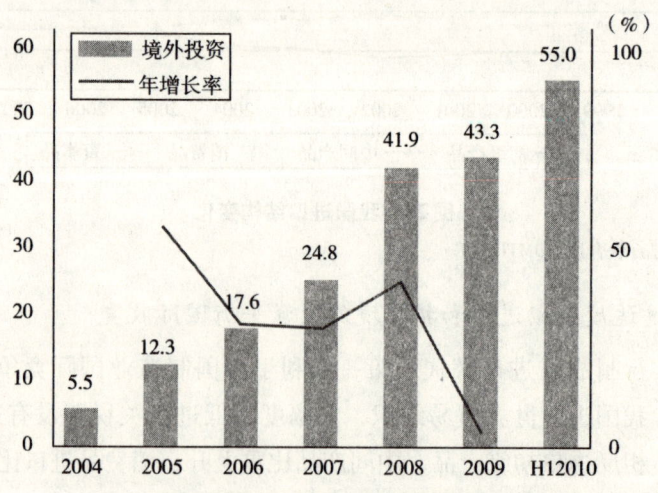

图24　2005年以来我国境外投资迅速扩大

资料来源：中国分析家，2010年8月，2010年为估计数。

近年来，我国境外投资明显加快，这与人民币升值有密切关系。人民币升值对一些从事工程承包和输出劳务的投资赚取外汇的投资有负面影响,但增强了企业通过并购获取海外资源、技术和销售渠道的资金实力。2005年以来中国对外并购案金额每年都超过50亿美元,而且在2006年和2008年,并购占对外投资流量的比重分别高达70%和58%,超过了绿地投资(图25)。

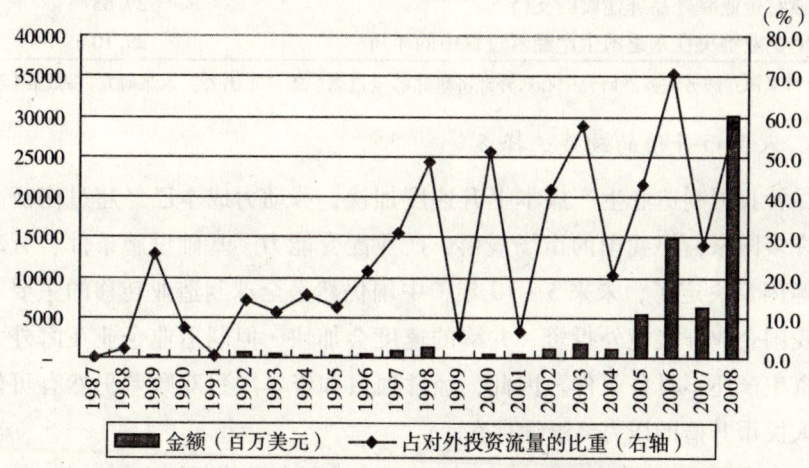

图25　我国对外直接投资中的并购行为

资料来源:联合国贸发会议 FDI STAT online,2007和2008中国并购数据来自2007年度和2008年度《中国对外直接投资统计公报》。

根据国务院发展研究中心课题组调查,我国制造业一些重要行业,如电信、机床、工程机械、汽车、铁路机车等,通过海外投资、并购,在获取先进技术、建立海外研发团队、营销和售后服务网络等方面取得了突破性的进展,为缩小我国制造业与发达国家之间的差距探索出一条捷径。

根据国务院发展研究中心课题组企业问卷调查,制造业企业的反馈表明,政府实施"走出去"战略有很大的政策空间,如果真正形成了境外投资的激励机制,随着国内生产成本提高、产能过剩,企业有可能将投资转向海外(表3)。资本项目下顺差的减少,不仅可以大大缓解人民币升值的压力,而且有利于提高资金利用效率、有利于优化经济结构、有利于增强制造业国际竞争力。

表3　企业对政府支持境外投资的诉求

政府的作用	企业比重(%)
提供资金支持	61.51
改善融资环境	53.96
提供信息支持	50.64

续表

政府的作用	企业比重（%）
简化审批程序	39.59
加强专业人才的培训	38.31
加强海外权益保护	33.89
加强对企业海外品牌建设的支持	29.83
帮助企业解决在东道国生产经营过程中的矛盾	29.10

资料来源：国务院发展研究中心对外经济研究部《过剩产能"走出去"政策研究》课题组。

4. 人民币升值的政策选择

尽管我国制造业生产成本上升速度加快，劳动力成本已经超过南亚、东南亚许多国家，但我国的市场规模、产业配套能力、基础设施条件、劳动力素质等因素决定了，未来5~10年，中国仍然是全球制造业转移的主要对象国。我国企业开展境外投资、并购的速度会加快，但制造业企业在海外大规模投资生产还不具备条件。因此，经常项目和资本项目双顺差仍然有可能延续，人民币升值的压力将继续存在。

上个世纪90年代中期和2005年，人民币两次升值都因金融危机所中断，但不能因此对人民币升值的趋势产生怀疑。总结2005年"汇改"的经验教训，有以下几点：一是出台犹豫不决、贸易有效汇率升值步伐缓慢，实际效果打了折扣。二是国内价格改革没有采取相应的果断措施，单一的汇率改革不仅不能解决结构问题，甚至出现企业进出口新的扭曲行为。三是用降低出口退税率解决国际国内资源和资源密集型产品价格倒挂问题，不仅收效不明显，而且造成政策反复和不良的国际影响，被指为出口补贴。四是汇率政策过于偏重短期宏观管理目标，而不是立足于长期的发展战略。

新的汇改应汲取以往的经验教训，第一，切忌寄希望于人民币升值解决经济结构问题，应尽快出台价格改革、资源税改革等措施。假定生产所使用的土地、水、电等投入品价格提升10%，对粗放式的投资和生产活动抑制效果更好。第二，增强人民币汇率弹性以应对可能再次发生的"商品周期"和主要国际货币汇率的波动，但不宜采取人民币对所有货币一次性大幅（如超过10%）升值的选择，因为这可能对本土新兴出口产业带来损害。第三，可考虑在多哈回合采取更积极的自由化立场，如进一步降低进口关税、开放服务业市场。第四，进一步放松资本项目管制，除鼓励企业境外投资，还可以建立外国政府或企业发行人民币计价债券（龙债）市场，允许境外公司在我国证券市场上市、交易。通过增加对外信贷、援助贷款、采用黑字回流的措施输出资本。

附件：BEC 商品分类（COMTRADE）

1	Name：Food and beverages Description：Food and beverages	Data Availability Snapshot
11	Name：Food and beverages, primary Description：Food and beverages, primary	Data Availability Snapshot
111	Name：Food and beverages, primary, mainly for industry Description：Food and beverages, primary, mainly for industry	Data Availability Snapshot
112	Name：Food and beverages, primary, mainly for household consumption Description：Food and beverages, primary, mainly for household consumption	Data Availability Snapshot
12	Name：Food and beverages, processed Description：Food and beverages, processed	Data Availability Snapshot
121	Name：Food and beverages, processed, mainly for industry Description：Food and beverages, processed, mainly for industry	Data Availability Snapshot
122	Name：Food and beverages, processed, mainly for household consumption Description：Food and beverages, processed, mainly for household consumption	Data Availability Snapshot
2	Name：Industrial supplies nes Description：Industrial supplies nes	Data Availability Snapshot
21	Name：Industrial supplies nes, primary Description：Industrial supplies nes, primary	Data Availability Snapshot
22	Name：Industrial supplies nes, processed Description：Industrial supplies nes, processed	Data Availability Snapshot
3	Name：Fuels and lubricants Description：Fuels and lubricants	Data Availability Snapshot
31	Name：Fuels and lubricants, primary Description：Fuels and lubricants, primary	Data Availability Snapshot
32	Name：Fuels and lubricants, processed Description：Fuels and lubricants, processed	Data Availability Snapshot
4	Name：Capital goods (except transport equipment), and parts and accessories thereof Description：Capital goods (except transport equipment), and parts and accessories thereof	Data Availability Snapshot

续表

41	Name：Capital goods (except transport equipment) Description：Capital goods (except transport equipment)	Data Availability Snapshot
42	Name：Parts and accessories of capital goods (except transport equipment) Description：Parts and accessories of capital goods (except transport equipment)	Data Availability Snapshot
5	Name：Transport equipment, and parts and accessories thereof Description：Transport equipment, and parts and accessories thereof	Data Availability Snapshot
51	Name：Transport equipment, passenger motor cars Description：Transport equipment, passenger motor cars	Data Availability Snapshot
52	Name：Transport equipment, other Description：Transport equipment, other	Data Availability Snapshot
521	Name：Transport equipment, other, industrial Description：Transport equipment, other, industrial	Data Availability Snapshot
522	Name：Transport equipment, other, non–industrial Description：Transport equipment, other, non–industrial	Data Availability Snapshot
53	Name：Parts and accessories of transport equipment Description：Parts and accessories of transport equipment	Data Availability Snapshot
6	Name：Consumption goods nes Description：Consumption goods nes	Data Availability Snapshot
7	Name：Goods nes Description：Goods nes	Data Availability Snapshot

分类法：

初级产品：

111（工业用食品和饮料，未经加工）

21（工业原料，未经加工）

31（燃料和润滑油，未经加工）

中间产品：

121（工业用食品和饮料，经加工）

22（工业原料，经加工）

32（燃料和润滑油）

42（资本品的零部件）

53（运输设备的零部件）

消费品：

112（家庭用食品和饮料，未经加工）

122（家庭用食品和饮料，经加工）

51（汽车），

522（非工业用运输设备，不含汽车）

6（其他消费品）

资本品：

41（资本品）

521（工业用运输设备，不含汽车）

人民币汇率调整对外贸相关企业和行业的影响

张 帆 余淼杰

引 言

本研究通过分析2005~2008年汇率升值对企业的影响，考察汇率变动对我国外贸相关企业和行业的进出口、成本、利润、投资规模和生产技术的影响，从微观角度了解汇率水平变动对我国产业结构调整和升级的影响。

1994年1月1日，我国汇率并轨，开始实行"以市场供求为基础的单一的、有管理的浮动汇率"制度。此前，企业出口创汇收入的一部分必须上缴，同时按一定比例保留一部分外汇收入，即外汇留成。1994年1月1日起，对大部分中资企业实行强制结汇，企业外汇需无条件结售给外汇指定银行，得到相应的人民币收入。

1997年东南亚金融危机爆发，人民币面临严重贬值预期压力。由于我国资本市场没有全面放开，经济基本面的支持以及加工贸易盈余和外商直接投资受短期汇率预期影响较小，人民币对美元汇率成功坚守了8.27元水平。2002年以后宏观形势变化，人民币贬值预期得到化解。但政府坚持保持汇率稳定政策。人民币汇率继续钉住美元。

2005年中国人民银行宣布，实行"以市场供求为基础、参考一篮子货币进行调节、有管理的浮动汇率制度"。人民币对美元的交易价格调整为1美元兑8.11元人民币，升值约2个百分点。每日银行间外汇市场美元对人民币的

张帆，余淼杰：北京大学国家发展研究院。

感谢中国发展研究基金会提供的资金支持，感谢卢迈秘书长、汤敏副秘书长和项目主任俞建拖的指导。感谢北京大学国家发展研究院黄炜同学进行的数据处理和计量经济学分析。感谢温州市亚美信企业顾问有限公司董事长陶辉，温州市经贸委处长陈焕权，温州市外经贸局副局长潘平平，温州市委政研室副主任潘忠强，东艺鞋业有限公司副总经理周耀华，经贸委潘处长，冠胜汽车零部件集团总裁办主任倪贞贞，东方轻工实业有限公司财务部经理林娴，天龙集团有限公司总经理陈旭，凯奇集团有限公司总经理全宁。

交易价在中国人民银行公布的美元交易中间价上下0.3%的幅度内浮动,非美元货币对人民币交易价在公布的该货币交易中间价上下一定幅度内浮动。2005~2007年人民币汇率升值近20%。这一时期的汇率升值是研究汇率对我国企业经营状况的影响的一个难得的时期。

本研究使用企业水平的大样本(2000~2008年9年每年11万至35万个企业)资料,对汇率变动的影响进行分析。

本研究的基本结论是,汇率升值总体上对我国外向型企业的生产和经营活动产生了一定程度的负面影响。然而,由于企业的生产技术和成本结构的不同,汇率升值对不同类型企业的影响是不同的,既有负面影响也有正面影响。对2005~2008年的汇率升值,我国企业对汇率风险做出了反应,表现了一定的承受能力。针对外部条件的变化,企业调整了产品结构、进出口结构和资本—劳动力密集程度,使我国产业结构发生了一些根本性的变化。然而,企业对汇率风险的防范技术仍有待提高,政府在这方面需要提供更多的服务。

一、汇率风险

汇率风险是经济主体(企业和个人)持有或运用外汇因汇率变动而蒙受损失的可能性。汇率风险包括交易风险、经营风险和折算风险。

交易风险指汇率变化使企业应收账款和应付债务的价值发生变化的风险,反映了汇率变化对企业交易过程中的资金流量的影响。交易风险的产生是由于企业签订以外币计算的交易合约,在交易尚未结束期间,一旦汇率变化,就会影响以本币计算的现金流量。对生产型企业而言,存在交易风险的交易类型包括:①依据商业信用以外币计价的商品或服务的交易。这是企业在从事商品和服务交易时存在风险的最主要的形式。产生风险的主要原因是签订合同与实际交割之间存在时间间隔,交易以外币计价。②企业借入或贷出外币资金。企业的外汇存款、用外汇向海外投资或贷款也存在外汇风险。

经营风险指未预料到的汇率变化使企业未来的纯收益发生变化的风险。这种风险是通过对企业产品的未来成本、价格和销售量的影响表现出来的。这种风险影响的是企业的长期现金流量。经营风险包括:①对成本的影响。汇率变动通过对通货膨胀的作用来影响企业的国内采购成本。我国汇率升值由于对通货膨胀产生抑制作用，在长期会降低企业的国内采购成本。汇率变动还对进口成本产生影响。人民币升值会使我国企业以人民币表示的进口成本降低。如果国内外原材料的替代弹性较高，企业就会以进口原料代替国产原料。人民币升值如果加剧国外的通货膨胀，进口原材料价格在长期就会上升，部分抵消升值初期进口原料价格下降的影响。②对出口收入的影响。包括：人民币升值后，以外币表示的出口产品价格会上升，出口数量会下降。如果中国企业调整产品的本币价格，使外币价格保持在原有水平上，企业的收入就会下降。人民币升值还会增强进口产品的竞争力，可能使中国企业的国内销售减少。

折算风险（或会计风险、换算风险。栗书茵，2009）是汇率变动导致资产负债表中某些外汇项目的价值发生变化的风险。汇率风险主要对跨国公司的损益发生影响。跨国公司设在某国的子公司通常以所在国货币计算其资产负债和损益。一旦某期间所在国汇率变动，子公司以期末汇率将其资产、负债和损益折合成本国货币时，财务报表上就会发生收益或损失。在人民币升值的情况下，我国跨国公司在外国的子公司以人民币计算就会发生账面损失。

二、我国外向型企业的经营情况和汇率升值的影响

在我国公开出版的统计资料中，没有外向型企业的经营资料。本文使用了国家统计局收集的2000~2008年企业数据库资料。该数据库包括所有国有企业和产值超过500万元的非国有企业。该数据库在不同年份有11万~35万个样本企业的观察值（见表1）。我们按出口值占总产值或销售额的比重，区分外向型和非外向型企业，计算经营情况的数据，并加以比较。

在尝试了出口的不同比例之后，本研究把外向型生产企业的基本型定义为出口占销售额超过40%的生产企业。我们在附录中列出了其他几种定义（出口占销售额大于10%小于20%，大于20%小于30%，大于30%小于40%）的外向型企业的基本数据。其他定义的外向型企业的数据不影响我们的基本结论。

1. 全部企业的经营情况

作为比较的参照系，我们先报告一下我们所使用的企业数据库中所有企业的情况。

表1 企业数据库中全部企业的经营情况

	观察值	职工人数	总产值（千元）	人均增加值（千元）	利润（千元）	出口（千元）
2000	114131	348	58296	123	2234	10498
2001	126239	321	60536	54	2316	10668
2002	138887	313	65992	71	2697	12308
2003	156046	298	76202	77	3253	14879
2004	158111	252	80137	73	3372	15789
2005	224609	254	95024	114	3952	18429
2006	252327	243	105965	137	4702	20793
2007	284238	232	121454	165	5799	22297
2008	350441	200	114011	—	5068	19930

	利润/销售额（%）	利润/总产值（%）	出口/销售额（%）	出口/总产值（%）	人均固定资产（万元）	国家资本金占资本金的比例（%）	外资资本金占资本金的比例（%）
2000	3.0	2.9	15.8	15.2	6.46	38.1	21.0
2001	2.9	2.9	15.5	15.5	6.37	35.8	21.7
2002	3.1	3.0	16.5	16.0	6.44	33.0	21.5
2003	3.4	3.3	16.9	16.4	7.05	29.7	22.8
2004	3.3	3.3	18.3	18.3	8.50	24.3	23.9
2005	3.6	3.5	16.7	16.3	9.49	19.4	26.5
2006	3.7	3.7	15.8	15.4	9.87	17.1	28.0
2007	4.0	3.9	14.6	14.1	10.68	16.1	28.4
2008	4.2	4.1	12.7	12.4	9.02	—	—

注：数据处理去掉了正负5%的异常值，因此观察值小于原始数据。

由于数据库中的企业数量和规模随时间不断增加，利润等指标的增加可能是由于产值和销售额的增加。为了比较不同年份的经营情况，我们在表2中列出了利润率和出口占总产值和销售额的比率。

从以上全部企业的基本统计资料中我们看到：

①在2000~2007年期间，包括汇率升值的2005年，平均每个企业的总产值一直在增加；2008年由于经济危机，总产值下降。

②每家企业的平均职工人数呈明显的持续下降趋势。

③2001~2007年平均每个企业的利润额上升。

④2001~2008年利润率总体呈上升趋势。2008年，尽管利润额下降，但是由于总产值（和销售额）下降，利润率仍上升。

⑤出口占销售额的比率和出口占总产值的比率自2005年开始一直下降。

⑥2001~2007年人均固定资产持续增加。

⑦2000~2007年国家资本金在资本金总额中的比重下降,除个别年份外外资资本金占资本金总额的比重上升。

⑧2001~2007年人均增加值上升,表示劳动生产率上升。

2. 外向型企业经营情况和汇率升值的影响

在介绍了全部企业的情况之后,我们来看外向型企业的情况。

(1) 外向型企业的基本情况

我们把外向型企业定义为出口占销售额40%或以上的企业。为了比较不同的外向型企业的定义,我们在附录中列出了其他4种定义(出口占销售额小于10%,10%~20%,20%~30%,30%~40%)的外向型企业的基本统计资料。

表2　　　　　　　企业数据库中外向型企业的经营情况

	观察值(企业数)	职工人数	总产值(千元)	人均增加值(千元)	利润(千元)	出口(千元)
2000	19295	382	62202	130	2231	49497
2001	21342	364	63477	43	2250	50660
2002	24704	363	73580	58	2744	57639
2003	28378	365	84027	58	2983	67919
2004	31067	325	81469	54	2936	67679
2005	39776	364	109962	78	4152	87143
2006	42349	367	128346	86	4846	102539
2007	44539	369	148311	96	5740	118487
2008	48116	358	152123	—	5844	121262
	利润/销售额(%)	利润/总产值(%)	出口/销售额(%)	出口/总产值(%)	人均固定资产(万元)	国家资本金占资本金的比例(%)	外资资本金占资本金的比例(%)
2000	2.7	2.6	85.9	82.5	6.22	11.2	59.0
2001	2.6	2.6	83.8	83.8	4.90	9.7	61.7
2002	2.9	2.8	85.8	82.9	4.19	9.9	61.5
2003	3.0	3.0	85.9	83.4	5.14	7.0	64.3
2004	2.9	2.9	86.2	86.2	6.66	4.7	66.6
2005	3.1	3.0	86.0	83.7	6.34	3.7	66.8
2006	3.3	3.2	85.6	83.4	6.54	2.9	69.1
2007	3.2	3.1	85.3	82.7	6.56	2.9	69.6
2008	3.1	3.0	84.5	82.2	6.23	—	—

外向型企业的情况与全部企业相同之处为:

①2000~2008年产值总趋势增加,职工人数总趋势下降;

②2000~2008年利润总趋势上升。
③出口额除2004年以外持续上升。
④出口占销售额和出口占总产值的比率自2005年以来一直下降。
⑤国家资本金的比重下降,外资资本金的比重上升。
⑥2001~2007年期间除2004年,人均增加值上升。

外向型企业与全部企业的不同点为:
①利润率自2006年开始持续下降。
②人均固定资产2004年达到顶峰后持续下降。

这里与全部企业的明显不同是近年利润率的下降。

为了比较全部企业和外向型企业,我们在表3中列出外向型企业与全部企业的差距(外向型企业减全部企业)。

表3 外向型企业与全部企业的差距

	职工人数	工业总产值（千元）	人均增加值（千元）	利润（千元）	出口（千元）
2000	33	3906	7	-3	38999
2001	43	2941	-10	-66	39992
2002	49	7588	-13	47	45332
2003	66	7825	-19	-269	53040
2004	73	1332	-20	-436	51890
2005	110	14938	-36	200	68714
2006	125	22381	-51	144	81746
2007	136	26857	-68	-59	96190
2008	157	38112	—	776	101331

	利润/销售额（%）	利润/总产值（%）	出口/销售额（%）	出口/总产值（%）	人均固定资产（万元）	国家资本金占资本金的比例（%）	外资资本金占资本金的比例（%）
2000	-0.003	-0.003	0.701	0.673	-0.24	-0.27	0.38
2001	-0.003	-0.003	0.683	0.683	-1.47	-0.26	0.40
2002	-0.003	-0.003	0.693	0.669	-2.25	-0.23	0.40
2003	-0.003	-0.003	0.690	0.670	-1.91	-0.23	0.42
2004	-0.004	-0.004	0.679	0.679	-1.84	-0.23	0.43
2005	-0.005	-0.005	0.694	0.675	-3.15	-0.16	0.40
2006	-0.005	-0.005	0.698	0.680	-3.34	-0.14	0.41
2007	-0.007	-0.007	0.707	0.686	-4.13	-0.13	0.41
2008	-0.012	-0.012	0.718	0.698	-2.79	—	—

从以上比较中我们可以看到，与全部企业比较，外向型企业总产值较高；职工人数较多；出口较多；出口占销售额或总产值的比重较高；（平均每一企业的）以利润除以销售额或利润除以总产值表示的利润率低于所有企业的平均水平；人均固定资产较少；国家资本金占资本金的比例较小，外资资本金的比例较大。

就是说，外向型企业是一批产值较高、职工较多、出口较多的企业。劳动密集程度较高，国家资本金较少，外资资本金较大。其利润率低于平均水平。这里不排除外资企业把利润转移至国外的可能。

（2）外向型企业的地区分布

2/3以上的外向型企业位于沿海地区。本研究定义的沿海地区包括广东、江苏、上海和浙江。无论在沿海还是内陆，外向型企业的数量一直在增加。在沿海地区，到2005年为止，外向型企业的比重呈上升趋势。从2006年开始大幅度下降。在内陆地区，外向型企业的比重从2005年开始大幅度下降。

表4　　　　　　　　外向型企业的地区分布（企业数）

	沿海			内陆		
	外向型	非外向型	外向型比重(%)	外向型	非外向型	外向型比重(%)
2000	48839	12585	20.5	65605	6016	8.4
2001	56707	14530	20.4	70817	6423	8.3
2002	63795	16873	20.9	76590	7487	8.9
2003	72845	19226	20.9	83596	8767	9.5
2004	82472	21184	20.4	72354	9079	11.1
2005	106325	28096	20.9	118569	11529	8.9
2006	117334	29703	20.2	133657	12400	8.5
2007	131248	31323	19.3	150580	12750	7.8
2008	166776	34825	17.3	182728	13277	6.8

这里不排除税收等对外企的优惠政策减少后，一些企业不再注册为外企的因素。

（3）外向型企业的行业分布

我们分别考察了企业数量的分布和产值的分布。这里我们把全部企业分为①食品，②纺织服装，③材料，④化工石油，⑤金属及非金属，⑥机械，⑦电气电子医药和其他等8类（详见附录表1）。

表5　　　　　　　　　　　　　　行业基本统计资料

产业类	1 食品				2 纺织服装			
样本	全部		外向型		全部		外向型	
年份	2000	2007	2000	2007	2000	2007	2000	2007
利润总额	1980	5390	1590	3619	1542	2786	1575	2526
总产值	51561	105677	44277	86883	45959	64863	49604	67845
人均增加值	118	223	127	185	106	94	123	67
成本	38668	85740	37044	71500	37617	55040	41906	57775
职工人数或从业人员数	219	172	235	219	385	259	427	349
固定资产净值	18024	19823	12247	16270	14746	13010	13667	12819
出口	3984	7899	32576	65052	18320	18796	40163	54881
利润/销售额	0.03	0.04	0.03	0.04	0.03	0.03	0.02	0.03
利润/总产值	0.02	0.04	0.03	0.03	0.03	0.03	0.02	0.03
出口/销售额	0.09	0.09	0.83	0.83	0.38	0.28	0.88	0.88
出口/总产值	0.08	0.08	0.78	0.79	0.36	0.28	0.85	0.86
人均固定资产	11.15	17.61	14.81	11.00	8.73	6.55	5.83	5.46
国家资本金（%）	0.37	0.05	0.14	0.03	0.03	0.03	0.14	0.01
外资资本金（%）	0.27	0.30	0.40	0.44	0.44	0.40	0.47	0.63
观察值	11785	23771	1127	2224	16714	44601	6821	13533
产业类	3 材料				4 化工石油			
样本	全部		外向型		全部		外向型	
年份	2000	2007	2000	2007	2000	2007	2000	2007
利润总额	1577	2799	1949	2366	1989	5316	1822	5491
总产值	37598	58896	51363	62494	74272	132128	53730	112418
人均增加值	108	110	161	72	154	196	171	134
成本	30287	49007	42728	52416	61801	113639	43322	93692
职工人数或从业人员数	250	189	357	306	311	180	276	277
固定资产净值	15006	14472	11113	11712	35809	32563	19525	31533
出口	10164	15229	44221	52199	7573	12444	38644	75951
利润/销售额	0.03	0.04	0.03	0.03	0.03	0.04	0.03	0.03
利润/总产值	0.03	0.04	0.03	0.03	0.03	0.04	0.03	0.03
出口/销售额	0.20	0.25	0.89	0.90	0.11	0.10	0.81	0.80
出口/总产值	0.19	0.24	0.85	0.87	0.11	0.10	0.78	0.78
人均固定资产	7.10	8.73	4.66	6.41	7.51	12.97	10.34	4.13
国家资本金（%）	0.19	0.04	0.05	0.00	0.33	0.17	0.07	0.04
外资资本金（%）	0.39	0.44	0.73	0.70	0.21	0.26	0.65	0.67
观察值	9145	26555	1947	6951	17656	43587	2147	4620

续表

产业类	5 金属及非金属				6 机械			
样本	全部		外向型		全部		外向型	
年份	2000	2007	2000	2007	2000	2007	2000	2007
利润总额	1992	8020	1722	4377	2169	6118	2612	7146
总产值	54061	147510	49824	100770	54941	109138	70685	132792
人均增加值	132	194	137	113	107	152	97	106
成本	44707	130368	40498	84186	42099	89306	57171	110592
职工人数或从业人员数	346	209	305	257	477	256	422	279
固定资产净值	31665	37400	15207	20029	26857	24831	31153	29263
出口	6183	14062	39136	74286	6114	13314	53491	99807
利润/销售额	0.03	0.04	0.03	0.04	0.03	0.04	0.03	0.04
利润/总产值	0.03	0.04	0.03	0.03	0.03	0.04	0.03	0.04
出口/销售额	0.09	0.10	0.84	0.84	0.08	0.09	0.79	0.79
出口/总产值	0.09	0.09	0.80	0.81	0.07	0.08	0.76	0.77
人均固定资产	6.27	12.09	9.23	7.79	6.92	13.48	8.67	19.92
国家资本金（%）	0.46	0.19	0.11	0.03	0.43	0.22	0.25	0.10
外资资本金（%）	0.14	0.20	0.53	0.62	0.16	0.25	0.38	0.60
观察值	20619	48233	2099	5070	17557	52497	1391	4799

产业类	7 电气电子医药和其他			
样本	全部		外向型	
年份	2000	2007	2000	2007
利润总额	4582	7505	6639	15817
总产值	95275	186504	162844	465966
人均增加值	127	150	118	105
成本	76719	161658	139089	414477
职工人数或从业人员数	335	314	543	708
固定资产净值	25524	28610	34147	59353
出口	29045	87168	130920	387597
利润/销售额	0.03	0.04	0.0314	0.0325
利润/总产值	0.03	0.04	0.0303	0.0317
出口/销售额	0.17	0.20	0.857	0.8431
出口/总产值	0.16	0.19	0.8267	0.8181
人均固定资产	7.95	9.62	5.8858152	7.1326676
国家资本金（%）	0.22	0.05	0.069158	0.0149093
外资资本金（%）	0.38	0.49	0.7840975	0.8043786
观察值	11589	34169	2097	7265

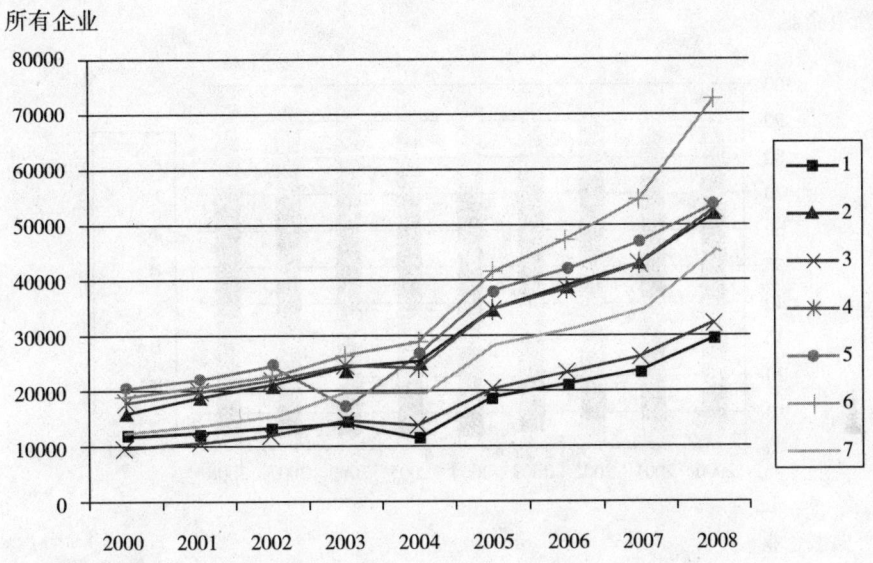

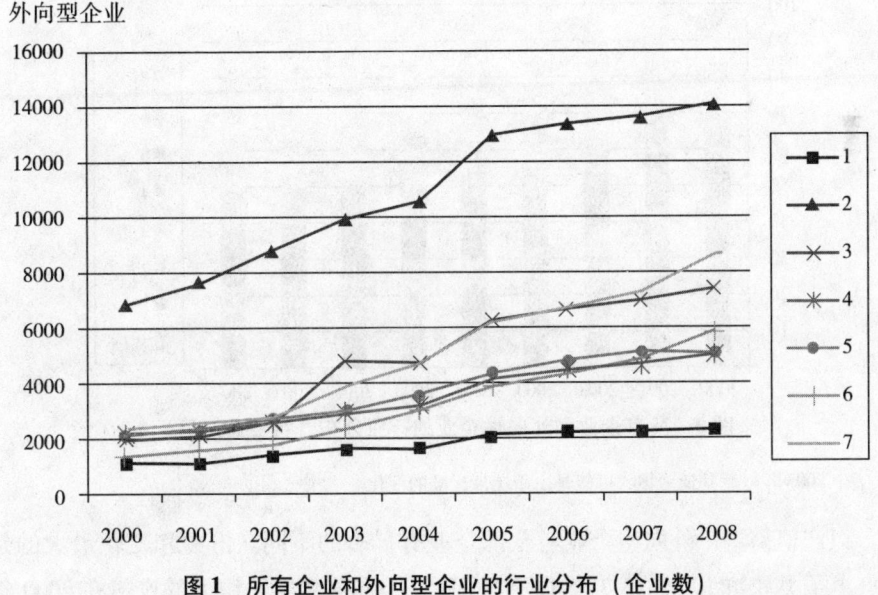

图1 所有企业和外向型企业的行业分布（企业数）

与所有企业相比，以数量衡量，外向型企业最集中的是第2类纺织类。第7类电气电子医药类和第3类材料类也比较集中。数量最少的是第1类食品类。

我们再来看以总产值衡量的行业分布。

所有企业

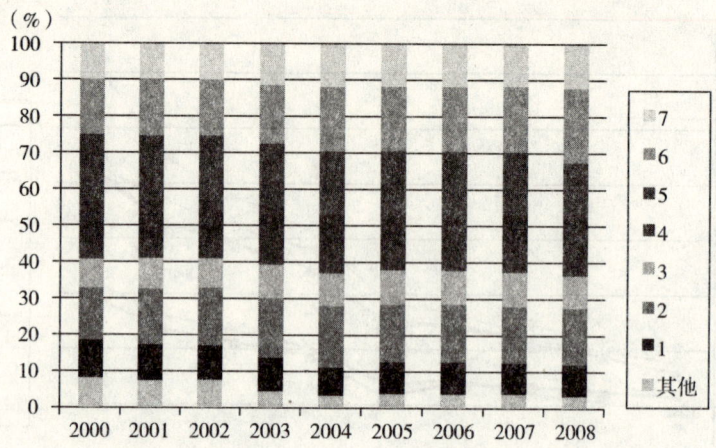

外向型企业

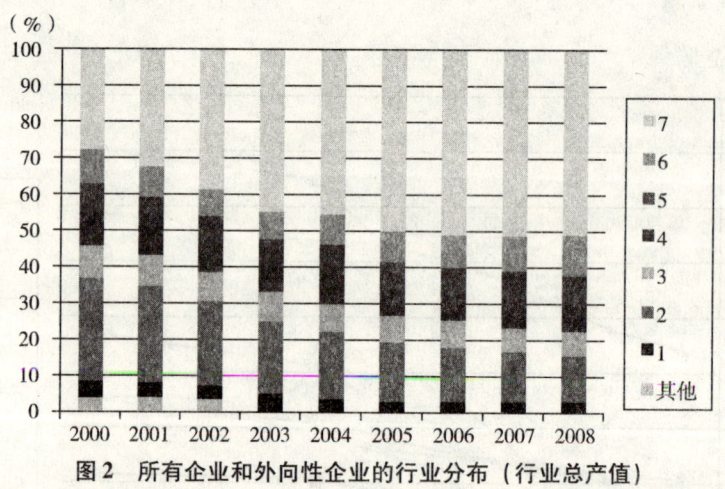

图2　所有企业和外向性企业的行业分布（行业总产值）

注：2003年以后其他为零，可能是由于统计标准的变化。

以产值衡量，外向型企业与全部企业有显著的不同。份额和变化最大的是电气电子类和纺织类。第7类电气电子医药类和第2类纺织类的产值在2000年各占近30%，此后，电气电子医药类的比重持续扩大，在2007年超过50%，而纺织类则缩小到15%以下。显然，在外向型企业中发生了显著的结构变化。

（4）企业的存活率

规模以上企业数据库中，每年都有新的样本企业进入，同时也有相当数量的样本企业消失。企业的消失可能是由于企业关闭，也可能是由于企业的规模下降到500万元产值以下,也可能是由于其他原因,例如统计上的遗漏。我们列出企业的存活率表,作为企业因经营困难关闭或缩小规模的辅助证据。对由这一数据引申出的结论必须谨慎。

表6　　　　　　　　　　　所有企业的存活率

		存活年							
	进入年	2000	2001	2002	2003	2004	2005	2006	2007
数量	2000	114131	76846	67239	58343	31768	42101	39176	36167
	2001	0	49393	37497	31441	17150	22584	21067	19499
	2002	0	0	34151	24952	13703	17920	16677	15554
	2003	0	0	0	41310	20095	26180	24215	22730
	2004	0	0	0	0	75395	54630	51482	48760
	2005	0	0	0	0	0	61194	50384	45615
	2006	0	0	0	0	0	0	49326	41765
	2007	0	0	0	0	0	0	0	54148
	总计	116131	128240	140889	158049	160115	226614	254333	286245
%	2000	100	67	59	51	28	37	34	32
	2001		100	76	64	35	46	43	39
	2002			100	73	40	52	49	46
	2003				100	49	63	59	55
	2004					100	72	68	65
	2005						100	82	75
	2006							—	85
	2007								100

在表中,第一列表示企业开始出现的年份,每一行表示某年开始出现的企业在后续年份存在的数量。例如第一行表示,2000年开始存在的企业有114131个,这些企业在2001年还有76846个存在,在2002年还有67239个存在。总计一行表示,能够确定起始年份的企业总数。表的下半部分显示了各年占起始年份的百分比。例如,2000年存在的企业,到2007年只有32%还存在。

表7　　　　　　　　　　外向型企业的存活率

	进入年	存活年							
		2000	2001	2002	2003	2004	2005	2006	2007
数量	2000	19295	11832	10470	9260	5496	7130	6472	5917
	2001	0	9510	6035	5116	3041	3878	3536	3148
	2002	0	0	8199	5113	2995	3677	3326	3018
	2003	0	0	0	8889	3676	4689	4212	3807
	2004	0	0	0	0	15859	8416	7780	7136
	2005	0	0	0	0	0	11986	8015	6855
	2006	0	0	0	0	0	0	9008	5755
	2007	0	0	0	0	0	0	0	8903
	总计	19295	21342	24704	28378	31067	39776	42349	44539
%	2000	100	61	54	48	28	37	34	31
	2001		100	63	54	32	41	37	33
	2002			100	62	37	45	41	37
	2003				100	41	53	47	43
	2004					100	53	49	45
	2005						100	67	57
	2006							—	64
	2007								100

以上两表的比较说明，外向型企业的存活率较低。

根据以上所有企业和外向型企业的基本数据，我们可以得到以下初步结论：

①出口占销售额40%以上的外向型企业仅占全部企业的一小部分，占企业总数的20%以下。

②外向型企业的职工人数较多，总产值较高，出口较多，但利润和利润率较低。

③外向型企业在地域上主要集中在东部沿海地区。

④外向型企业最集中的行业，以企业数量计，是纺织类；以产值计，是电气电子医药类。

⑤2006年以来，外向型企业的利润率明显持续下降。

⑥2005年以来所有企业和外向型企业出口占销售额或总产值的比率都下降。

⑦外向型有较多的企业从数据库中消失，因经营困难而关闭是可能原因之一。

三、2005~2008年汇率升值对企业经营的影响：一般分析

我国长期实际上实行钉住美元的固定汇率制度，企业面临的汇率风险较小。企业可能对汇率升值和经营环境的国际化不适应。下面我们对此作一些一般性的分析，并利用典型调查和其他研究的资料来说明。

1. 各种外向型企业面临的外汇风险

由于产品结构和投入结构的不同，各种外向型企业面对的外汇风险是不同的。

（1）一般贸易企业

一般贸易企业面临的汇率风险包括交易风险和经营风险。交易风险是短期的，经营风险是长期的。

企业面临交易风险，是因为交易中使用外币结算，汇率一旦发生变化，就会使企业遭受经济损失。如果外汇汇率较签订合同时下跌，出口企业在收入外币货款后，兑换成的本币就会减少，从而受到经济损失。对既从事出口又从事进口的企业，其风险仅为出口与进口的差额。对于仅从事出口（或进口）的企业，其全部出口（或进口）额都暴露在外汇风险之下。

一般贸易企业还面临长期的经营风险。汇率变动使产品的相对价格发生变化，可能影响产品的销售额和企业的收入。经营风险对不同类型的企业的影响是不同的。从价格弹性的角度看，产品价格弹性较大的企业所受影响较大。这是因为价格弹性大时，价格的变动会引起需求的较大变动。从原料来源看，原料取自国内，产品销往国外的企业，受本币升值的影响较大。原料进口、产品在国内销售的企业则从本币升值中获益。对原料进口、产品出口的企业，汇率升值增加的成本和收益会相互抵消，其程度取决于原料进口和产品出口的相对量。

（2）加工贸易型企业

加工贸易企业与一般出口企业在汇率升值时受到的影响不同。一般出口企业由于原料来自国内，本币升值时原料和人工成本都上升，受到的影响较大。加工贸易企业，由于原料来自国外，受到的影响较小。

加工贸易企业又分为来料加工和进料加工。来料加工使用国外提供的原

料、零部件组装成整机，收取加工费，没有用外汇购买原料。进料加工则用外汇购买进口的原料，加工成成品再外销出口。加工贸易企业面临的交易风险与一般贸易企业一样，表现为已签订的合同收款时汇率变动造成本币收入的减少。经济风险对来料加工和进料加工企业不同。来料加工企业的原材料由外方提供，汇率变动对企业以本币计算的成本没有影响。但产品销售后的加工费收入会受到汇率变动的影响。如果本币升值，以外币计算的加工费不变，企业的本币收入会减少。进料加工企业，需要用本币兑换外币购买原材料，汇率变动对企业的成本和收入都会产生影响。人民币升值时，企业购买原材料的成本下降，产品出口的本币收入下降，两者相互抵消，进料加工企业的损失小于来料加工企业。

根据贸易方式来划分，我国2008年一般贸易和加工贸易几乎是各占半壁河山。在加工贸易中，进料加工是最主要的贸易方式。从事这部分贸易的企业受汇率升值的影响较小。

表8　　　　　　　　　分贸易方式进出口总额，2008年

	出口		进口	
	亿美元	（％）	亿美元	（％）
一般贸易	6629	46	5721	51
来料加工	1106	8	902	8
进料加工	5646	39	2882	25
对外承包工程出口	110	1		0
保税仓库进出境货物	285	2	574	5
其他	533	4	1247	11
合计	14307	100	11326	100

资料来源：国家统计局贸易外经统计司，《中国贸易外经统计年鉴2009》，671页。

案例 ❶　　　　　　　**东部沿海地区某有限公司**

该公司生产网球。年产值1亿，工人500人，利润10%以上。

生产高中低档网球。原材料（橡胶等）大量进口。中低档产品主要在国内出售，高档和部分中低档产品出口。

劳动成本：加加班费每个工人每月劳动报酬2000多元。

汇率升值的影响：企业负责人认为，由于大量进口原材料，汇率升值对企业有好处。最近原材料价格大幅度上涨。由于该公司大量储存原材料，相对于不储存原材料的小企业，原材料价格上涨对该公司较有利。

（3）劳动力密集型企业

我国外向型企业中有很多劳动力密集型企业。由于近年来国内劳动力成本上升，这类企业的利润空间很小。同时，这类企业的原材料大部分来自国内。汇率升值可能减少这类企业本来就很少的利润。

案例 ②　东部沿海地区某鞋业有限公司

该企业1980年成立。所有制从集体改变到合资又变成内资。厂房8万平方米，注资5000万元，产值10亿元，职工3000人。产品为国家知名品牌，95%以上产品出口，主要市场为俄罗斯、美国、德国。生产男皮鞋。全国鞋类出口前十名以内。

该企业95%用工外来。劳动成本一直上升。上世纪80年代一双鞋劳动成本占10%~13%，现在平均劳动力成本17%~20%。工资总额7000万元，保底工资2010年由1350元上升到1600元。技术人员3000~4000元。工人多为计件工资。

该企业原材料不到10%进口。由于原材料价格上涨，2010年1~3月比2009年多付100万元，每双鞋多1元。

企业高层管理人员估计，汇率升值1个百分点，利润将下降1~1.5个百分点。

该企业的对应措施：①美（元）来美（元）去。提升进口原料比例。②银行结算锁定汇率。③即时购买原材料。④汇率一旦变动，和外商重新谈判价格。

（4）跨国公司

近年来我国一些企业开始到国外开设分公司。跨国公司遇到的外汇风险最常见的是折算风险，即汇率变动使海外子公司资产负债和损益表上的价值转换成母公司所在国货币时价值的变化。

人民币一旦升值，如果以外币衡量的子公司收入不变，折算成人民币收益就会减少。

案例 ③　东部地区某汽车零部件集团

该公司生产汽车万向节和轮毂单元。1985年创立。2008年转为股份制，

> 拟上市。年销售7亿元，净利润5%～10%。产品95%以上出口，美国销售30%，欧洲30%。自有品牌。进入美国AAP连锁销售网络。目前产品覆盖全球车系，产品仅提供给维修厂，尚未进入整车厂。有1000名工人。
>
> 在美国有1个工厂，2个分公司；在德国有1个分公司。2007年收购美国南卡一厂，有工人100人，聘美籍台湾人管理，技术人员为总厂派去的中国内地人。
>
> 劳动力成本：2010年比上年上涨20%。计件工资，普工（例如搬运）3000元以下，技工3000元以上。劳动力流动性高，招290人，离200人。老员工流失也很严重。原因：国家对农村的优惠政策，孩子需要在家读书。招大学生技校生很多，"90后"很难管理，流动性大。
>
> 企业高管估计，汇率升值1%，利润损失1%。措施：①把损失转嫁客户，但须谨慎。②降本增效。③运用金融工具。锁定汇率。美元借贷为零。远期结售汇。

2. 各主要出口行业受汇率变动的影响：其他研究

各出口行业由于产品的性质和成本价结构的不同，受汇率变动的影响不同。

纺织行业。谷任、吴海斌（2007）对中国纺织服装产业对美国的出口的研究发现，人民币实际有效汇率对中国服装类商品出口价格的影响最大，对棉纱类纺织品的影响次之。人民币实际有效汇率对这两类商品的传递系数均大于1，具有完全的传递作用。汇率升值可能削弱这两类产品的出口竞争力。棉机织物类纺织品的价格传递系数较小，汇率变动的影响较小。

机电行业。根据胡晓群2007年对人民币实际有效汇率变动对我国机电产品进出口的影响的研究，我国机电产品出口对实际有效汇率的反应不如对国外实际收入的变化更敏感。我国机电产品进口对实际有效汇率的敏感性比对国内实际收入的敏感性则更强。就是说，人民币实际有效汇率对我国机电产品的进出口均有显著影响，但对进口的影响更大。作者认为，这可能是由于近年我国机电产品的技术含量和附加值提高，增强了国际竞争力。

农产品行业。宋海英（2005）用计量经济模型研究了人民币汇率对中国农产品行业的影响。研究发现，人民币汇率的变动对农产品出口贸易有影响。农产品出口与当年实际有效汇率呈反向相关关系。人民币官方名义汇率则对农产品出口贸易存在显著的滞后效应。

3. 企业通常使用的风险规避手段

目前我国企业对外汇风险的承担能力有限，防范外汇风险的知识不足，手段有限。目前企业通常采取的外汇风险规避手段有：

①企业尽量向银行结汇，保存尽量少的外汇头寸。

②在汇率变动的情况下，与外商重新谈判销售价格。这是短期措施。

③使用借款、现汇交易、投资等财务工具。其中借款－现汇交易－投资（BSI法）指企业签订进（出）口合同后，从银行借入本币（外币），期限与未来外币支出（收入）的期限相同，金额按现汇汇率折算与未来外币支出（收入）等值。然后将所借本币（外币）兑换成未来支付（收入）的外币（本币），投资于交易对方所在国（本国）货币市场，投资期限与未来支出（收入）的期限相同。结算日，用到期收回的外币（本币）支付银行贷款。

④利用远期结售汇方式，对冲外汇风险。远期结售汇指我国外汇指定银行与境外机构签订合同，规定办理结售汇的外汇币种、金额、汇率和期限，到期按合同办理结汇或售汇。企业在出口时实现锁定未来汇率，可以防范人民币升值造成的损失（粟书茵等，2009）。

4. 企业对汇率升值的反应

我国企业对2005～2008年的汇率升值普遍做出了反应。在我们的典型调查和统计分析中都发现了这方面的证据。

我们所调查的企业都对汇率升值对企业利润的影响有所估计。

很多企业采取了与外商重新谈判价格的做法（例如东部地区某鞋业公司），并且得到外方的谅解。

很多企业采取了降低成本、提高效率的措施，从企业内部挖掘潜力（例如某汽车配件公司）。

一些企业考虑到改变进口和本地原料结构的问题（例如东部地区某鞋业公司）。

一些企业采取了金融避险措施，例如锁定汇率（例如某网球制造商）。

尽管企业做出了反应，但是对各种避险措施，特别是一些比较复杂的金融操作还不够熟悉，经验不足。

规模以上企业的统计分析发现，21世纪最初10年，企业已经开始对变化的经营环境包括汇率的变化做出反应，表现为企业对经营结构的一系列调整。

①外向型企业产值占全部企业总产值的份额先上升后下降。这反映了我国企业在变化的经营环境中对国内市场—国外市场结构的选择。天平开始从国外市场转向国内市场。这与21世纪初国内产业的重化工业化不无关系。

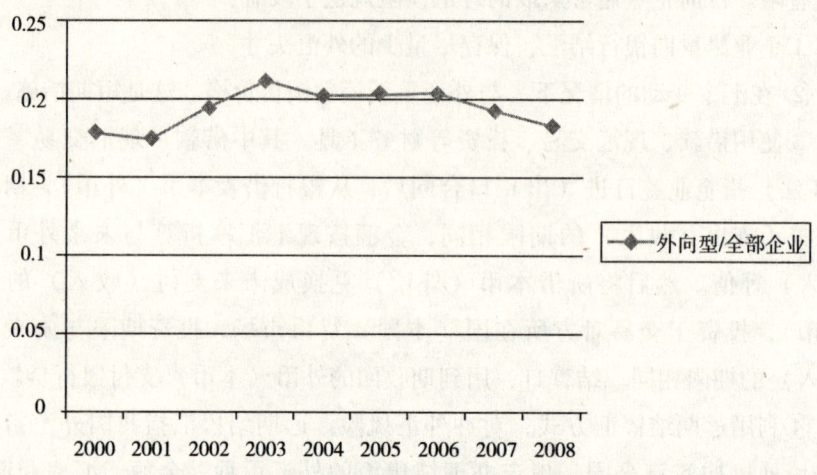

图3　外向型企业产值占全部企业总产值的份额

图2告诉我们，自2000年以来外向型企业的产品结构已经发生了根本性的变动。电气电子医药类的产值大幅度增加，纺织服装类的产值大幅度下降。

②2000年以来，企业的出口结构（表1）出现了一个先上升后下降的过程，出口/销售额比率在2004年达到顶峰。这里不能排除2005年汇率升值的影响。我们可以把这种变化看作企业在汇率上升的环境下对出口—内销结构的调节。

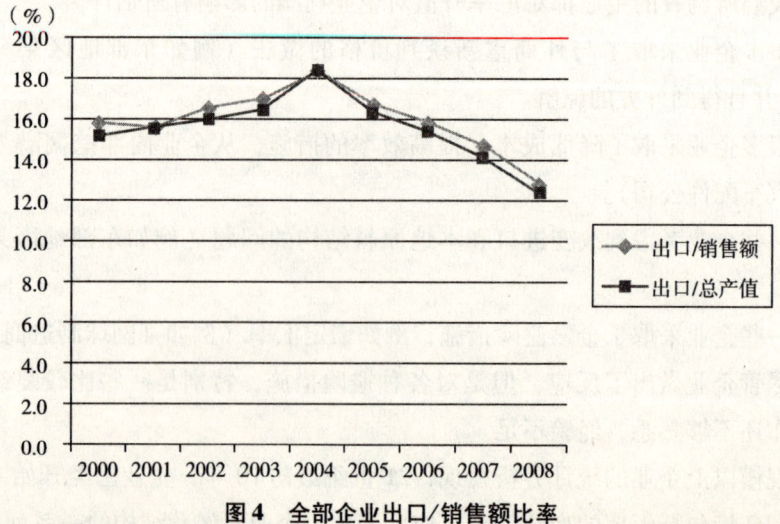

图4　全部企业出口/销售额比率

分行业的出口结构可以反映变动主要发生在哪些行业中。

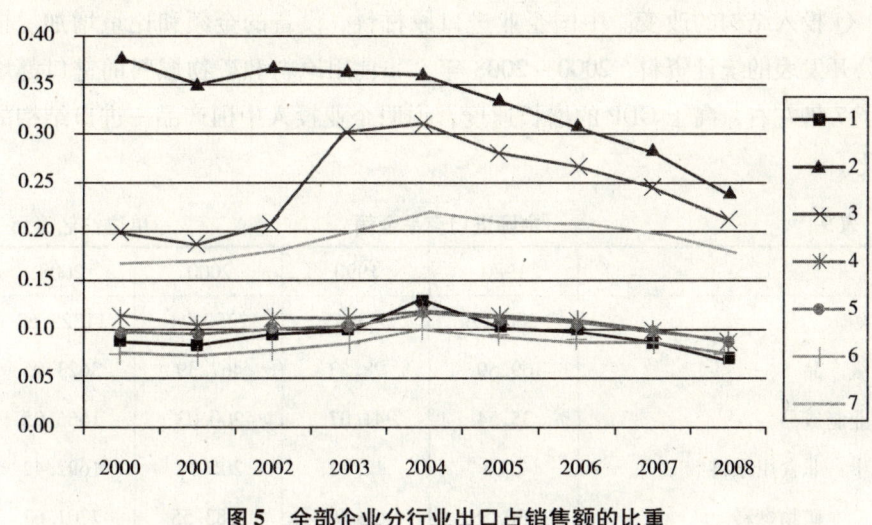

图5 全部企业分行业出口占销售额的比重

尽管外向型企业出口占销售额的比重没有显著的变化,全部企业出口的比重显著下降。这种情况特别表现在纺织、材料等大类,并且对所有大类都有影响。

③资本密集程度的提高。规模以上企业的总体数据(表2)和分行业数据都说明了这一点。

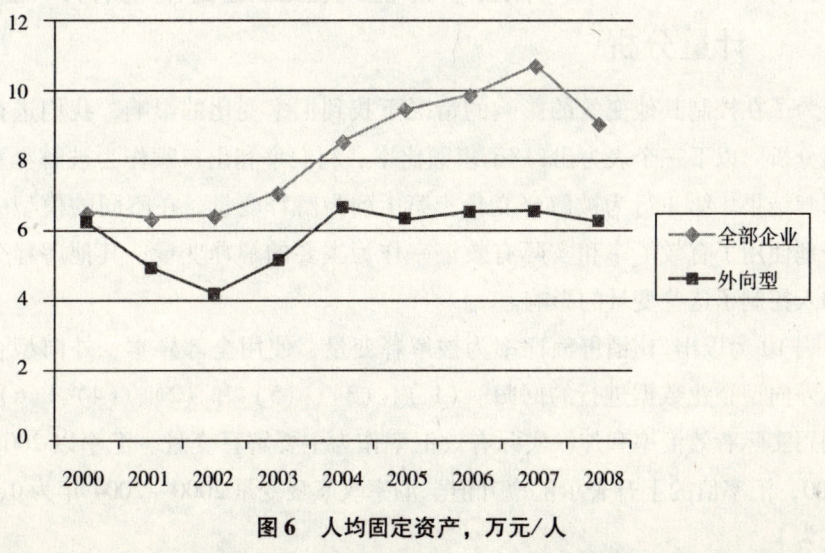

图6 人均固定资产,万元/人

外向型企业资本密集程度的增加较慢。2008年的世界经济衰退对中国企业的资本密集程度有显著的影响。

④投入结构的改变。中国企业进口原材料、设备的金额和比重增加。根据公开发表的统计资料，2000～2008年，非食用原料和矿物燃料的进口都增加了7倍左右，高于GDP的增长速度，说明企业投入中国产品—进口结构的变化。

表9	中国进口商品金额			单位：亿美元
	1980	1990	2000	2008
总额	200.17	533.45	2250.94	11325.62
初级产品	69.59	98.53	467.39	3623.95
工业制成品	35.54	41.07	200.03	1666.95
其中：非食用原料	2.03	12.72	206.37	1692.42
矿物燃料	130.58	434.92	1783.55	7701.67
其中：化学品	29.09	66.48	302.13	1191.88
机械及运输设备	51.19	168.45	919.31	4417.65

资料来源：《中国贸易外经统计年鉴2009》，676页。

四、2005～2008年汇率升值对企业经营的影响：经济计量分析

为了在控制其他变量的影响的情况下找到汇率变化的影响，我们进行了回归分析。以下三个表为出口/销售额比率、利润率和出口额作为被解释变量的回归结果。第3行为被解释变量，第1列为解释变量。在不同的模型中我们分别使用了有效汇率和实际有效汇率作为主要的解释变量。其他解释变量的加入控制了这些变量的影响。

表10为以出口/销售额比率为被解释变量，使用全部样本、外向型企业和非外向型企业数据进行的回归。（1）、（3）、（5）和（2）、（4）、（6）列分别用实际有效汇率和加权实际有效汇率作为主要解释变量。汇率以2005年为100，汇率值的上升表示汇率升值。汇率政策哑变量2000～2004年为0，其他年为1。

表 10　　　　　　　　　　　回归结果 1：出口/销售额

自变量/因变量	(1)	(2)	(3)	(4)	(5)	(6)
	全部样本		外向型		非外向型	
	出口/销售额	出口/销售额	出口/销售额	出口/销售额	出口/销售额	出口/销售额
有效汇率	−0.00151***		−0.00102***		−0.000174***	
	(0.000386)		(9.95e−05)		(3.62e−05)	
实际有效汇率		0.00894***		−0.000388		0.00109***
		(0.00223)		(0.000576)		(0.000361)
利润	−3.67e−09	−4.34e−09	−4.64e−08**	−4.64e−08**	1.95e−08**	1.95e−08**
	(2.59e−08)	(2.60e−08)	(1.95e−08)	(1.96e−08)	(7.33e−09)	(7.31e−09)
固定资产	−9.67e−09	−9.58e−09*	−3.56e−08	−3.58e−08	−1.49e−09	−1.48e−09
	(5.15e−09)	(5.13e−09)	(2.22e−08)	(2.24e−08)	(1.02e−09)	(1.02e−09)
职工人数	1.24e−05*	1.24e−05*	9.46e−07	9.80e−07	2.66e−06*	2.66e−06*
	(6.33e−06)	(6.31e−06)	(1.47e−06)	(1.46e−06)	(1.42e−06)	(1.42e−06)
美国 GDP	−2.94e−06	−6.53e−06**	1.80e−06	1.81e−06	−7.48e−07*	−1.20e−06***
	(3.63e−06)	(3.16e−06)	(1.24e−06)	(1.30e−06)	(3.77e−07)	(2.83e−07)
资本金控制变量						
2. stock_control	0.00575	0.00551	0.0613***	0.0601***	−0.00502***	−0.00503***
	(0.00733)	(0.00732)	(0.00728)	(0.00729)	(0.00128)	(0.00128)
3. stock_control	−0.00270	−0.00600	0.0807***	0.0772***	−0.00796***	−0.00831***
	(0.00697)	(0.00714)	(0.00925)	(0.00910)	(0.00150)	(0.00149)
4. stock_control	0.215***	0.211***	0.0959***	0.0927***	0.0196***	0.0193***
	(0.0144)	(0.0142)	(0.00897)	(0.00909)	(0.00178)	(0.00181)
5. stock_control	0.260***	0.255***	0.104***	0.100***	0.0296***	0.0291***
	(0.0145)	(0.0139)	(0.0105)	(0.0106)	(0.00205)	(0.00211)
9. stock_control	0.0506***	0.0553***	0.0925***	0.0955***	−0.00331**	−0.00277**
	(0.00827)	(0.00883)	(0.00954)	(0.00963)	(0.00132)	(0.00133)
99. stock_control	0.0521***	0.0521***	0.0688**	0.0698**	0.00132	0.00132
	(0.0153)	(0.0150)	(0.0321)	(0.0321)	(0.00288)	(0.00289)
汇率政策哑变量	−0.00866*	0.00462**	−0.00523***	0.00150	0.00160***	0.00320***
	(0.00470)	(0.00196)	(0.00140)	(0.00159)	(0.000489)	(0.00450)
常数项	0.238***	0.107**	0.808***	0.696***	0.0392***	0.0246***
	(0.0343)	(0.0399)	(0.0222)	(0.0243)	(0.00396)	(0.00421)
省哑变量	Yes	Yes	Yes	Yes	Yes	Yes

续表

自变量/因变量	(1)	(2)	(3)	(4)	(5)	(6)
	全部样本		外向型		非外向型	
	出口/销售额	出口/销售额	出口/销售额	出口/销售额	出口/销售额	出口/销售额
2位代码产业哑变量	Yes	Yes	Yes	Yes	Yes	Yes
观察值	1805015	1805015	299566	299566	1505449	1505449
R-平方	0.099	0.099	0.044	0.044	0.029	0.029
产业数量	40	40	38	38	40	40

括号中为 Robust 标准差。
*** $p<0.01$, ** $p<0.05$, * $p<0$。
资本金控制变量：1. 国家资本 2. 集体资本 3. 法人资本 4. 个人资本 5. 港澳台资本 9. 外商资本 99. 其他。

对出口比率的回归表明，有效汇率变动对出口比率的影响在全部样本、外向型和非外向型企业都是显著的。实际有效汇率的影响在全部样本和非外向型企业是显著的，但符号错误；在外向型企业的样本中，符号正确但不显著。资本金控制变量的影响在大多数场合是显著的。汇率政策哑变量在解释变量为有效汇率、全部样本和外向型（1、3列）的情况下符号正确且显著。

表11显示了利润/销售额比例作为被解释变量的回归结果，考察汇率变动对利润率的影响。在（6）和（8）列中使用了所有年的哑变量，其他列使用了汇率政策哑变量（把汇率政策变动分为两个时期）。

回归说明，汇率变动对全部企业利润率的影响不显著。显然，由于非外向型企业的出口较少，汇率对全部企业利润率的影响不显著。有效汇率和实际有效汇率对外向型企业的利润率有显著的影响。（3）、（4）、（7）、（8）列有效汇率和实际有效汇率的系数的符号都是正确的，且显著。（3）和（7）、（4）和（8）的系数值也比较接近，说明有效汇率上升1%，外向型企业利润率下降0.014~0.015个百分点；实际有效汇率上升1%，外向型企业利润率下降0.035个百分点。汇率政策哑变量对外向型企业大部分是显著的。反映国外需求的美国GDP作为解释变量在多数场合显著。

我们还尝试了以出口额作为被揭示变量的回归（表12）。

表11　回归结果2：利润/销售额作为被解释变量

自变量/因变量	(1) 全部样本 利润/销售额	(2) 全部样本 利润/销售额	(3) 外向型 利润/销售额	(4) 外向型 利润/销售额	(5) 全部样本 利润/销售额	(6) 全部样本 利润/销售额	(7) 外向型 利润/销售额	(8) 外向型 利润/销售额
实际有效汇率	1.40e−05 (2.42e−05)		−0.000153*** (4.31e−05)		2.07e−05 (2.04e−05)		−0.000139*** (4.28e−05)	
加权实际有效汇率		−0.000273 (0.000207)		−0.000345** (0.000150)		−0.000346 (0.000224)		−0.000353** (0.000138)
固定资产	1.90e−09** (7.81e−10)	1.89e−09** (7.79e−10)	1.50e−08*** (3.68e−09)	1.50e−08*** (3.67e−09)	1.90e−09** (7.81e−10)	1.89e−09** (7.74e−10)	1.50e−08*** (3.68e−09)	1.49e−08*** (3.65e−09)
职工人数	1.80e−07 (3.05e−07)	1.81e−07 (3.05e−07)	8.32e−07 (6.17e−07)	8.38e−07 (6.18e−07)	1.80e−07 (3.05e−07)	1.81e−07 (3.05e−07)	8.34e−07 (6.17e−07)	8.38e−07 (6.16e−07)
外资	1.51e−08*** (3.30e−09)	1.51e−08*** (3.29e−09)	−3.78e−09 (3.52e−09)	−3.66e−09 (3.53e−09)	1.51e−08*** (3.30e−09)	1.51e−08*** (3.28e−09)	−3.75e−09 (3.53e−09)	−3.65e−09 (3.52e−09)
美国GDP	2.20e−06*** (4.68e−07)	2.18e−06*** (4.85e−07)	1.43e−07 (2.43e−07)	8.86e−07*** (3.12e−07)	1.47e−06* (8.62e−07)	2.25e−06*** (4.48e−07)	−8.82e−07 (9.51e−07)	1.39e−06*** (2.95e−07)
出口	2.69e−10 (8.72e−10)	2.86e−10 (8.78e−10)	−7.32e−10 (6.61e−10)	−7.21e−10 (6.65e−10)	2.69e−10 (8.72e−10)	2.89e−10 (8.79e−10)	−7.33e−10 (6.61e−10)	−7.22e−10 (6.63e−10)
出口/销售额	−0.00587*** (0.000801)	−0.00586*** (0.000804)	−0.0115*** (0.00198)	−0.0114*** (0.00198)	−0.00587*** (0.000801)	−0.00586*** (0.000806)	−0.0115*** (0.00198)	−0.0116*** (0.00199)

续表

自变量/因变量	(1)	(2)	(3)	(4)	(5)	(6)	(7)	(8)
	全部样本		外向型		全部样本		外向型	
	利润/销售额	利润/销售额	利润/销售额	利润/销售额	利润/销售额	利润/销售额	利润/销售额	利润/销售额
资本金控制变量								
2. stock_control	0.0144***	0.0145***	0.0138***	0.0133***	0.0145***	0.0140***	0.0139***	0.0123***
	(0.00101)	(0.00101)	(0.00172)	(0.00170)	(0.000974)	(0.00110)	(0.00175)	(0.00184)
3. stock_control	0.0145***	0.0145***	0.0141***	0.0132***	0.0146***	0.0138***	0.0143***	0.0118***
	(0.00112)	(0.00116)	(0.00135)	(0.00132)	(0.00107)	(0.00125)	(0.00141)	(0.00165)
4. stock_control	0.0151***	0.0152***	0.0138***	0.0129***	0.0152***	0.0145***	0.0139***	0.0114***
	(0.00105)	(0.00107)	(0.00151)	(0.00159)	(0.00100)	(0.00115)	(0.00146)	(0.00156)
5. stock_control	0.0186***	0.0188***	0.0162***	0.0154***	0.0187***	0.0180***	0.0163***	0.0139***
	(0.00124)	(0.00124)	(0.00153)	(0.00154)	(0.00121)	(0.00136)	(0.00154)	(0.00174)
9. stock_control	0.0151***	0.0151***	0.0133***	0.0136***	0.0151***	0.0154***	0.0132***	0.0140***
	(0.00104)	(0.00102)	(0.00137)	(0.00138)	(0.00107)	(0.00109)	(0.00135)	(0.00132)
99. stock_control	0.0202***	0.0202***	0.0267***	0.0273***	0.0203***	0.0198***	0.0272***	0.0273***
	(0.00337)	(0.00336)	(0.00614)	(0.00608)	(0.00335)	(0.00333)	(0.00616)	(0.00610)
2001年哑变量						−0.00206***		−0.00263***
						(0.000237)		(0.000446)
2002年哑变量						−0.000496		7.37e−05
						(0.000367)		(0.000851)

续表

自变量/因变量	(1) 全部样本 利润/销售额	(2) 全部样本 利润/销售额	(3) 外向型 利润/销售额	(4) 外向型 利润/销售额	(5) 全部样本 利润/销售额	(6) 全部样本 利润/销售额	(7) 外向型 利润/销售额	(8) 外向型 利润/销售额
2003年哑变量	-0.000395 (0.000614)					0.000374 (0.000537)		0.000765 (0.000688)
2004年哑变量		-0.000386 (0.000610)				-0.00200*** (0.000563)		-0.00190** (0.000854)
2005年哑变量			0.00100** (0.000434)			-0.00149** (0.000552)		-0.000719 (0.000954)
2006年哑变量				0.000945** (0.000431)		-0.000734** (0.000329)		0.00133*** (0.000404)
汇率政策哑变量					0.000359 (0.000459)		0.000812 (0.000614)	
常数项	-0.00722 (0.00687)	-0.00544 (0.00555)	0.0392*** (0.00778)	0.0146*** (0.00489)	-0.720 (0.910)	-0.00549 (0.000543)	-1.576 (1.218)	0.00974* (0.00540)
省哑变量	Yes	Yes	Yes	Yes	Yes	Yes	Yes	Yes
2位代码产业哑变量	Yes	Yes	Yes	Yes	Yes	Yes	Yes	Yes
观察值	1454574	1454574	251450	251450	1454574	1454574	251450	251450
R-平方	0.046	0.046	0.026	0.026	0.046	0.046	0.026	0.026
产业数量	40	40	38	38	40	40	38	38

括号中为Robust标准差。
*** p<0.01,** p<0.05,* p<0.1。

表 12　　　　　　　　　回归结果 3：出口额作为被解释变量

自变量/因变量	(1) 全部样本 出口	(2) 全部样本 出口	(3) 外向型 出口	(4) 外向型 出口	(17) 非外向型 出口	(18) 非外向型 出口
有效汇率	-182.8		112.7		-1.294	
	(223.2)		(463.7)		(5.539)	
实际有效汇率		21474***		37432***		22.90
		(2319)		(9123)		(84.00)
出口/销售额			119476**	119082**		
			(47308)	(47371)		
利润	1.912*	1.910*	4.338*	4.334*	0.145***	0.145***
	(1.122)	(1.121)	(2.221)	(2.220)	(0.0532)	(0.0532)
固定资产	-0.115	-0.115	-0.599	-0.598	0.00332	0.00332
	(0.103)	(0.103)	(0.364)	(0.364)	(0.00853)	(0.00853)
职工人数	68.08	67.91	246.5*	246.0*	3.482	3.482
	(56.58)	(56.45)	(136.5)	(136.3)	(2.284)	(2.284)
美国 GDP	2.763	-1.898	17.48**	8.663*	0.100	0.0939
	(2.472)	(1.411)	(7.448)	(5.038)	(0.117)	(0.124)
资本金控制变量						
2. stock_control	24113	25788	102150	105117	-464.0	-462.9
	(22196)	(23618)	(74147)	(76597)	(574.5)	(575.8)
3. stock_control	24826	25305	90567	93049	-721.0	-723.1
	(26995)	(28057)	(98626)	(101091)	(733.5)	(736.1)
4. stock_control	41448*	38404*	76343	72531	-907.4	-911.3
	(22830)	(21042)	(82898)	(80954)	(569.0)	(568.8)
5. stock_control	96245*	91664*	156239	150307	-389.7	-394.9
	(56356)	(53486)	(124397)	(121524)	(434.9)	(434.2)
9. stock_control	32178	34494	113242	116139	-306.4	-301.1
	(28168)	(29012)	(100036)	(101850)	(766.0)	(761.1)
99. stock_control	37543	35900	160158	150580	64.32	63.72
	(27544)	(26459)	(116643)	(111560)	(828.8)	(827.1)
汇率政策哑变量	-474.4	2370***	-4171	-3560	189.1**	202.2**
	(2298)	(790.4)	(7202)	(4540)	(87.56)	(83.44)
常数项	-42358	-20096	-363442**	-275155*	-1100	-1182
	(41205)	(39689)	(161010)	(161058)	(2148)	(1830)
省哑变量	Yes	Yes	Yes	Yes	Yes	Yes
2 位代码产业哑变量	Yes	Yes	Yes	Yes	Yes	Yes
观察值	1805015	1805015	385377	385377	1419638	1419638
R-平方	0.136	0.137	0.325	0.326	0.217	0.217
产业数量	40	40	40	40	40	40

括号中为 Robust 标准差。

*** $p<0.01$，** $p<0.05$，* $p<0.1$。

以出口额作为被解释变量，有效汇率和实际有效汇率的系数在多数场合下不显著，在显著的情况下（2、4列），符号是错误的。原因在于尽管汇率升值，出口额（和产值）一直在上升，因此两者存在正向关系。由于产值上升较快，出口/总产值比率在下降。

回归分析说明：

对所有企业来说，汇率升值都会减少出口在销售额中的比例；

对全部企业和非外向型企业来说，汇率变动对利润率的影响不显著；

对外向型企业来说，汇率变动对利润率的影响显著，对出口比率的影响在多数场合显著。

五、结论与政策建议

2005～2008年的汇率升值对我国外向型企业的发展存在一定程度的负面影响。典型调查、规模以上企业大样本数据和回归分析都说明了这一点。

然而，汇率升值对不同类型企业的影响是不同的。对从事一般贸易的企业、劳动力密集型企业的负面影响较大。对出口加工型企业，特别是进料加工型企业的影响较小。对进口原材料的企业有正面影响。

面对变化的竞争环境，我国企业对2005～2008年的汇率升值做出了反应。在短期，企业开始学习和使用各种措施来规避外汇风险。在长期，企业业已调整经营方针和产品结构，对汇率升值做出了积极的反应。一个静悄悄的产业结构变动正在发生：①外向型企业的产品结构发生了重要的变化；②全部企业的出口—内销结构也发生了变化，更多的企业开始从国外市场转向国内市场。

政策建议：

在短期，银行需要提供更多的金融服务来帮助企业规避外汇风险。尽管已经开始使用各种规避风险手段，很多企业对这些工具仍然缺乏知识，缺乏经验，银行应当提供更多的信息，进行更多的培训。

在长期，政府需要帮助企业转变经营方针和产品结构。在日益国际化的经营环境下，企业需要不断适应新的情况，不断地改变经营方针、产品结构和技术路线。政府应当充分地认识到这一点，并提供资金、信息、服务，帮助企业实现国际化经营环境下经营方针和产品结构的转变。

附 录

1. 产业分类

附表1　产业分类

本报告定义的大类	包括的2位代码行业
1，食品	13 农副食品加工 14 食品制造 15 饮料制造 16 烟草制品
2，纺织服装	17 纺织 18 纺织服装、鞋、帽制造 19 皮革、皮毛、羽毛及制品
3，材料	20 木材加工 21 家具制造 22 造纸及纸制品 24 文教体育用品制造 42 工艺品
4，化工石油	25 石油加工、炼焦及核燃料加工 26 化学原料及化学制品制造 28 化学纤维制造 29 橡胶制品 30 塑料制品
5，金属—非金属矿物	31 非金属矿物制品 32 黑色金属冶炼及压延加工 33 有色金属冶炼及压延加工 34 金属制品
6，机械	35 通用设备制造 36 专用设备制造 37 交通运输设备制造
7，电气电子医药	39 电器机械及器材制造 40 通信设备、计算机及其他电子设备制造 41 仪器仪表及文化办公机械制造 23 印刷业和记录媒体的复制 27 医药制造
8，其他	

2. 不同定义的外向型企业的基本统计资料

这里外向型企业为出口占销售额10%以上，10%～20%，20%～30%，30%～40%的企业。在报告本文中的外向型企业定义为出口占销售额40%以上的企业。

附表2　　企业数据库中其他外向型企业的情况

		观察值	职工人数	总产值（千元）	人均增加值（千元）	利润（千元）	出口（千元）
出口率 < 0.1	2000	89428	312	51279	119	1879	50154
	2001	98569	291	54080	55	2007	54080
	2002	107703	281	58016	74	2393	56829
	2003	120178	262	66597	81	2969	65297
	2004	118853	217	73384	78	3109	73384
	2005	173112	213	83196	123	3401	81679
	2006	197174	196	89773	148	3984	88151
	2007	227001	189	104553	179	5104	102626
	2008	287631	161	97472	–	4356	95383
出口率 >= 0.1 但 < 0.2	2000	2250	1031	172079	199	7469	168140
	2001	2550	783	180758	63	8712	180758
	2002	2660	805	221718	77	10758	218194
	2003	3096	702	248034	91	9993	242123
	2004	3408	465	200052	81	10531	200052
	2005	5509	520	258502	122	14540	254080
	2006	5685	626	342731	151	19543	337250
	2007	5090	612	419535	169	23771	414707
	2008	5958	515	422522	–	21420	414558
出口率 >= 0.2 但 < 0.3	2000	1693	662	166225	146	10934	162074
	2001	2064	572	129442	56	5010	129442
	2002	1999	562	138676	71	5306	135685
	2003	2303	601	173687	85	8496	168732
	2004	2537	546	176269	75	8889	176269
	2005	3249	498	199407	108	9417	195441
	2006	3787	489	242628	133	13497	239451
	2007	4084	492	311726	153	18858	306118
	2008	4652	412	257895	–	14619	252432

续表

		观察值	职工人数	总产值（千元）	人均增加值（千元）	利润（千元）	出口（千元）
出口率 >= 0.3 但 < 0.4	2000	1465	730	135676	135	5850	132986
	2001	1714	542	133339	59	8141	133339
	2002	1821	544	127519	74	5413	125102
	2003	2091	556	160225	80	7438	155967
	2004	2246	389	128539	69	6262	128539
	2005	2963	422	167110	103	7805	163006
	2006	3332	469	220371	124	10046	217328
	2007	3524	434	219657	142	10228	213194
	2008	4084	367	215845	–	11352	212136

附表3　其他外向型企业的一些经营指标

		利润/销售额	利润/总产值	出口/销售额	出口/总产值	人均固定资产（万元）	国家资本金占资本金的比例（%）	外资资本金占资本金的比例（%）
出口率 < 0.1	2000	0.030	0.029	0.002	0.002	0.85	0.42	0.14
	2001	0.029	0.029	0.002	0.002	1.07	0.40	0.13
	2002	0.032	0.031	0.002	0.002	1.12	0.38	0.13
	2003	0.034	0.033	0.002	0.002	1.08	0.35	0.14
	2004	0.034	0.034	0.003	0.003	2.54	0.30	0.13
	2005	0.037	0.036	0.004	0.003	2.03	0.23	0.16
	2006	0.038	0.037	0.003	0.003	2.55	0.19	0.17
	2007	0.041	0.040	0.002	0.002	2.73	0.19	0.17
	2008	0.044	0.043	0.002	0.002	1.93	–	–
出口率 >= 0.1 但 < 0.2	2000	0.031	0.029	0.146	0.142	1.83	0.47	0.17
	2001	0.032	0.032	0.148	0.148	1.97	0.45	0.23
	2002	0.036	0.035	0.145	0.142	2.13	0.37	0.21
	2003	0.038	0.037	0.146	0.143	2.28	0.27	0.22
	2004	0.038	0.038	0.146	0.146	2.73	0.18	0.28
	2005	0.044	0.043	0.146	0.143	2.84	0.28	0.27
	2006	0.044	0.043	0.144	0.141	3.09	0.33	0.23
	2007	0.042	0.041	0.147	0.144	3.34	0.24	0.30
	2008	0.041	0.040	0.146	0.144	3.29	#VALUE!	#VALUE!

续表

		利润/销售额	利润/总产值	出口/销售额	出口/总产值	人均固定资产（万元）	国家资本金占资本金的比例（%）	外资资本金占资本金的比例（%）
出口率 >= 0.2 但 < 0.3	2000	0.030	0.029	0.248	0.240	1.97	0.43	0.26
	2001	0.030	0.030	0.247	0.247	2.19	0.30	0.33
	2002	0.034	0.033	0.249	0.242	2.10	0.28	0.28
	2003	0.037	0.036	0.249	0.244	2.41	0.25	0.32
	2004	0.037	0.037	0.249	0.249	2.79	0.20	0.30
	2005	0.038	0.037	0.249	0.243	2.95	0.17	0.34
	2006	0.041	0.040	0.249	0.244	3.14	0.20	0.35
	2007	0.041	0.040	0.249	0.243	3.52	0.16	0.37
	2008	0.040	0.039	0.248	0.242	3.36	—	—
出口率 >= 0.3 但 < 0.4	2000	0.028	0.028	0.348	0.337	1.96	0.44	0.23
	2001	0.030	0.030	0.350	0.350	2.39	0.23	0.43
	2002	0.034	0.033	0.350	0.340	2.28	0.24	0.35
	2003	0.036	0.035	0.349	0.342	2.93	0.25	0.29
	2004	0.036	0.036	0.348	0.348	2.90	0.11	0.42
	2005	0.039	0.038	0.350	0.342	3.14	0.12	0.43
	2006	0.037	0.037	0.349	0.342	3.32	0.15	0.39
	2007	0.039	0.039	0.350	0.343	3.45	0.18	0.42
	2008	0.039	0.038	0.349	0.342	3.41	—	—

参考文献

[1] 国家统计局贸易外经统计司. 中国贸易外经统计年鉴. 北京：中国统计出版社，2009
[2] 谷任，吴海斌. 汇率变动、市场份额与中国纺织品服装出口竞争力. 世界经济，2007（3）
[3] 胡晓群. 人民币实际有效汇率变动对我国机电产品进出口影响的实证分析. 数学的实践与认识，2007（3）
[4] 栗书茵，张正平. 汇率风险管理理论与实证研究. 北京：知识产权出版社，2009
[5] 宋海英. 人民币汇率变动影响中国农产品出口贸易的实证研究. 农业经济问题，2005（3）

人民币汇率形成机制改革
对商业银行的影响及其对策

交通银行金融研究中心课题组

2005年7月，我国启动汇率体制改革，开始实行以市场供求为基础、参考一篮子货币进行调节、有管理的浮动汇率制度。这标志着中国在迈向真正有弹性和可浮动的汇率制度方面，走出了关键性的一步。2005年汇改至今，人民币对美元升值超过20%，名义有效汇率升幅也在15%以上。其中，2005~2008年期间升值较快，年均升幅在6%以上，金融危机期间人民币对美元则保持了基本稳定。汇改后汇率弹性也有所增强，2007年5月，央行宣布将银行间即期外汇市场人民币兑美元交易价浮动幅度由千分之三扩大至千分之五。2010年6月19日，央行表态进一步推进人民币汇率形成机制改革，增强人民币汇率弹性。这表明随着我国经济回稳向好，新一轮增长周期重启，金融危机期间钉住美元的"权宜之计"逐步退出，新一轮汇改已经重启。6月19日后的短短三个多月，人民币对美元升幅就达1.7%，在一段时间内还出现了双向波动的局面。展望未来，人民币将逐步减少对美元的依赖，汇率弹性将有所增强，渐进、小幅的升值态势可期。鉴于人民币汇率和商业银行经营发展关系紧密，有必要全面、深入分析汇改以来人民币汇率变化对我国银行业相关业务的影响，以为下一步改革提供参考和借鉴。

一、人民币汇率变化和形成机制改革对商业银行的影响

对商业银行比较具有实际意义的是名义汇率，而实际汇率、有效汇率和实际有效汇率等概念主要运用于理论研究和宏观分析，因此本报告所讨论的主要是名义汇率变化对银行的影响。理论和实践均证明，汇率变化对本国银行业的

本课题由交通银行金融研究中心承担，连平为课题组负责人，报告由鄂永健和倪志凌执笔。

影响是全面而深刻的,这种影响兼具直接与间接、短期与长期、境内与境外的特点。有鉴于此,我们将按照商业银行的不同业务种类分别展开分析,以求全面、深入和清晰。具体来说,我们将分别讨论汇率变化对授信业务、资金业务、外汇存贷款业务、贸易结算业务和境外分行业务的影响。此外,资本充足率、境外资金募集等相关方面可能面临的汇率风险也将做深入分析。

1. 授信业务:机遇和挑战并存

(1) 行业总体影响分析

人民币升值使国内部分行业和企业的景气程度发生变化,从而相应地影响到银行对这些行业信贷资产的质量,形成信用风险。从行业整体角度看,人民币升值可能对三类行业产生显著的不利影响:一是出口依存度高且没有定价能力的行业,人民币升值使这些行业出口产品(主要以美元计价)的价格竞争力下降;二是进口替代型的行业,人民币升值使境外进口同类产品的人民币价格更加具有竞争力;三是境外投机资金介入较深的行业,人民币升值可能使这些行业中的境外投机资金获利了结,导致行业景气程度下降。以下三类行业则可能因人民币升值而受益:一是产品内销率高、原材料进口依赖性强的行业,人民币升值会降低这类行业的原材料成本,提高利润;二是外汇负债规模大的行业,人民币升值对有大额美元外债的行业将产生一次性汇兑收益,形成短期利好;三是部分旅游和零售等消费类行业会因人民币升值、国内居民购买力提高而受益。

(2) 细分行业影响分析

①纺织业:负面影响较大。我国纺织行业出口依存度高(超过30%),且出口产品多以美元计价,定价能力较弱,对汇率变化比较敏感。根据测算,人民币升值5%将使纺织服装行业以美元计算的出口成本上升4%。同时,纺织业出口商品的国产率明显高于其他行业,这使得该行业从人民币升值中的受益很小。因此,纺织业受人民币升值的冲击较大。特别是其中的服装业出口依存度为60%左右,在品牌设计等方面无明显优势。根据测算,人民币每升值1%,服装制造业利润率下降6.18%。近年来,商业银行纺织业贷款占比呈逐步下降态势。截至2010年6月末,纺织业贷款最高在1.5%左右。这表明在人民币升值背景下,再考虑到纺织行业属夕阳产业,商业银行已经开始着手调整授信策略。

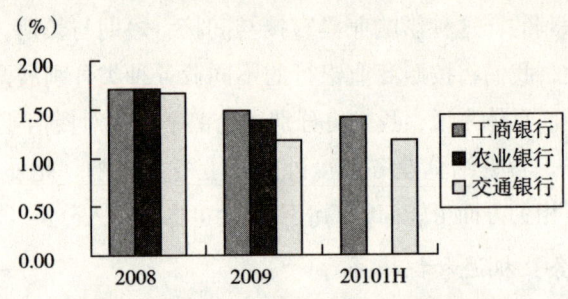

图1 部分上市银行纺织行业贷款占比

资料来源：上市银行年报。

②钢铁行业：略显负面。人民币升值对钢铁行业的好处在于降低钢铁行业的采购成本。目前40%左右的铁矿石依赖进口，而以铁矿石为主的原料占钢材成本的30%~40%。但人民币升值对钢铁行业的不利影响也非常明显。一是钢铁行业出口依存度较高，钢铁产品直接出口和加工使用钢材产品的间接出口高达20%左右，人民币升值使我国钢铁产品出口的价格竞争力下降；二是人民币升值将使我国以人民币计算的进口钢铁产品价格下降，对我国钢铁生产企业内销产品产生不利影响；三是我国的家电、造船、汽车等钢铁行业的下游产业因为人民币升值而受到显著的不利影响，我国的钢铁行业也将受到负面冲击。

综合来看，升值对钢铁行业的总体影响略偏负面，但各钢铁企业的情况不尽相同。宝钢、武钢、马钢、济钢、南钢等以进口铁矿石为主要原料的公司，受益于人民币升值；而如鞍钢、新钢这类公司以自有矿山为主的公司，影响偏负面。钢铁行业是国民经济重点行业，也是银行重点授信对象。以工行和交行为例，截至2010年6月末，钢铁行业贷款占比分别为1.38%和2.12%，贷款余额分别为878和439亿元。

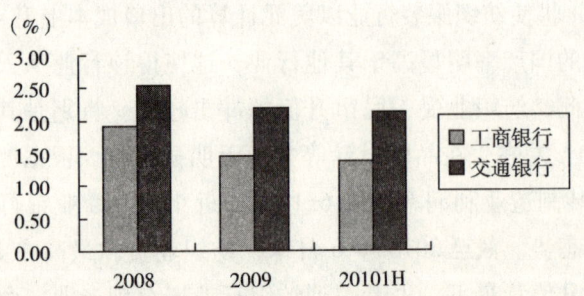

图2 部分上市银行钢铁行业贷款占比

资料来源：上市银行年报。

③房地产业和个人住房贷款：潜在风险较大。升值预期会导致外资的流入，并大量投资到房地产上，从而增加房地产投资需求，推高房价。根据日本、韩国经验统计，汇率的变动大体上是和房地产价格成正相关关系的。以 2006~2009 年的数据进行实证分析后发现，人民币对美元每升值一个百分点，可能吸引每月约 50 亿美元的资本流入。当前，国际资本流入我国已达到很高的累积程度。据测算，流入中国的"热钱"规模在 5000 亿美元左右。毫无疑问，这其中有相当比例投资到了房地产。房地产价格上升导致人们按揭贷款需求更加旺盛，单笔贷款额度的增加，这对银行有利。

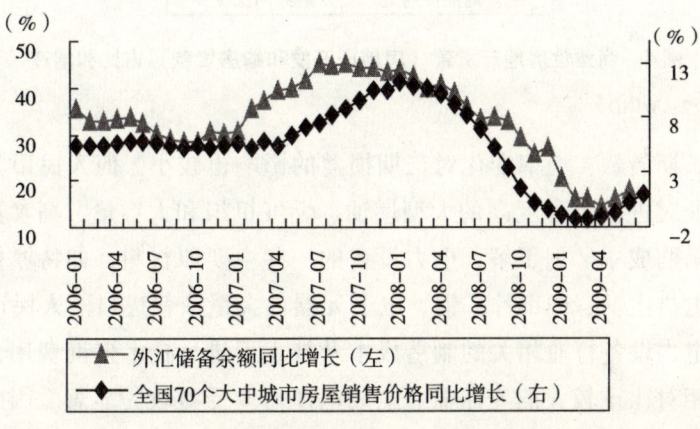

图 3　外汇储备与房价有较为一致的变动趋势

资料来源：WIND。

但在房价过度上涨并形成泡沫的情况下，人民币升值可能会导致银行相关贷款质量下降。中国一线城市的房地产行业已存在泡沫，在近期房地产调控政策频出的影响下，房价已显回落迹象。如果蛰伏于房市的大量"热钱"在获利了结和规避风险的导向下迅速流出中国，将对中国的房地产市场造成冲击，届时大量的空置房屋抛向市场，有可能推动房价大幅下跌，从而导致按揭资产质量的下降。商业银行房地产相关贷款（房地产开发贷款和个人住房按揭贷款）占比超过 20%，因此，尽管目前尚未显现，但升值对银行房地产相关贷款的潜在风险较大。

④电力行业：影响较为积极。我国大型电力公司的业务大多在国内以人民币计价，出口依存度较低，升值对电力企业的收入影响不大。而且，我国电力企业利用外资比例总体很小，部分电力企业利用的外债主要是美元和日元，

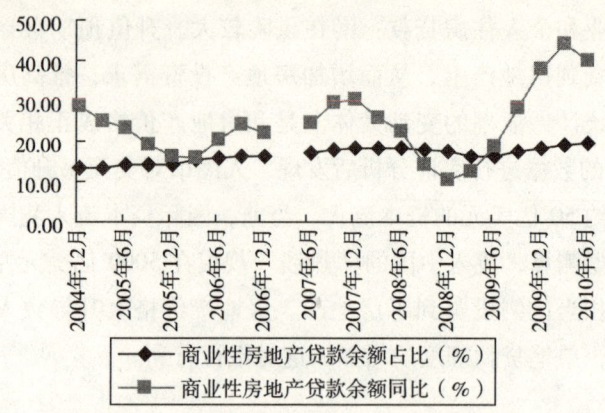

图4　商业性房地产贷款（房地产开发和购房贷款）占比和增速

资料来源：WIND。

且多属于长期借款，汇率变化对当期损益的影响也较小。但人民币升值降低了电力企业对进口依存度高的大型燃油、燃气机组和大容量、高参数、超临界机组的采购成本。据了解，电力设备的一些主要原材料，如特厚板、大口径管、发电机主轴、硅钢片、铜、电子元器件大量依赖进口。人民币升值直接降低了电力设备行业相关的制造成本及技术引进、技术咨询费用，尤其以进口材料相对比重较大的变压器、电线电缆行业受益较为显著。因此，人民币升值对电力行业具有较为积极的影响。根据测算，人民币升值5%会带来电力行业净利润上升约1%左右。截至2010年6月末，电力行业贷款余额占比在6%~9%，是我国商业银行的重点授信对象。

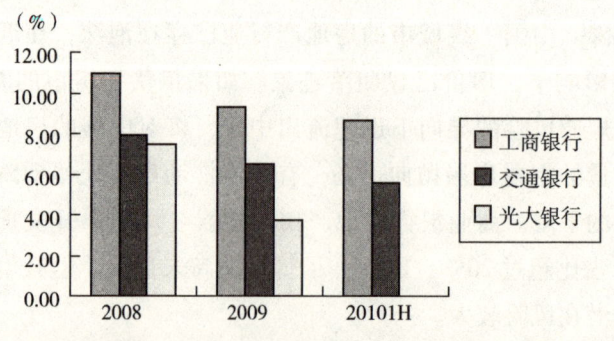

图5　部分上市银行电力行业贷款占比

资料来源：上市银行年报。

⑤航空业：受益明显。航空行业属于典型的外汇负债类行业，尤其是美

元负债，人民币升值会造成一次性的汇兑收益。目前全行业有折合2300亿人民币的外币负债，人民币对于美元上升1%，中国的航空公司就减少23亿人民币的负债，其中三大航空公司就减少13亿人民币的负债。同时，升值也使进口的航油价格下降，因为燃料费用占航空公司总成本的30%左右。此外，人民币升值还将带动航空出境游的快速增长，进一步增加航空公司收入。上市公司披露数据显示，在2005年7月人民币进入升值周期以来，航空公司汇兑净收益合计达205亿元。

表1　　　　　人民币升值1%对三大航空公司的影响　　　　单位：亿元

	南航	新东航	国航
汇兑收益增加	4.69	3.57	4.03
经营支出减少	0.38	0.38	0.56
税前利润增加	5.07	3.95	4.59

⑥石油化工行业：各子行业影响不一。我国石化行业进出口模式是资源换技术和资金。就进出口结构而言，石化行业出口主要集中在基础化工加工原料，产品附加值比较低，例如：尿素、纯碱、烧碱、磷肥、硫酸镁、碳酸钠等基本化工产品；进口主要集中在技术和资金密集型产品。人民币升值有利于国际市场高附加值产品增强在国内市场的竞争力，同时也会削弱资源类化工产品在国际市场的价格竞争优势。

对各子行业的具体影响如下：

原油开采行业：目前我国石油进口依赖度进一步上升，在国内原油价格根据国际三地美元定价的前提下，人民币升值有利于降低原油进口成本，但国内原油开采业的售价也相应下降。升值对开该行业的影响是负面的。

炼油业：该行业的特点是原料（原油）定价国际化，产品（成品油）定价由政府控制，因此人民币升值5%将直接降低原油成本5%，相关利润将得到大幅提升。

石化业：该行业的特点为原料（石油）定价由政府控制，产品（各类石化产品）定价国际化，因此人民币升值对其影响刚好与炼油业相反——原料价格不变，产品价格下降，利润将受到挤压。

氮肥业：总体来讲，国内氮肥业的国际化程度较低，原料和产品均为国内采购和销售，以人民币计价，所以影响不大。

石化行业贷款在银行总体贷款中占有重要地位，比如，截至2010年6月末,交通银行石化行业贷款占比为4.15%。人民币升值对上述子行业的影响应引起足够重视。

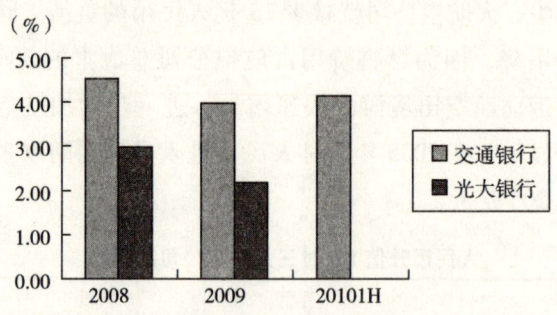

图6 部分上市银行石油化工行业贷款占比

资料来源:上市银行年报。

⑦机械行业:总体偏正面。我国机械行业出口依存度在10%左右,同时国内产品与国外产品的价格相差1/3强。因此,人民币升值引起的出口收入下降效应对机械行业影响不是很明显。从成本效应来看,我国目前装备制造业整体技术水平不是很高,高附加值、高技术含量的关键零部件(如船用曲轴、电控设备)还需要进口,升值会导致进口成本降低。因此,人民币升值对机械行业的影响总体偏正面。机械行业也是银行重点授信对象。以工行和交行为例,截至2010年6月末,机械行业贷款占比分别为1.9%和4.23%,贷款余额分别为1209和877亿元。

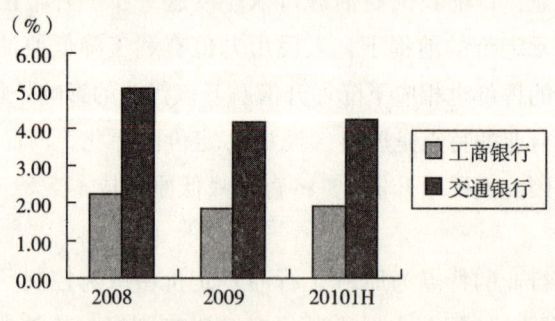

图7 部分上市银行机械行业贷款占比

资料来源:上市银行年报。

⑧汽车行业:总体偏负面。一方面,升值有利于降低从国外采购零部件的成本;但同时升值也使得进口汽车价格下降,对国产车的冲击加大。总体

而言，由于目前国产车零部件国产化率较高，进口零部件价格下降难以抵消整车进口价下降的负面影响，人民币升值对汽车行业的影响总体偏负面。有关资料显示，如果人民币升值5%，假设其他因素不变，那么进口汽车价格将下降5%。对轿车行业的影响将大于卡车、客车行业。对于部分国产化率较低的车型如Mazda6、蒙迪欧等有利于降低成本。而对于部分有出口业务的零部件公司如福耀玻璃、万向钱潮等有负面影响。我国商业银行汽车行业贷款有一定规模，但占比并不高，以工商银行为例，截至2010年6月末，工行汽车行业贷款余额470亿元，占比不到1%。

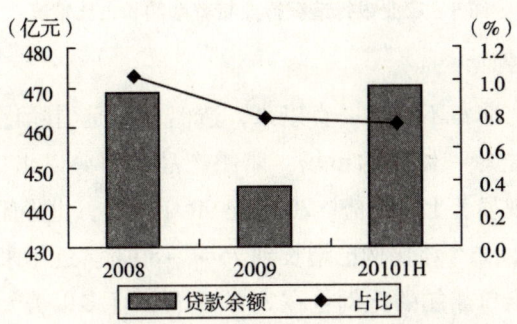

图8　工商银行汽车行业贷款余额和占比情况

资料来源：上市银行年报。

⑨造纸行业：显著受益。造纸行业是典型的"原料在外，市场在内"的产业，将显著受益于人民币升值。人民币升值将降低木浆和废纸的进口成本，使以进口木浆和废纸为原材料的企业受益明显。在造纸生产成本构成中，以木浆为主要原材料的企业，木浆占其生产成本比例约为65%至75%。如果人民币升值5%，可直接节约成本11亿元人民币，若考虑增值税等因素，成本降低接近14亿元。此外，国内大部分大型纸机依靠进口，人民币购买力增强降低引进设备成本。造纸行业中固定资产投资中约有60%以上是设备投资，而且多数都是进口纸机设备，人民币升值将造成进口设备价格相应下降，降低了造纸类公司进口设备的采购成本。据测算，人民币升值5%，行业利润增幅在15%左右，升值对造纸企业非常有利。由于属于两高产业，国家对造纸行业采取了限制发展的策略，近年来商业银行对造纸行业的贷款占比呈下降态势，比如，截至2010年6月末，农业银行造纸业贷款占比0.73%，较2007年末下降0.22个百分点。

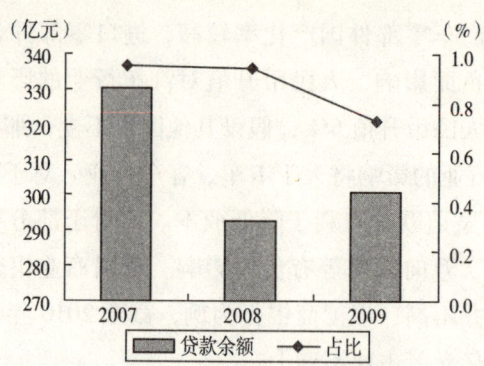

图 9 农业银行造纸行业贷款余额和占比情况

资料来源：上市银行年报。

⑩造船行业：非常不利。一直以来，造船业都是国际化程度较高的出口导向型产业。在全球一体化的市场，船舶产品大部分以出口为主。近些年，出口船舶比例呈现显著上升趋势。20 世纪 90 年代初，世界船舶产品中出口船比例为 60% 左右，如今该比例已增长到 75%～80%。近年来我国造船企业承接的新船订单中出口船舶的比例也在 80% 左右，且多以美元计价。此外，与大多数出口产品不同，船舶产品生产周期较长，从签订合同到完工交船，周期通常为 18～24 个月，有的甚至超过 30 个月，也就是说，船舶订单全部为远期合同。因此，造船业的汇率风险较大，人民币升值直接减少造船业的销售收入和利润。根据测算，若人民币升值 5%，行业开始出现全面亏损。

⑪零售业：长期利好。从 2005 年以来的实际情况来看，升值对银行零售业授信的影响不够显著。但中长期来看，人民币升值对零售业是利好。这一是因为汇率升值带来财富增加效应，消费者实际购买力增强，促进商品消费增长，商业零售业将从中受益；二是人民币升值导致进口商品价格下降，产生与收入效应的叠加，刺激消费增长，使零售企业受益。其中受益较明显的是进口商品销售比重较大的百货公司；三是汇率升值后，出口价格竞争力下降，先前国内以出口为导向的消费品生产商将寻求国内渠道作为替代，由此在商品供给数量和价格上使商业零售企业受益。而且，销售终端对供应商的谈判力也将显著提高。这其中受益最大的是具有渠道优势的连锁商业企业，比如，百联股份、新世界、大商股份、华联综超、苏宁电器等。从银行业的实际情况来看，目前零售业贷款占比远低于制造业，进一步的发展空间较大。

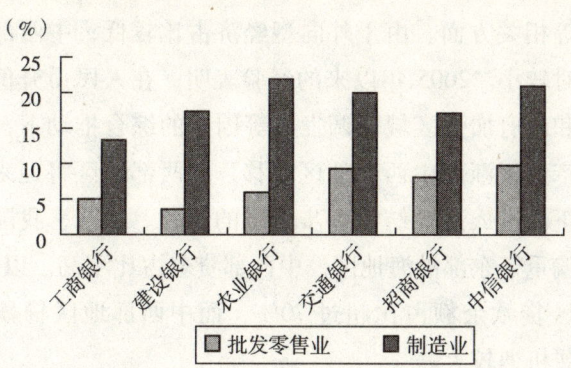

图10 部分银行批发零售业和制造业贷款占比情况（截至2010年上半年末）

资料来源：上市银行年报。

综上所述，人民币升值对钢铁、汽车、纺织、造船、石油化工以及房地产和个人按揭有不同程度的负面影响，人民币升值给商业银行带来的授信风险不容忽视。但同时，人民币升值对航空、造纸、电力和机械四个行业有正面影响，升值同时也给银行授信业务带来一定发展机遇。

表2 人民币升值5%对部分行业的影响

行业	对净利润的影响（%）	行业	对净利润的影响（%）
航空	非常显著[1]	汽车	-1.5
造纸	15	纺织业	-6
电力	1	造船	出现亏损
机械	0.8	石油化工	各子行业影响不一，其中对原油开采和石化行业有负面影响，对炼油行业有正面影响，对氮肥行业的影响不大。总体影响偏负面
零售业	中长期利好[2]	房地产和个人按揭贷款	境外资金可能撤离，潜在风险较大
钢铁	-1		

注：①按照航空业大约2300亿人民币的美元负债计算，人民币升值5%会带来115亿的汇兑损益，而2009年全行业净利润为122亿元，升值对净利润的影响超过100%。②由于是中长期利好，无法准确估计零售业净利润的变化幅度。

（3）东部地区影响较大，中西部地区影响有限

由于对外依存度高，外向型经济比重大，人民币升值将对东部沿海地区的经济运行产生显著影响。例如，广东省经济对外依存度极高，2009年广东省进出口总额为6111.2亿美元，地区生产总值39081.59亿元人民币，对外贸易依存度高达106.88%。对外贸易的变化直接影响到地方税收、劳动就业、物流、服务业等相关方面。由于外向型经济占比较低，中西部地区受人民币升值的影响相对较小。2005年以来的经验表明，在人民币升值、沿海地区劳动力成本上升和政府加强区域协调发展等因素的综合推动下，东部沿海地区的劳动密集型产业逐渐向中西部地区转移，中西部地区将迎来发展机遇，而东部沿海地区正在进入产业结构逐步升级的过程。目前，我国银行业的贷款投向依旧明显偏重于东部沿海地区，中西部贷款占比不高。以交通银行为例，交行在东部地区贷款余额占比超过70%，而中西部地区贷款余额占比不到30%，未来发展机遇较大。

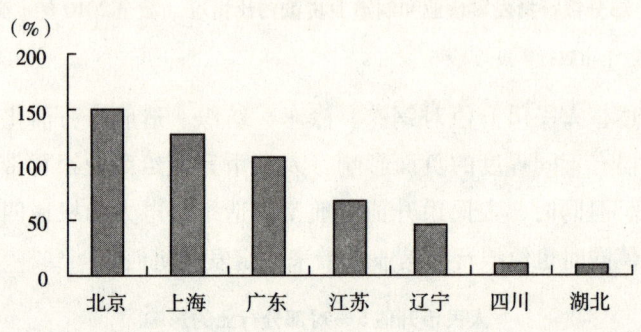

图11　部分省市对外贸易依存度

注：对外贸易依存度＝进出口总值/GDP。
资料来源：WIND。

（4）一些潜在授信业务获得发展机遇

本币升值增强了本国企业的资本实力，从而推动本国企业的海外扩张。上世纪80年代日元的大幅升值就伴随着海外并购的迅猛发展。据统计，从1985年至1990年，日本企业海外并购超过500亿日元以上的并购案就有20宗。我国的情况与之类似，2005年7月汇改至2008年是人民币升值较快时期，在此期间中国企业的海外并购频繁，海尔、中石油、中海油、京东方、TCL等许多企业走出国门。我国商业银行并购贷款业务获得了一定发展机遇，并带动了咨询服务等相关银行中间业务的发展。2008年末，银监会发布《商业银行并购贷款风险管理指引》，并购贷款业务正式开闸。2009年全年共发放并购贷款200亿元左右，预计2010年将达到500亿元的规模，增速超过100%。其中，在人民币升值和鼓励国内企业"走出去"的大背景下，跨境并购贷款业务也取得了明显进展。

此外，在人民币升值和各类促进消费政策的作用下，我国消费稳步增长也带动了除住房贷款之外的个人消费类贷款（如汽车贷款）的稳步增长。2005年以来，我国消费保持稳步增长。2010年1~6月国内社会消费品零售总额累计同比增长18.2%，而2005年全年的增速不到13%。受此带动，个人短期消费贷款（除住房贷款外的消费贷款多为短期贷款）增长较快。近年来，我国居民短期消费性贷款一直以高于总体贷款的速度增长。

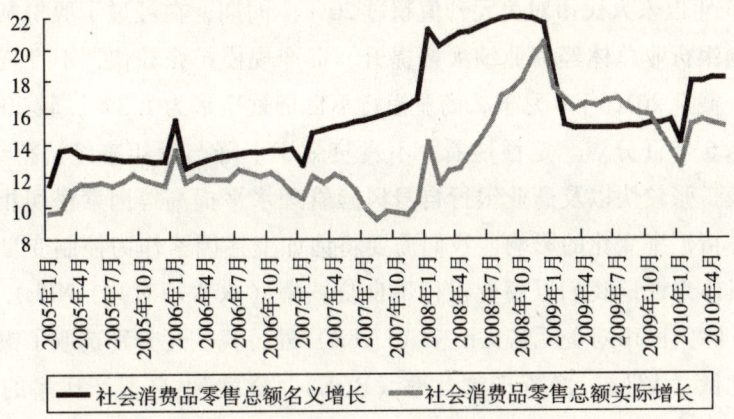

图12　我国社会消费品零售总额名义与实际增速（%）

资料来源：WIND。

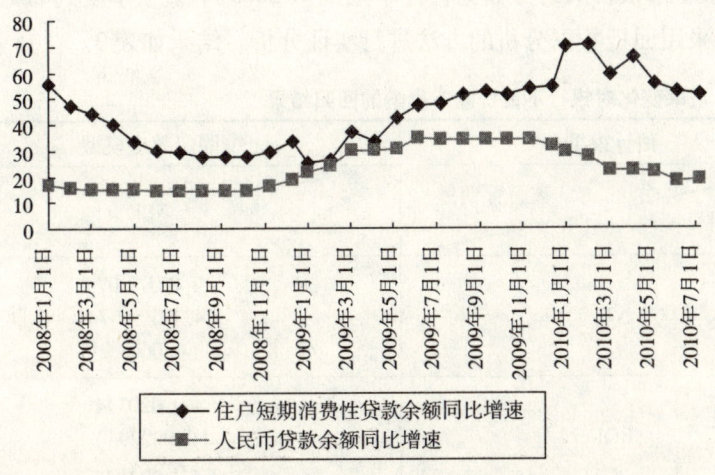

图13　居民短期消费贷款余额增速高于总体贷款增速（%）

资料来源：WIND。

(5) 人民币汇率变化对银行资产质量影响的经验分析

众所周知,信贷是我国银行业的最主要资产,信贷资产在银行资产中的占比在50%以上。如上所述,人民币汇率变化对银行不同行业、不同区域授信业务的影响有所不同,而诸如并购贷款、消费类贷款业务也面临发展机遇。为进一步准确分析人民币汇率变化对我国银行业授信业务的影响,我们对2005年以来人民币汇率变化对我国商业银行资产质量的影响进行经验分析。

2005年以来人民币对美元升值超过20%。同期,在经过了股份制改革之后,我国银行业总体经营业绩大幅提升,资产规模扩张较快,不良贷款率持续下降。截至2010年6月末,商业银行不良贷款比率为1.3%,较2005年末下降了7.6个百分点。定性地看,不良贷款率下降与近年来经济持续向好、贷款规模扩张较快以及商业银行自身风险管理水平提高等因素密切相关。因此,为分析汇率变化的影响,我们需要将诸如上述因素作为控制变量来加以分析。具体来说,我们以商业银行不良贷款率(取常用对数,NPL)为被解释变量,除人民币对美元名义汇率(LNFX)外,我们还分别选取了银行贷款总额变化量(ΔTL)、净资产收益率(ROE)、贷款/生息资产比率的变化量(ΔLPA)、实际国内生产总值(经过季节调整,RGDP)、通货膨胀率(INF)、贷款总额准备金率(PROL)和资本充足率(CA)作为解释制变量。我们选取了14家上市银行的财务数据,样本范围从2005年第三季度到2010年第二季度,并采用面板数据分析的方法进行实证分析。结果如表3。

表3 汇率变化对银行不良贷款率影响的回归结果

估计模型	固定效应模型
解释变量 \ 被解释变量	NPL
ΔTL	$-7.82E-07$ * $(4.12E-07)$ $[0.0603]$
ROE	-0.020344 (0.022294) $[0.3631]$
ΔLPA	-0.003217 (0.015000) $[0.8305]$

续表

估计模型	固定效应模型
RGDP	$-2.87E-07$*** $(7.22E-08)$ $[0.0001]$
LNFX	-0.009339 (0.017404) $[0.5924]$
INF	0.031665 (0.058157) $[0.5870]$
PROL	0.599961*** (0.136189) $[0.0000]$
CA	-0.007682 (0.017480) $[0.6610]$
C（常数项）	0.051537 (0.040527) $[0.2057]$
F统计量 [P值]	22.11174 $[0.0000]$
R^2	0.773464

注：结果由Eviews6.0软件计算得到。圆括号中的数值为标准差，方括号中的数值为p值；*，**，***分别表示在10%，5%，1%的显著性水平下显著。这里仅列出检验结果，具体过程见附件。

表中的结果显示，有三个变量的回归系数是显著的，贷款总额的变化量、实际GDP和贷款总额准备金率。从变量的符号来看，贷款扩张和实际GDP增长会导致不良贷款率下降，与我们预期的一致。贷款总额准备金率与不良贷款率正相关也符合经济规律。不良贷款率上升会导致对未来预期的贷款损失增加，银行就会相应增加贷款损失准备金，贷款总额准备金率也会相应提高。此外，股权回报率和资本充足率L的回归系数尽管不显著，但是其回归系数符号为负，表明盈利水平越好的银行、资本充足率越高的银行，不良贷款率会低一些，这也是符合我们预期的。

最后来看汇率。从回归系数不够显著来看，人民币汇率变化对不良贷款率的影响并不明显。我们认为，这主要是因为在样本期间，无论是金融危机前世界经济增速较快、还是危机后全球经济陷入低迷时期，外部需求因素始终是影响我国出口的最主要因素，在升值幅度不大的情况下，汇率变化对出口行业进而对银行资产质量的影响尚不够显著。此外，正如前面所分析的，人民币汇率变化对银行信贷的影响本身就是一个复杂的过程，且有利有弊，利弊相互抵消后也可能会得出不显著的结果。但是，从其回归系数符号为负来看，人民币升值（LNFX 值越小）会带来不良贷款率的上升（NPL 的值越大）。因此，人民币升值对银行资产质量的影响需要引起足够重视，绝对不能因为过去五年来人民币升值并未带来不良贷款大幅增加而忽视未来的可能影响。

2. 资金业务：喜忧参半

（1）外币资金业务挑战和机遇并存

人民币升值给商业银行的外汇资金业务带来一定负面影响，同时也提供了新的发展机遇。一方面，人民币升值及进一步升值预期，会导致外汇资金选择结汇，从而对外汇理财和其他外汇衍生业务的发展造成一定的不利影响，为商业银行带来了创新压力。比如，2010 年以来人民币升值预期增强，1 月 1 日至 6 月 22 日，人民币理财产品销售量同比增长近两成，而外汇理财产品发行量同比萎缩近三成。同时，汇率波动幅度扩大会导致日间波动幅度大，市场的活跃程度高，在一定程度上加大了市场风险。人民币汇率从钉住美元逐步转为钉住一篮子货币，也要求银行合理摆布外币资产负债的币种结构。

另一方面，进出口企业的汇率风险意识会显著提高，他们将会主动采取规避汇率风险的措施，例如，外贸企业会更积极地采用远期结售汇来满足自己的需要。并且，那些拥有大量外汇资产的公司的保值和增值的理财需求会更加迫切，这些都为商业银行拓展中间业务收入创造出巨大的市场空间，有利于银行扩大非利息收入占比，加快推进经营模式转型。2005 年以来，我国银行业非利息收入占比不断提高。目前主要商业银行非利息收入占比已经从 2005 年的 10% 左右提高到 20%，有的银行超过 30%。除资本市场加快发展、银行本身加大转型力度外,人民币升值也是重要推动力。汇率波动幅度扩大还增加了交易机会,拓展了获利空间,但同时亦对银行外汇交易员的市场敏感度、把握交易机会的能力进一步提高了要求。

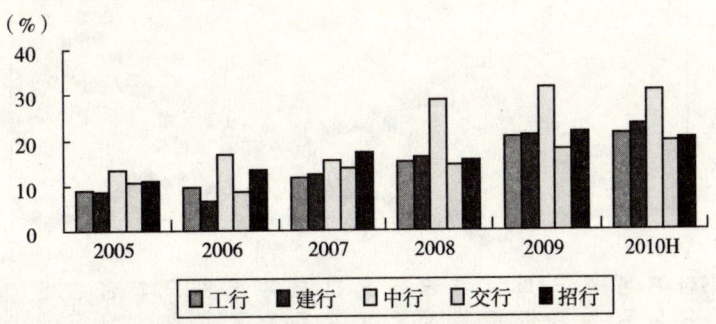

图14　2005年以来上市银行非利息收入占比不断提高

资料来源:上市银行年报。

(2) 利好本币资金业务,但潜在风险需要关注

由于升值预期不断强化,可能导致更多的资本流入。为回收市场上多余的流动性,央行需要更多地买入美元,投放本币,由此可能带来更多的货币投放,货币市场利率将在低位徘徊。在债券市场方面,因人民币升值预期带来的资本流入和外汇占款高企将给债券市场带来更多的资金,债券市场价格可能会上行,利率下滑,收益率曲线平坦化。但另一方面,如果境外资金获利后迅速撤出,则可能会造成银行间市场流动性紧张,货币市场利率骤升,债券价格下降,潜在风险较大。

3. 外汇存贷款业务:影响显著,流动性管理压力较大

人民币升值预期使人们持有外汇的意愿进一步下降,美元套利机会使贸易融资和外汇贷款需求激增,这些均加剧了境内外汇资金的短缺。在人民币升值预期较强的2007~2008年上半年和2009年下半年到目前的一段时期,均出现了外汇贷款加速增长、外汇存款增速下降、外汇贷存比上升的情况。2010年以来,金融机构外汇贷款余额同比增速一度超过70%,而外汇存款增速不到10%;截至2010年7月末,外汇贷存比高达190%,银行外汇流动性管理压力日益增大。

在贸易融资方面,人民币升值预期使客户对进口贸易融资需求增长。一是进口企业考虑升值因素,为即将发生的进口付汇申请贸易融资,到期后购

汇偿还银行融资，企业获得汇率升值收益；二是进口企业办理结构性贸易融资，即企业提供人民币保证金，银行为企业发放一年期贸易融资并办理远期结售汇，到期后，企业根据约定汇率购汇归还银行融资。

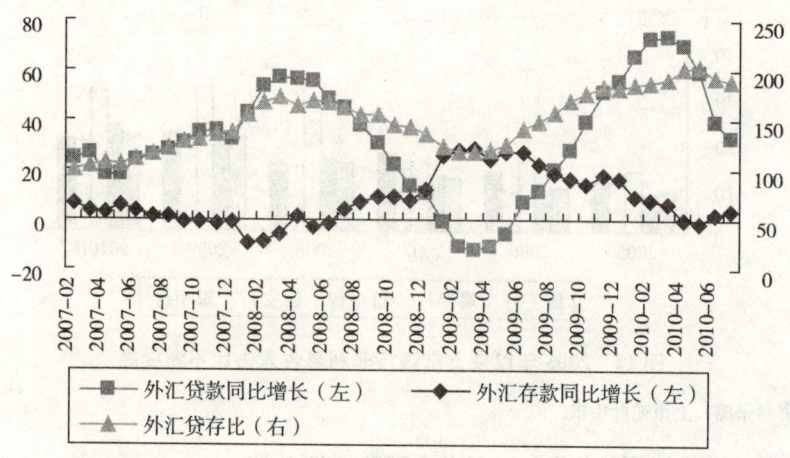

图15 外汇贷款、外汇存款和外汇贷存比（%）

资料来源：WIND。

4. 国际贸易结算业务：结构性影响

（1）出口贸易结算增速下降，进口贸易结算增速上升

人民币升值将对国际贸易结算业务将产生结构性影响。一方面，人民币升值在一定程度上抑制我国产品和劳务的出口量，从而抑制我国出口企业的创汇能力，降低我国企业的收汇量增长，进而影响出口结算业务；另一方面，人民币升值会降低进口产品的价格，提升我国企业对进口产品和劳务的需求，进而使我国企业对外付汇增加，促进进口贸易结算业务发展。

此外，人民币升值对国际结算业务的影响还会因客户和业务结构不同而有所不同。从具体业务看，一是目前世界贸易市场处于买方市场，客户在国际市场上议价能力增强，导致客户叙作的结算产品的期限增加（例如选择开立较长期限的远期信用证），以节约企业成本。二是由于人民币升值预期持续上升，客户叙做NDF的需求增加，而受限于短债指标对代付业务的限制，导致进口保付业务发展迅速。三是我国出口类企业及对外承包工程等企业利润均较低，人民币升值带来的成本增加及利润下降将给企业效益带来较大影响，可能对出口类贸易结算产品带来负面影响。例如出口信用证量下降、与对外承包工程有关的保函（投标、预付款及质量保函等）量下降等。

（2）使用人民币进行跨境贸易结算的需求进一步增加

自 2009 年 7 月试点开始以来，跨境贸易人民币结算经过一年的探索逐渐步上快速发展的轨道。在初期由于试点范围有限、相关政策不完善、参与企业持观望态度等原因，导致业务意外"遇冷"。2009 年人民币结算量累计仅约 35.85 亿元，但实现了从无到有的跨越。随着出口退税、海关等各项政策逐渐完善，2010 年以来业务增长提速，截至 6 月末，全国跨境贸易人民币结算累计达到 706 亿元。在人民币升值的背景下，利用人民币进口保付、人民币进口信用证及跨境人民币结算组合融资等方案，不仅可以为客户规避汇率变动风险，还可以为客户提供套利机会，使用人民币进行跨境结算的需求将进一步增加。比如，境内银行为境内企业开立人民币远期进口信用证，境外银行为境外企业办理美元融资，到期后，境外企业用收到的信用证项下人民币购汇归还境外银行融资，可以享受人民币升值带来的收益。

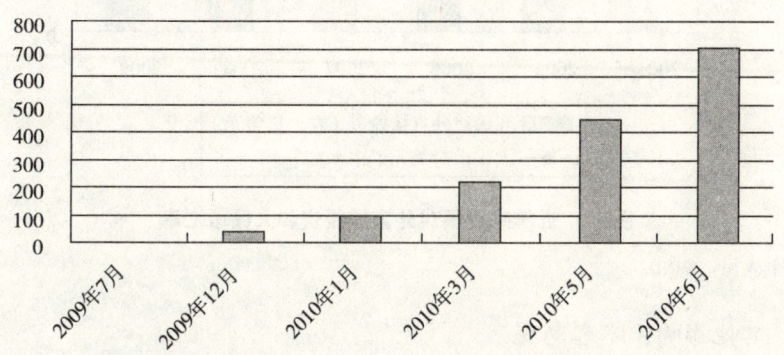

图 16　全国累计跨境贸易人民币结算量（单位：亿元）

资料来源：根据央行数据及公开资料整理。

5. 境外分行业务：获得新的机遇

人民币升值对中资银行境外分行有利。一是人民币升值将促进国内进口，相关贸易结算业务有较大发展潜力。二是中资企业境外投资增加，国际化步伐加快，其在国外的子公司的融资需求增加。特别是香港，因为中资企业通常选择在香港设立子公司，作为业务拓展和收购的操作平台。而由于成立时间较短或是母公司的资金没有及时到位，这些子公司通常需要在当地进行融资。特别是境外分行"内保外贷"业务发展潜力很大。三是在人民币升值的背景下,香港地区持有人民币的意愿进一步增强,随着我国政府逐步扩大人民币在香港的业务范围(比如,近日央行表示允许境外人民币清算行等三类机构投资境内银行间债券市场),中资银行香港分行的人民币业务有望获得较大发展。事实上,在人民币升值的背景下,近年来中资银行努力抢抓机遇,稳步推进国际化战略,海外业务取得了较快发展。比如,交通银行各海外分行加快业务发展,资产规模大幅增长,2009年交行海外分行对集团的利润贡献度较上年提高了4.35个百分点,2010年上半年,交行海外分行资产规模较年初增长逾13%。

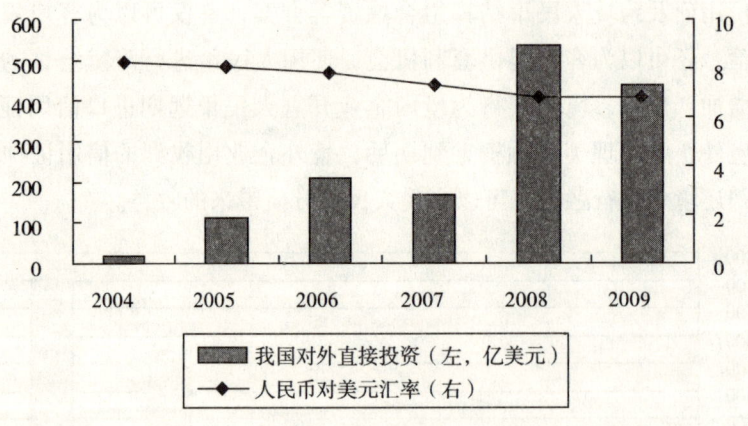

图17 近年来我国对外直接投资和人民币汇率

资料来源:WIND。

6. 其他影响:不容忽视

(1) 人民币升值导致资本充足率下降,但幅度有限

人民币升值通过两种渠道对商业银行资本充足率产生影响。一方面,人民币升值对银行净利润有负面影响。这主要来自于货币性资产(不包括可供出售货币性资产中摊余成本之外的其他账面余额部分)与负债净头寸(即期外币敞口,见表4)、以公允价值计量的非货币性金融资产(不包括可供出售外币非货币性项目)与负债的净头寸及涉及人民币的货币衍生工具(人民币外汇合约)的公允价值受人民币汇率变动的影响。另一方面,升值直接导致外币资本折算成人民币的数额下降。这主要来自于境外经营机构外币报表的折算差异、外币货币性资产中实质上构成境外投资部分及可供出售外币非货

币性项目（如股票）和可供出售货币性项目中除摊余成本之外的其他账面余额受人民币汇率变动的影响。具体来看，人民币升值将使商业银行境外机构相关外汇股本、资本公积及外汇营运资金在报表折算中减少，从而减少股东权益。

表4　人民币升值3%[①]情况下部分上市银行外币敞口损失单位　　　单位：亿元

	外币资产负债净头寸[②]	人民币升值导致的公允价值变动
工商银行	2141.95	-64.26
中国银行	3564.92	-106.95
建设银行	555.01	-16.65
交通银行	328.04	-9.84
招商银行	399.19	-11.98

注：①这里假定人民币对所有外币升值3%。②表中是2009年末的数据，数据来自各行2009年年报。

（2）人民币升值给上市银行境外资本市场募集资金带来汇率风险

受贷款增长较快和监管部门提高标准的影响，主要商业银行纷纷制订了资本补充计划。但目前监管部门对上市银行使用境外募集资金的限制较多。为防止跨境资金流动出现大幅波动，通常不允许上市银行立即将境外募集资金调回国内，一般要有几个季度甚至一年左右的时间跨度。因此，在H股市场与A股市场融资的资金币种不同，且从融资方案确定到融资后使用募集资金之间的时间跨度较大的情况下，募集的外币资金在此期间如未及时结汇或采取避险措施，就要承担汇率不利变化影响的风险。

（3）人民币升值还通过资产价格间接影响相关业务发展

在升值预期的作用下，资本流入会加剧资产价格上涨甚至形成泡沫。一方面，在资产价格上升时期，银行个人贷款和基金代销收入会增加，对银行有利，但储蓄存款增长受到一定抑制。另一方面，资产价格过度上涨将会导致政府出台严厉的调控措施，引发资产价格迅速下跌，对银行个贷质量和基金代销产生不利影响。近期房地产市场调控政策频出，房价已显回落态势，同时股市也出现了大幅调整。对银行相关业务的影响不容忽视。

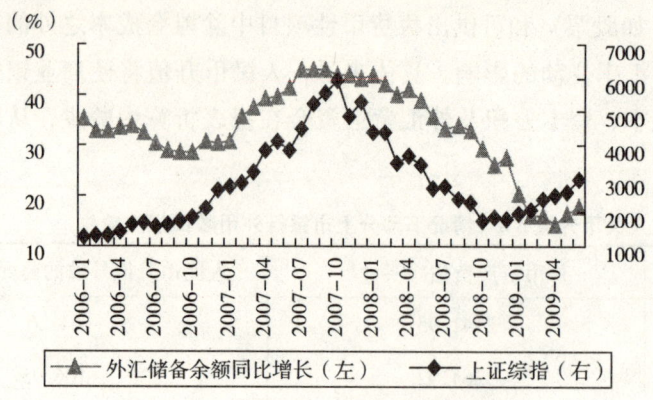

图18 外汇储备与上证综指走势较为一致

资料来源：WIND。

二、银行的应对策略建议

由前面的分析可知，在人民币汇率机制改革和币值出现变动的情况下，商业银行各项业务均不同程度受到影响：授信业务以负面影响为主，资金业务喜忧参半，外汇存贷款业务影响显著，流动性管理压力较大，国际结算业务产生结构性影响，境外分行业务发展获得机遇，资本充足率等其他方面的影响也不容忽视。总体来看，人民币汇率变化给银行业带来诸多挑战，但也有机遇。我国商业银行应认真研判形势，充分做好准备，坚持改革创新，多项措施并举，积极应对挑战，合理把握机遇。

1. 有保有压，有进有退，有针对性地优化信贷结构

充分考虑人民币升值对不同行业和区域的影响，进一步优化授信政策。对受人民币升值负面影响较大的行业（石化、造船、纺织、汽车、钢铁、房地产）采取审慎介入的总体策略，存量客户应加大压缩力度，采取限额管理，密切跟踪企业财务状况，考察企业的应对策略。着重评价企业的技术创新能力，如技术能力强、产品适销对路、价格具备一定刚性，可以予以适度支持，反之则要谨慎对待。对直接受益于人民币升值的行业（航空、造纸、机械、电力），应适当加大支持力度，对如零售业这样长期受益的行业，应敢于提前介入。但也要结合国家行业政策和行业自身发展态势，比如，造纸行业属两

高产业，国家已经采取相关措施进行限制，尽管短期受益于人民币升值，但长期发展前景堪忧，还应谨慎支持。区域授信方面，应适当增加对中西部地区的资源配置，加大对中西部地区的布局力度，大力承接产业转移，逐步扩大市场份额，东部经济发达地区则以信贷结构调整为主，加强风险管控。

表5　　　　　　　　　进一步优化行业信贷投放的建议

行业	主要授信策略
航空业	适度加大支持力度，扩大市场份额，重点支持三大国有航空公司的业务发展，择优支持升值明显受益的民营航空公司。
造纸	区别对待，对升值受益较大，且具备资源、技术和规模优势的大型造纸集团加大支持力度，对不符合国家产业及环保政策要求、经营效益不佳的企业要审慎介入。
电力	适度增加信贷投放，尤其是受益于人民币升值、进口成本明显下降的变压器、电线电缆等行业。
机械	择优支持行业地位高、核心竞争力强的先进装备制造业龙头企业，谨慎介入传统装备制造业。对升值受益较大的船用曲轴、电控设备等行业适度加大支持力度。
零售业	在人民币升值的背景下，把握零售业发展前景看好的机遇，设定重点支持区域和客户，拓展大型优质集团客户。
钢铁	密切关注行业风险，实施信贷限额管理，控制贷款增速，择优支持特大型龙头企业集团。
汽车	结合汇率变化和行业自身发展规律，总体上适度进入，重点支持一汽、上汽等龙头车企，优化客户结构。
纺织业	综合考虑受升值冲击较大和属于夕阳产业，继续实行控制进入的信贷政策，尽一切可能和手段加固担保、加快减退。
造船	短期内企业经营风险较大，对潜在风险较高的中小客户加大减退加固力度；长期则要结合我国航运金融发展战略，重点支持区域内龙头优质造船集团企业。
石油化工	区别对待，有保有压，对受益于人民币升值和国家产业振兴规划的炼油行业采取积极进入的策略；对遭受一定冲击的石化行业则采取审慎、择优进入的策略。
房地产和个人贷款	密切关注房地产市场发展态势，加强前瞻性研究，在名单式管理和分类授权指导下，有序发展房地产相关贷款，强调抵押担保和客户资信审查，增强抵御风险的能力。

2. 加强业务联动，进一步优化外币资产负债业务的发展策略

一是通过多种途径拓展外汇存款。通过产品线完善、系统流程优化、服务质量提升，吸引外汇存款客户，适度提升外币存款利率。二是大力推进境内外分行之间的联动，通过合理的内部转移价格实现外汇资金在系统内的有效划拨。三是合理摆布外币资产结构，适当压缩外币债券投资，提升高收益的外汇贷款在外币资产中的比重，以提升外币资产的总体收益率。四是优化外币贷款的客户结构。严格外币贷款审批制度，协调控制外汇贷款投放节奏，将有限的外汇资金投放到贷款收益高、综合效益高、战略地位高的项目和客户。

3. 抓住升值机遇，积极拓展业务领域

一是积极审慎推进并购贷款业务，大力拓展相关中间业务。密切关注能源、矿产等重点行业的海外并购动向，在经过仔细论证评估的条件下，选择优势行业稳步开展并购贷款业务，逐步做大做强。同时，积极拓展与并购贷款业务相关的投资顾问、并购重组顾问、并购资金结算等中间业务，强化相关投行业务人才的培养，积极推动从融资中介转向服务中介。二是在人民币升值和扩大消费政策促进消费增长的情况下，大力拓展个人消费类贷款业务，重点发展汽车消费贷款、无担保小额贷款。三是抓住客户对贸易融资需求加大的机遇，在有效控制风险的前提下，积极发展贸易融资业务。利用远期结售汇和发票融资等产品帮助出口客户锁定受益。

4. 在有效控制汇兑风险的前提下有针对性地发展国际结算业务

人民币升值对我国外贸的影响是有利有弊，对出口的影响偏负面，对进口的影响偏正面。同时升值对各行业、各企业进出口的影响又不尽相同。因此银行在发展贸易结算业务时，应当考虑人民币升值对我国出口贸易、进口贸易和不同行业、不同企业进出口的影响，优化贸易结算业务的进出口结构、行业结构和客户结构，注重通过各类业务联动、境内外联动的方式，挖掘、培育和维护贸易结算业务的基本客户群，为客户提供包括贸易结算业务在内的一揽子服务，促进业务快速、全面和有机发展。

5. 大力拓展跨境人民币结算业务

2010年6月22日，中国人民银行等六部委共同发布了《关于扩大跨境贸易人民币结算试点有关问题的通知》。试点扩大加上人民币升值，将使人民币

结算需求得到空前释放，继续促进跨境贸易和投资便利化，对参与银行的国际业务带来新的发展机遇。而且，随着汇率波动愈加频繁，客户对避险产品需求将增加，跨境人民币业务可为国内进出口企业规避汇率波动风险。商业银行应抓住试点地区进一步扩大的机遇，大力拓展跨境人民币业务，尤其是进口人民币支付结算业务。一是加强政策研判，在产品和客户等方面提前做好应对准备；二是创新产品和服务，针对客户特点推出专业化的服务方案，并加大营销和宣传力度，做出特色；三是认真分析，选择重点，建议以亚太、南美和欧洲等对人民币跨境贸易结算有较大需求的区域为重点拓展地区；四是加强营销，加大产品推介力度，加强对境内外重点客户的宣传，以路演的形势向客户推进相关产品和服务；五是进一步完善激励和考核机制，特别是要优化境内外分行联动完成业务的奖励力度，加大资源投入。

6. 着力提升外汇资金业务的产品创新能力，优化人民币资金业务的品种结构，大力培养和引进资金业务专业人才

外汇储蓄和外汇理财业务的特点决定了其发展更依赖于银行代客外汇资金交易业务的产品创新和市场营销。为扩大外汇资金来源，增加中间业务收入，商业银行需要面向不同类型的目标客户，提升外汇资金交易产品的设计、组合和营销能力。一是多设计开发期限短的品种以规避汇率风险；二是对于期限长的品种，尽可能准确地判断预期收益，提高收益以弥补汇率升值带来的风险。

应密切关注人民币参考一篮子货币进行调节的进展情况，认真观察和分析货币篮子中参考货币的种类和权重变化，并据此合理摆布外币资产负债的币种结构，以更好地满足客户对不同外币币种的需求，提升客户服务能力。认真研究汇率波动幅度扩大带来的交易机会，扩大交易频率，进一步提升根据不同的市场供求状况进行报价的能力。

与此同时，商业银行必须要有紧迫感，采取切实有效的措施，包括薪酬机制改革，大力培养和引进一批外汇资金交易、风险管理、产品设计方面的专业人才，打造一支既熟悉国际规则和技术又了解中国国情的专业队伍，大幅度提升外币资金业务的人力资源水平，以尽快适应汇率波动幅度扩大带来的挑战，准确把握其中的业务机会。

在人民币升值预期增强、境外资金流入导致银行间市场流动性增多的情况下，银行本币资金业务面临较为有利的局面。首先有必要继续优化人民币

资金业务的结构，大力发展现券交易业务；其次，要考虑汇率调整和国内经济形势等方面的因素对利率走势的影响，管理好人民币资金业务的市场风险；第三，对外资金获利后迅速撤出对市场的冲击要保持高度警惕，提前预防并化解潜在风险。

7. 积极稳妥地开展海外并购和增设海外机构，着力提升国际化经营能力

人民币升值必将推动我国企业对外直接投资的发展，届时需要我国商业银行及时跟进，适时、适度地在海外扩张，为海外的中资企业提供金融服务。同时，人民币升值也降低了货币兑换的成本，有利于我国商业银行在海外业务的发展。商业银行应当考虑上述长期趋势，根据既定的发展战略，引进和储备熟悉海外市场和国际规则的人才，结合亚洲、南美等新兴市场重点发展区域，采取新设和并购等方式积极稳妥地在海外增加机构，进一步培育国际经营能力。同时，密切关注人民币升值背景下有关香港、澳门地区人民币业务的政策安排，做好充分准备，抓住人民币业务在上述地区扩大的机遇，促进分行业务发展。

8. 努力规避再融资的汇率风险

目前，交通银行已完成再融资，建行、工行等再融资计划也可能在年内完成。为避免在融资资金未完全使用期间人民币对港币汇率有明显波动造成的汇率风险，建议综合考虑境外发展和汇率风险，合理确定留存时间和比例，并采取一定的汇率避险措施。

附录：人民币汇率变化对银行不良贷款率影响的实证检验

1. 变量设定

（1）被解释变量——银行的贷款风险水平

我们这里选用不良贷款率 NPL 作为衡量银行贷款风险水平的代表变量。

（2）解释变量

①银行贷款总额变化量 ΔTL。银行贷款总额 TL 是一个不平稳的变量。为了避免虚假回归，我们用贷款总额的一阶差分，也就是银行贷款总额的变化量作为一个解释变量。银行贷款总额增长越快，在不良贷款总额不变的情况

下，银行的不良贷款率下降越明显，因此预期银行贷款总额的变化量对不良贷款率影响为负。

②净资产收益率 ROE。ROE 值越高，表明银行资产盈利能力越强。较强的盈利能力能够弥补不良贷款带来的损失。预期 ROE 对不良贷款率影响为负。

③贷款/生息资产的变化量 ΔLPA。LPA 代表贷款/生息资产的比值。经过面板单位根检验，这个比值数据并不平稳。为了避免虚假回归，我们使用贷款/生息资产比值的一阶差分，也就是 LPA 的变化量作为一个解释变量，经过面板单位根检验，是平稳的，为正，表明贷款在生息资产中的比重提高；贷款/生息资产的变化量为负，表明贷款在生息资产中的比重降低。银行越依赖贷款获取收入，不良贷款率增加的几率越大。因此预期对不良贷款率的影响为正。

④经过季节调整的实际国内生产总值 RGDP。我们从 wind 数据库得到 2005 年第三季度到 2010 年第二季度的名义 GDP，以及 CPI 环比数据。因为没有获得 GDP 平减指数，因此用 CPI 代替 GDP 平减指数，将每个季度的名义 GDP 转化为实际 GDP（以 2005 年第二季度作为基期）。实际季度 GDP 存在季度趋势，我们使用 X11 季节调整方法对实际季度 GDP 进行季度调整，得到去除季节变动因素后的实际 GDP。经检验，经过季节调整的实际国内生产总值 GDP 数据是平稳的。经济状况越好，不良贷款率应当越低，预期 GDP 对不良贷款率的影响为负。

⑤美元兑人民币名义汇率的对数 LNFX。为美元兑人民币名义汇率，原始的数据是不平稳的，为了满足实证检验的数据平稳性要求，通常文献中我们在实证中使用其对数形式。经检验，是平稳的。我们这里将美元兑人民币名义汇率的对数写作 LNFX。

⑥通货膨胀率 INF。这里的 INF 是本季度相对于上一季度的通货膨胀率。我们使用季度环比 CPI 计算得到通货膨胀率数据，也就是。预期通货膨胀率对不良贷款率影响不明显。

⑦ 银行信贷监督努力水平 PROL。我们这里选用贷款总额准备金率作为银行信贷监督努力水平的代表变量，贷款总额准备金率 = 贷款减值准备/贷款总额。Yunus（2005）认为贷款总额准备金率可以反映银行的信贷监督能力。但是由于信贷监督能力在季度之间不会有显著的变化，因此我们认为贷款总

额准备金率可以用来衡量银行对于贷款监督努力水平的变化。

如果贷款总额准备金率显著提高，说明银行预期贷款损失增加，在银行信贷监督能力不变的前提下，表明银行对于贷款的监督努力水平降低。如果银行对于贷款的监督努力水平降低，银行的不良贷款率会相应提高，因此预期银行信贷监督努力水平 PROL 的值（值越大表明银行信贷监督努力水平越低）对不良贷款率的回归系数为正。

⑧资本充足率 CA。具有较高资本充足率的银行，抵御风险的能力较强。资本充足率对不良贷款率应该会有一定的影响，因此我们也将其放入解释变量中。

2. 回归方程

参照面板数据分析的一般思路，我们分别建立了随机效应模型、固定效应模型和混合数据普通最小二乘法估计模型，用于研究银行风险承担水平、银行监督努力水平对于银行风险的影响。三种方法的回归方程如下。

随机效应模型：

$$NPL_{it} = \beta_1 \Delta TL_{it} + \beta_2 ROE_{it} + \beta_3 \Delta LPA_{it} + \beta_4 RGDP_{it} + \beta_5 LNFX_{it} + \beta_6 INF_{it} + \beta_7 PROL_{it} + \beta_8 CA_{it} + b + \mu_i + u_{it}$$

固定效应模型：

$$NPL_{it} = \beta_1 \Delta TL_{it} + \beta_2 ROE_{it} + \beta_3 \Delta LPA_{it} + \beta_4 RGDP_{it} + \beta_5 LNFX_{it} + \beta_6 INF_{it} + \beta_7 PROL_{it} + \beta_8 CA_{it} + c_i + u_{it}$$

混合回归模型：

$$NPL_{it} = \beta_1 \Delta TL_{it} + \beta_2 ROE_{it} + \beta_3 \Delta LPA_{it} + \beta_4 RGDP_{it} + \beta_5 LNFX_{it} + \beta_6 INF_{it} + \beta_7 PROL_{it} + \beta_8 CA_{it} + b + u_{it}$$

变量下标 i 代表不同银行，变量下标 t 代表不同季度。在随机效应模型和固定效应模型中，μ_i 和 c_i 表示没有观测到的银行因素的影响，其中 μ_i 是随机变量，c_i 是只与银行相关的一个常数，u_{it} 是残差项。

3. 数据来源与变量的描述性统计

由于中国的汇率改革从 2005 年第三季度开始，因此我们选用多家上市银行从 2005 年第三季度到 2010 年第二季度的季度财务数据。我们选择的上市银行几乎包括了所有上市银行，这些银行是：工商银行、建设银行、中国银行、交通银行、招商银行、中信银行、民生银行、兴业银行、浦发银行、华夏银行、深圳发展银行、北京银行、南京银行、宁波银行。由于农业银行和光大银行才上市不久，从其公开资料中所得数据有限，因此我们没有将这两家银行纳入研究范围。

我们的大部分数据来源于 wind 数据库，部分数据根据上市银行的公开资料计算而得。由于各家银行上市时间不一致，并且上市银行公布某些数据的频率不一致（对于某些指标，有的上市银行每半年公布一次，有的上市银行每个季度公布一次），因此某些银行在某些季度的数据存在缺失。我们使用的 Eviews 6.0 软件在作面板数据分析的时候，对于存在缺失的面板数据集也可以做正确的处理，并不会影响最终的实证结果，因此我们对于缺失的数据仍然留作空白，并不使用任何估计值进行填充处理。

附表1　　　　　　　　全样本的变量描述性统计结果

	变量名	均值	中位数	最大值	最小值	标准差	样本组数	样本总数
被解释变量	NPL	0.0340	0.0148	2.4000	0.0033	0.1710	16	211
解释变量	ΔTL	608.2267	221.3496	6364.350	-886.6000	995.5454	16	218
	ROE	0.0487	0.0478	0.1079	-0.1555	0.0221	16	226
	ΔLPA	-0.0019	-0.0003	0.1050	-0.0919	0.0261	16	218
	RGDP	69529.99	71001.97	93074.21	44430.57	14749.74	16	280
	LNFX	1.9895	1.9684	2.0909	1.9193	0.0695	16	280
	INF	0.0006	-0.0010	0.0140	-0.0090	0.0064	16	280
	PROL	0.0229	0.0233	0.0430	0.0000	0.0071	16	218
	CA	0.1130	0.1117	0.3067	0.0343	0.0337	16	196

4. 数据来源与变量的描述性统计

（1）数据的平稳性检验

为了避免虚假回归，我们首先对数据进行面板数据单位根检验。常用的单位根检验方法有 LLU 检验（Levin, Lin& Chu 检验）、IPS 检验（Im, Pesaran& Shin W 检验）、ADF 检验（ADF – Fisher Chi – square 检验）以及 PPF 检验（PP – Fisher Chi – square 检验）。附表2 给出了总体样本数据单位根检验的结果。

附表2　　　　　　　总体样本数据单位根检验的结果

变量	LLU	IPS	ADF	PPF
NPL	−8.15269	—	88.0933	193.632
	(0.0000)		(0.0000)	(0.0000)
ΔTL	−6.36697	−2.32977	51.2810	79.7000
	(0.0000)	(0.0099)	(0.0046)	(0.0000)
ROE	−8.44358	−6.69791	95.9357	103.719
	(0.0000)	(0.0000)	(0.0000)	(0.0000)
ΔLPA	−13.9035	—	187.454	190.727
	(0.0000)		(0.0000)	(0.0000)
RGDP	−6.16274	−2.98162	48.3265	106.446
	(0.0000)	(0.0014)	(0.0099)	(0.0000)
LNFX	−4.07044	—	39.4791	114.892
	(0.0000)		(0.0735)	(0.0000)
INF	−16.3303	—	235.127	244.305
	(0.0000)		(0.0000)	(0.0000)
PROL	−7.5494	−2.7196	45.7768	84.8608
	(0.0000)	(0.0033)	(0.0184)	(0.0000)
CA	−4.21647	−0.34916	29.3156	24.7323
	(0.0000)	(0.3635)	(0.2085)	(0.4204)

注：Eviews 6.0 进行面板数据平稳性检验时，需要根据数据特征选择"测试方程包含（1）截距项；（2）截距项和趋势项；（3）无（指既不包含截距项也不包含趋势项）"。如果根据数据特征选择了"（3）无"，那么面板数据平稳性检验只给出 LLU、ADF、PPF 的检验结果，而不提供 IPS 的检验结果。表中对于 Eviews 6.0 没有提供检验结果的用"—"表示。括号内是各种检验的 p 值。

从总体样本单位根检验的结果来看，变量 NPL、ΔTL、ROE、ΔLPA、RGDP、LNFX、INF、PROL 的检验结果在 1% 的置信水平上否定了变量存在单位根的假设。适用于相同单位根的 LLC 检验在 1% 的置信水平上否定了变量 CA 存在单位根的假设，而适用于不同单位根的 IPS、ADF 和 PPF 检验不能否定变量 CA 存在单位根的假设。因为变量 CA 代表资本充足率，而不同银行的资本充足率是围绕监管当局的资本充足率要求而变动，适用于相同单位根的检验方法更为合理，因此我们采纳 LLC 的检验结果，也就是在 1% 的置信水平上否定变量存在单位根的假设，认为变量 CA 不存在单位根，在样本期间是平稳的。

（2）实证检验结果分析

附表3　　　　　　　　银行不良贷款率影响因素的回归结果

被解释变量		NPL		
估计模型		随机效应模型	固定效应模型	混合模型
	ΔTL	−3.77E−06 (4.18E−06) [0.3684]	−7.82E−07* (4.12E−07) [0.0603]	2.14E−07 (3.81E−07) [0.5752]
	ROE	0.089572 (0.172553) [0.6045]	−0.020344 (0.022294) [0.3631]	−0.050880 (0.026637) [0.0580]
	ΔLPA	0.146880 (0.169272) [0.3869]	−0.003217 (0.015000) [0.8305]	0.008204 (0.020192) [0.6851]
	RGDP	3.77E−08 (8.52E−07) [0.9647]	−2.87E−07*** (7.22E−08) [0.0001]	−2.55E−07*** (8.61E−08) [0.0036]
	LNFX	0.060038 (0.209206) [0.7745]	−0.009339 (0.017404) [0.5924]	−0.000850 (0.022469) [0.9699]
	INF	0.313310 (0.734999) [0.6705]	0.031665 (0.058157) [0.5870]	0.064013 (0.077918) [0.4127]
	PROL	2.129069*** (0.669808) [0.0018]	0.599961*** (0.136189) [0.0000]	0.838694*** (0.081014) [0.0000]
	CA	−0.338185** (0.132310) [0.0116]	−0.007682 (0.017480) [0.6610]	−0.001317 (0.019869) [0.9473]
	C（常数项）	−0.108748 (0.472303) [0.8182]	0.051537 (0.040527) [0.2057]	0.021359 (0.050474) [0.6728]
	F 统计量 [p值]	3.622898 [0.000705]	22.11174 [0.0000]	31.58725 [0.0000]
	R^2	0.162842	0.773464	0.629075

续表

被解释变量		NPL		
模型选择检验结果	Redundant 固定效应检验 [p 值]	Chi2 (13, 136) = 6.460148 [0.0000]		
	Hausman 随机效应检验 [p 值]	Chi2 (8) = 16.117990 [0.0407]		
样本组数		14	14	14
样本总数		158	158	158

注：结果由 Eviews6.0 软件计算得到。圆括号中的数值为标准差，方括号中的数值为 p 值；*，**，*** 分别表示在 10%、5%、1% 的显著性水平下显著。

我们在附表 3 中使用了 Eviews 6.0 软件提供的 "Redundant Fixed Effect" 检验和 "Hausman" 检验，来判断应当采用哪一种模型。"Redundant Fixed Effect" 检验的原假设是：使用混合回归模型（pooled regression model）更合适，备择假设是使用固定效应模型更合适；"Hausman" 检验的原假设是使用随机效应模型更合适，备择假设是使用固定效应模型更合适。

Redundant 固定效应检验显示固定效应模型比混合回归模型更适用（p 值为 0.0407），Hausman 随机效应检验显示固定效应模型比随机效应模型更适用（p 值为 0.0000），所以我们的讨论主要集中在固定效应模型的结果上。固定效应模型回归的 R^2 为 0.77，表明回归结果非常显著。

在固定效应模型的面板数据回归结果中，有三个变量的回归系数是显著的，贷款总额的变化量 ΔTL 的系数为 -7.83×10^{-7}，在 10% 的水平上显著。经过季节调整的实际 GDP 变量 RGDP 的回归系数为 -2.87×10^{-7}，在 1% 的水平上显著。银行信贷监督努力水平的代表变量 PROL 的回归系数为 0.599961，在 1% 的水平上显著。

从绝对数值来看，在对银行不良贷款率具有显著影响的三个变量中，银行信贷监督努力水平对不良贷款率的影响最大，银行信贷监督努力水平变动 1 个单位，银行不良贷款率变动约 0.6 个单位；贷款总额的变化量对不良贷款率的影响次之，贷款总额变化量变动 1 个单位，银行不良贷款率变动 -7.83×10^{-7} 个单位；实际 GDP 对不良贷款率的影响显著，但是比前两个变量的影响小，实际 GDP 变动 1 个单位，银行不良贷款率变动 -2.87×10^{-7} 个单位。

从变量的符号来看，在对银行不良贷款率具有显著影响的三个变量中，银行信贷监督努力水平变量 PROL 对不良贷款率 NPL 的回归系数为正，表明银行信贷监督努力水平越低（PROL 的值越大），不良贷款率越高（NPL 的值越大）。贷款总额变化量对不良贷款率的回归系数为负，表明银行贷款规模扩张越快（ΔTL 值越大），银行不良贷款率越低（NPL 的值越小）。实际 GDP 对不良贷款率的回归系数为负，表明经济状况越好（RGDP 值越大），银行贷款的不良贷款率越低（NPL 的值越小）。

变量 ROE 和资本充足率 CA 对 NPL 的回归系数尽管不显著，但是其回归系数符号为负，表明盈利水平越好的银行、资本充足率越高的银行，不良贷款率会低一些，这也是符合我们预期的。

汇率的代表变量 LNFX 对不良贷款率的影响并不显著。但是从其回归系数符号为负来看，人民币升值（LNFX 值越小）会带来不良贷款率的上升（NPL 的值越大），因此人民币的过快升值对银行的稳健经营是不利的。

人民币实际均衡汇率的测算

李善同等

引 言

汇率是一国商品、劳务和资产对外的"总价格"。在开放经济条件下，均衡汇率水平的确定和汇率失调程度的判断是制定汇率政策、调整汇率水平以及经济政策国际间协调的基础依据。而且，在经济全球化的背景下，汇率水平的确定还涉及复杂的国际政治经济博弈，随着我国在世界经济中地位的逐渐提高，合理确定实际均衡汇率水平不仅对我国争取有利的国际发展环境具有重要意义，对世界经济的发展也有重要意义。

2005年7月，我国开始实行以市场供求为基础、参考一篮子货币进行调节、有管理的浮动汇率制度。虽然2008年下半年国际金融危机爆发后，人民币兑美元汇率保持窄幅波动，实际有效汇率先升后跌，但从2005年7月汇改到2010年9月，人民币币值对美元升值了23%，实际有效汇率升值了19%。在当前国际经济形势下，我们需要回答的问题主要有：在汇率改革的五年时间里，人民币的汇率水平是否合理？有没有失衡？失衡的程度如何？以及2010~2015年的均衡汇率水平设在哪个区间较合理？这是本报告研究的主要目的。

本文的主要内容分为五个方面，第一部分是对近期有关人民币实际均衡有效汇率文献以及测算实际均衡有效汇率方法的讨论；第二部分，我们采用基本均衡汇率方法测算人民币实际均衡有效汇率，并对2010~2015年的均衡有效汇率及人民币兑美元、人民币兑欧元等名义双边汇率的目标提出了合理的方案；第三部分，我们则采用行为均衡有效汇率方法测算人民币实际均

本报告作者：李善同，刘云中，胡志国，黎欢，何建武。

有效汇率；第四部分，我们利用了扩展购买力平价方法测算人民币实际均衡有效汇率；最后一部分，我们评估了人民币实际均衡汇率水平并对汇率政策提出了具体的建议。

一、近期有关人民币实际均衡有效汇率的文献的回顾

近期国内外文献测算人民币实际均衡汇率的方法主要有三种：一是扩展的购买力平价（EPPP）法，如王泽填和姚洋（2008）用购买力平价法估计人民币兑美元的实际均衡汇率，通过对184个国家及地区1974~2007年的面板数据进行估计，发现人民币自1985年以后一直低估，2005~2007年人民币被低估的程度分别为23%、20%和16%。二是基本均衡汇率法（FEER），如美国著名的智库彼得森国际经济研究所（2008、2009、2010）、王义中和金雪军（2008）、胡春田和陈智君（2009）。这三个研究的结论差别比较大，彼得森国际经济研究所认为我国实际有效汇率需要较大幅度的升值；王义中和金雪军认为2006~2008年间人民币实际有效汇率需升值20%左右；胡春田、陈智君则认为在2008年底，人民币实际有效汇率的升值已过度。第三种方法是行为均衡汇率法（BEER），如秦朵和何新华（2010）利用该方法，用最新的季度数据对人民币失衡程度进行了测度，他们认为，从实际有效汇率看，目前人民币基本不存在失衡，以往关于人民币失衡的研究结论虽具有一定的可信度，但大多高估了人民币失衡的程度。

扩展的购买力评价方法是在购买力平价的基础上加入一些解释变量来估计实际均衡汇率，该类方法的共同点是解释变量包含非贸易品与贸易品部门的相对生产率，用以体现巴拉萨—萨缪尔森效应。该方法的一个缺点是，我国长时期存在大量的失业或隐性失业人口，从而削弱巴拉撒—萨缪尔森效应（胡春田、陈智君，2009）。基本均衡汇率法不考虑短期的周期性条件和临时因素的影响，集中关注影响经济基本面的因素上，测算出的均衡汇率更具有可信性，但由于基本均衡汇率法所关注的基本经济要素是指那些在中期持续起作用的经济条件和经济变量，在实际生活中，这些均衡的经济条件可能是难以实现的理想结果，过于理想化，与实际经济现实间存在一定差距。行为均衡汇率法的一个优点是简单易行，设定一个简约单方程模型，直接估计经

济基本面变量对均衡实际汇率的影响，但是，决定均衡实际汇率的基本面变量具有一定的主观性，且对样本的选取有一定的要求。

由于人民币实际均衡汇率的测算不仅涉及汇率理论和测算方法，而且是一个很重要的现实经济问题和经济政策话题，正如前面所谈到的，国内外已有很多机构和学者都做过相关的研究，本文的一个重要目的就是共同讨论，并在此基础上提供一些政策方面的建议，因此，人民币实际均衡汇率的测算方法和框架尽量和其他的机构及学者保持一致性，以便于大家在同一个框架上讨论，同时我们也要采用多种方法来计算，以便互相比较或者校核。因此，为了更好确定我国汇率的合理水平及其失衡程度，本文采用这三种方法测算了人民币实际均衡汇率水平，并在相互比较和校核的基础上，对人民币实际均衡汇率的合理水平及实际汇率的失调程度进行了判断。

二、基本均衡汇率（FEER）方法的测算

1. 基本均衡汇率的计算原理

1985年，Williamson 提出了基本均衡汇率（fundamental equilibrium exchange rate，简称 FEER）的概念，通过要求实际有效汇率与宏观均衡相一致来确定实际有效汇率应该达到的水平。这里，宏观均衡指经济处于充分就业和低通货膨胀（内部平衡）以及经常项目反映了可持续的净资本流动（外部平衡）这样一种理想状况。宏观经济均衡法的核心是经常项目和资本项目的恒等式：

$$CA = -KA \tag{1}$$

一般认为决定经常项目的因素主要包括国内总产出（或总需求）Y、国外总产出（或总需求）和实际有效汇率 q 等，而中期资本项目均衡（KA）则可以根据相关经济要素依靠判断得到。因此，可以把公式（1）转换为反映经常项目和资本项目均衡关系的方程式，为了说明需要，不妨把经常项目表示成由上述因素在充分就业水平下决定的线性函数，方程（1）变为

$$CA = b_0 + b_1 R + b_2 Y + b_3 Y_w = -KA \tag{2}$$

上式中的实际汇率 R 是实际有效汇率，Y，Y_w 分别表示充分就业水平时的本国收入和世界其他国家的总收入。方程（2）得左半部分，实际有效汇率

R 就是与宏观经济均衡相适应的汇率。R 将使经常项目收支差额和正常、内在可持续的资本项目收支差额相等。求解（2）可得：

$$FEER = \frac{-K\bar{A} - b_0 - b_2 Y - b_3 Y_w}{b_1} \quad (3)$$

方程（3）表明，FEER 是一种和中期宏观经济均衡相适应的汇率，即在给定经常项目模型的各项参数，利用外生的可持续资本流动净额就可以计算出 FEER。

Borowski and Couharde（2003）、Coudert and Couharde（2005）以及 Isard and Faruqee（1998）[①] 对基本均衡汇率理论进行了进一步拓展。首先假设贸易方程为：

$$X = X_0 Y_w^{\eta_x} R^{\varepsilon_x} \qquad x = \frac{dX}{X} = \eta_x y_w + \varepsilon_x r \quad (4)$$

$$M = M_0 Y^{\eta_m} R^{-\varepsilon_m} \qquad m = \frac{dM}{M} \eta_m y - \varepsilon_m r \quad (5)$$

$$B = PX - PRM \quad (6)$$

上式中，R 代表实际有效汇率，上升表示贬值；$r = \dfrac{R - \bar{R}}{\bar{R}}$，即实际有效汇率偏离均衡值的程度，$r < 0$ 表示汇率高估。

X、M、Y、分别代表出口量、进口量、国内和国外的产出量。

X 为出口贸易量，x 为出口贸易量偏离其均衡值，ε_x 是出口汇率弹性。

Y_w 为国外产出量，$y_w = \dfrac{Y_w - \bar{Y}_w}{Y_w}$，即国外产出偏离潜在产出程度，$\eta_x$ 为出口贸易弹性。

M 为进口贸易量，m 为进口贸易量偏离均衡值，ε_m 是进口汇率弹性。

Y 为国内产出量，$y = \dfrac{Y - \bar{Y}}{\bar{Y}}$，即国内产出偏离潜在产出程度，$\eta_m$ 为进口贸易弹性。

B 为名义贸易余额。经常项目余额（CA）为贸易余额（B）、净收益（IPD）以及净转移收入（NT）之和。

[①] 这里为单一国家模型。Borowski and Couharde（2003）、Coudert and Couharde, 2005）的模型涉及到 3 个国家。

不考虑净转移收入，净收入被认为独立于真实有效汇率，所以真实有效汇率和经常账户余额的关系是通过商品与服务的贸易额体现的，即 $dCA = dB$。

假设 $ca^* = \dfrac{CA^*}{p_y Y}$，$\tau = \dfrac{PX}{PRM}$ 为出口与进口之比，$\mu = \dfrac{PRM}{PY}$，为进口占国内 GDP 的份额。则差分贸易余额方程（6）有：

$$\frac{1}{\mu}\left(\frac{CA - CA^*}{P_y Y}\right) = \frac{dCA}{PRM} = \frac{dB}{PRM} = \tau x - r - m \tag{7}$$

把（4）、（5）代入可得

$$\begin{aligned}
r &= \frac{1/\mu}{\tau\varepsilon_x + \varepsilon_m - 1}[(ca - ca^*) + \mu(\eta_m y - \tau\eta_x y_w)] \\
&= \frac{1/\mu}{\tau\varepsilon_x + \varepsilon_m - 1}[(ca + ROG) - ca^*] \\
&= \beta(c\bar{a} - ca^*)
\end{aligned} \tag{8}$$

公式（8）表达了实际有效汇率与潜在的经常项目 $c\bar{a}$（经过了相对产出缺口的调整）、均衡的经常项目 ca^* 之间的关系。其中，ROG 为相对产出缺口，β 值为经常项目占比对实际有效汇率的弹性（此即经常项目占比下降一个百分点需要实际有效汇率升值的幅度）。

由上面的阐述可知，通过先估计贸易方程（4）、（5）中的弹性系数，再设定方程（8）中的均衡经常项目 ca^*，可以计算实际均衡汇率（FEER）以及汇率的失调程度。

2. 贸易弹性的估计

考察的样本期间为1985～2009年，选择中国贸易伙伴国包括美国、加拿大、澳大利亚、日本、德国、法国、意大利、荷兰、英国、中国香港、中国台湾、印度尼西亚、韩国、马来西亚、新加坡、泰国、印度等17个国家和地区。样本区间内，这些国家（或地区）与中国的进出口贸易额占中国与世界的进出口贸易额的平均比重超过77%。

实际有效汇率根据公式（9）得到[①]：

$$R = \sum_{i=1}^{17} \omega_i \left[E_{d/i} (P_i^*/P_d) \right] \tag{9}$$

其中，R 表示实际有效汇率，其值变大表示贬值，反之为升值，ω_i 表示

---

① 实际有效汇率表示法参照 Borowski and Couharde（2003）。

第 i 个国家的贸易权重，$E_{d/i}$ 为直接标价法下的名义双边汇率，P_i^*、P_i 分别为第 i 个国家和中国的消费者物价指数（CPI）。

贸易方程（4）、（5）中进、出口贸易量、汇率指数、国内外产出值取其相应的自然对数，系数的估计结果见表1。

表 1　　　　　　　　贸易方程弹性系数的估计结果

弹性系数	估计值	标准差	T值	P
ε_x	0.961126	0.16336	5.883478	0
η_x	4.135089	0.580811	7.119502	0
ε_m	1.072	0.223351	4.799622	0.0001
η_m	1.269866	0.239947	5.292276	0

注：我们估计的贸易弹性与胡春田、陈智君（2009）估计的贸易弹性稍有差异，我们估计出口的汇率弹性小于1，而他们的大于1，我们的进口汇率弹性大于1，而他们的小于1，这可能与我们取的时间序列的不同有关。

3. 均衡经常项目的设定

估计 FEER 的一个关键是中期资本流动的假定，即趋势或均衡经常项目的设定。目前对均衡经常项目的设定没有统一的方式。我们采用我国的老年人口依存比 DEP、政府财政盈余占 GDP 的比值 BA、净对外资产占 GDP 的比值 NFA[①]，经常项目占 GDP 比值（CA）为被解释变量回归有：

$$CA = \underset{(0.771)}{-30.273} + \underset{1.24}{3.694} * DEP + \underset{0.534}{1.586} * BA - \underset{0.099}{0.096} * NFA \qquad (10)$$

从上式可知，政府财政盈余、年龄结构差异与经常项目同方向变化，而与净对外资产反向变化。近年来我国净对外资产的快速增加，使得我国人民币升值的压力不断加大，这意味着经常项目盈余需要下降（不考虑其他情况）；但是考虑到我国老年化的加重，养老压力的增强，需要我国维持一定的储蓄，这对应着经常项目盈余需要上升（不考虑其他情况）。将自变量 HP 滤波后的数据再代入等式（10）就可以得到均衡经常项目（图1）。

---

① 净对外资产的计算方式是，2004~2009 年的数据采用国家外汇管理局公布的数据，而 2004 年之前的由于没有公布，则采用该年度的净对外资产减去本年度的经常项目余额得出上一年度的净对外资产。

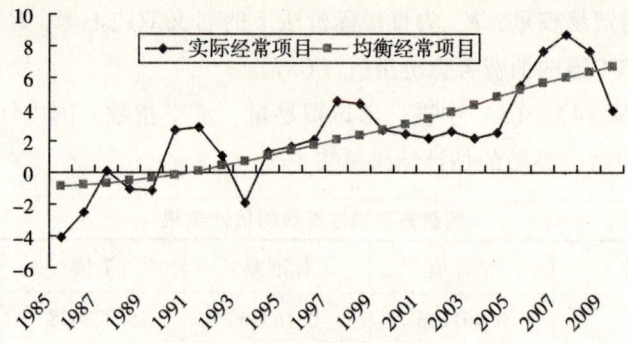

图1 经常项目时间序列

4. FEER 的计算与分析

利用式（2）、（3）估计的贸易弹性系数和均衡经常项目，并用 HP 滤波后得到国内 GDP 和国外 GDP 的产出缺口，计算式（8）可得基于基本均衡汇率法得到的人民币实际均衡汇率（FEER）及有效汇率的失衡程度（图2、图3）。

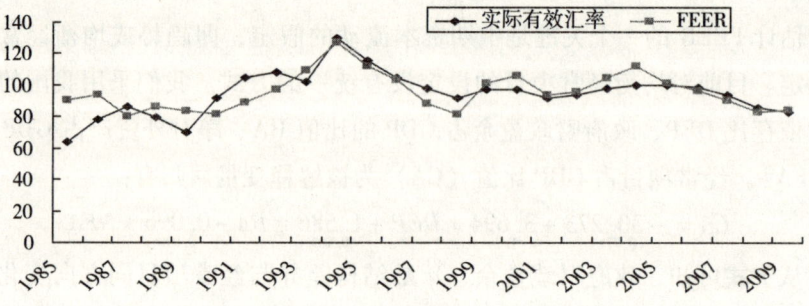

图2 实际有效汇率指数与 FEER 指数

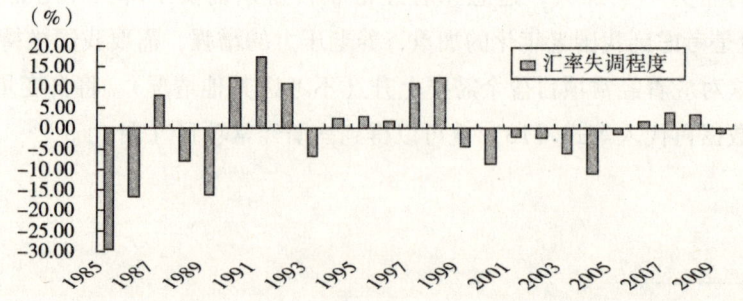

图3 汇率失调程度（大于 0 表示低估）

从图3可以看出，从1986年开始我国实际有效汇率指数失调程度在20%

以内,尤其是1994年汇率并轨以来失调程度在13%以内,而我们重点关注的2005年汇率改革以来的失调程度,则被控制在4%以内。就此而言,我们的汇率改革是比较成功的。

1994年我国人民币兑美元一次性大幅贬值(从1993年的5.762贬为1994年的8.619),随后的1995~1998年我国的经常项目余额不断增大,使得我国的有效汇率存在低估;而1999~2004年期间受东亚金融危机冲击,周边国家汇率大幅度贬值而人民币汇率保持稳定,相对削弱了中国出口产品竞争力,我国实际经常项目与均衡经常项目的缺口为负数,我国的有效汇率存在高估;2005~2008年存在较小的低估,2009年则存在较小的高估,由于偏差在4%以内,所以在该阶段的有效汇率比较合理。与王义中和金雪军(2008)的估计结果相比,我们估计的失衡程度要小很多。

5. 人民币"事前均衡汇率"2010~2015年

"事前均衡汇率"的基本思想是将内外经济均衡下未来的均衡经常项目和国内外产出水平作为均衡值,进而求得与之对应的均衡汇率,或者直接找到与未来现实经常项目和国内外产出水平相适应的汇率水平。与既有"事后均衡汇率"理论不同的是,该理论给定未来经济变化轨迹下,事先确定与未来经济相适应的汇率水平(称为均衡汇率)而不是事后找到均衡汇率来调整现实经济。根据公式(8),以2009年为基年,先算出β值为4.03(此即经常项目占比下降一个百分点需要真实有效汇率升值4.03个百分点),然后设定2010~2015年的均衡经常项目占比、我国和国外GDP潜在产出,则可计算出2010~2015年的FEER。

国内、外潜在产出在2010~2015年的值用自回归模型预测,从具体结果看,拟合程度较高,相关残差检验也得到通过。然后设定2010~2015年经常项目占比目标,则根据公式(7)可估算2010~2015年我国的事前基本均衡有效汇率值及其与2009年实际真实有效汇率的偏离程度。下面我们分析如下的五种情况:第一,2015年的均衡经常项目占比按 Cline & Williamson (2010) 设定的目标3.0%,2010~2014年的经常项目占比则在2009年(6.68%)与2015年之间按插值法估算;第二,考虑到1985~2009年我国经常项目占GDP的比重平均为2.3%,假设我国2015年经常项目占GDP比重的目标为2.5%,2010~2014年经常项目占GDP比重则采用与上面一样的插值法;第三,2015年经常项目平衡,2010~2014年经常项目占 GDP 比重则采用与上面一样的插值法;第四,考虑到我国目前的出口占 GDP 的份额已经非常高,所以我们将 2010~2015 年的出口弹性系数下降一个标准差,同时假设我国 2015 年经常项目占 GDP 比重的目标为 3.0%,2010~2014 年经常项目占 GDP 比重则采用与上面一样的插值法;第五,出口弹性系数下降一个标准差,2015 年经常项目平衡,2010~2014 年经常项目占 GDP 比重则采用与上面一样的插值法。则从 2009 年到 2010、2011、2012、2013、2014、2015 我国实际有效汇率需要升值的幅度的详细情形见表 3。

表 2　不同情形下的 2011~2015 年经常项目目标

情形描述	2011	2012	2013	2014	2015
CA 为 3%	5.45%	4.84%	4.23%	3.61%	3%
CA 为 2.5%	5.28%	4.59%	3.89%	3.19%	2.5%
CA 为 0	4.45%	3.34%	2.23%	1.11%	0%

表 3　不同情形下人民币实际有效汇率需要升值的幅度

情形描述	2010	2011	2012	2013	2014	2015
CA 为 3%	2.68%	3.09%	4.42%	6.57%	9.52%	13.26%
CA 为 2.5%	3.15%	4.03%	5.83%	8.45%	11.87%	16.08%
CA 为 0	4.69%	7.12%	10.5%	14.63%	19.59%	25.34%
CA 为 3%,η_x 下降一个标准差	0.23%	-0.1%	0.45%	1.71%	3.62%	6.19%
CA 为 0,η_x 下降一个标准差	2.25%	3.95%	6.49%	9.76%	13.69%	18.27%

综合以上五种情形,我们认为 2010~2015 年我国人民币实际有效汇率比较合理的升值幅度在第一和第五种情形之间(图 4),2010 年我国人民币实际有效汇率为 81.07~81.42,需要升值 2.25%~2.68%;2015 年我国人民币实际有效汇率为 70.39~73.51,需要升值 13.26%~18.27%,根据 BIS 公布的有效汇率指数 2010 年 8 月我国的实际有效汇率指数为 114.12,相对于 2009 年年底已升值 1.74,故从现在到"十二五"期末我国实际有效汇率指数需升值约 11.52%~16.53%,其中 2011~2015 年每年的升值幅度依次为 0.4%~1.64%、1.26%~2.39%、2.03%~2.97%、2.69%~3.45%、3.3%~3.88%。

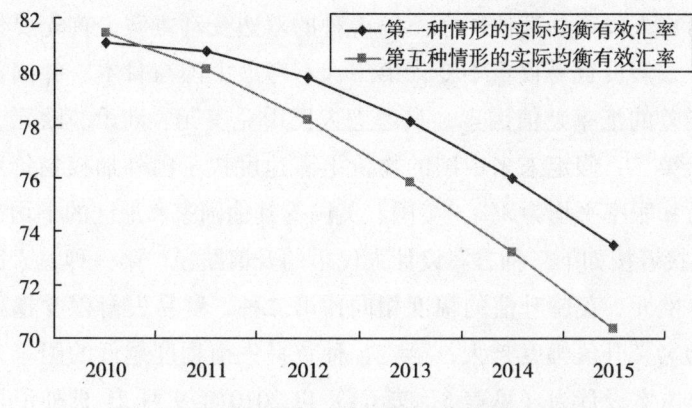

图4 2010~2015年人民币实际均衡汇率的预测

6. 基于"事前均衡汇率"人民币双边名义汇率升值幅度

由于实际有效汇率是由17个国家加权名义汇率与通货膨胀率得到的,因而到2015年实际有效汇率要升值11.52%~16.53%,并不等于说人民币兑美元等双边名义汇率同样需要升值11.52%~16.53%。可以设置人民币对不同货币双边名义汇率不同的升值幅度使得有效汇率升值到11.52%~16.53%。由于"事前均衡汇率"是基于内外经济均衡条件下得到的汇率,简化起见,人民币对不同国家名义汇率升值幅度可依据对不同国家的贸易失衡程度来确定。

表4报告了中国与主要国家地区双边贸易失衡占总贸易失衡的比重。可以看出,双边贸易失衡程度高的是中港和中美贸易,接着是中台、中韩。表4也报告了中国与各国双边贸易(进口+出口)占中国对样本国地区贸易总值的比例,按比例大小排序依次是中国与美国、欧盟、日本、香港和韩国。

表4　　双边贸易失衡占总贸易失衡程度(%)

	中港	中美	中荷	中英	中意	中法	中台	中韩	中日
2005	27.1	27.6	5.5	3.2	1.2	0.6	14*	10.1*	4*
2006	27.6	27.6	5.2	3.3	1.4	0.5	12.7*	8.6*	4.6*
2007	27.1	25.8	5.8	3.8	1.7	1.1	12.2*	7.5*	5*
2008	26.8	25.8	6.1	4	2.3	1.2	11.7*	5.8*	5.2*
2009	26.1	23.7	5.2	3.9	1.5	1.4	10.8*	8.1*	5.5*
2010+	12.3	19.8	2.8	2.5	2	2.1	7.9	10.5	15.8

注:总贸易失衡为中国与样本国双边失衡的总和,如果失衡为逆差则取其绝对值相加,带*号的项表示是逆差,2010+项表示2005~2009年间中国与样本国的货物进出口总额占中国与这些国家货物进出口总额的百分比。

下面考虑人民币兑其他国家不同币种的双边变动方案。首先要作出一些假设。第一，假设贸易权重不变；第二，不考虑中国与日本、韩国、中国台湾等贸易逆差的汇率贬值因素，只考虑人民币兑美元、港币、欧元、英镑的升值因素；第三，假定未来中国的物价上涨速度快于国外加权物价水平，中国的年通货膨胀率平均为3%，美国、英国等其他国家和地区的平均通货膨胀率为2%。接着按如下三种方案设计人民币的升值路径。第一种，人民币兑美元、港币、欧元、英镑升值的幅度相同；第二种，贸易失衡程度越高的国家对应的双边名义升值幅度越大；第三，种贸易失衡程度越低的国家升值幅度越大。具体方案设计为（见表5、表6）：以2010年9月21日外汇报价为基准，2010年人民币兑美元的名义汇率约为6.6080~6.6292，需升值0.56%~1.37%；而人民币兑欧元的名义汇率约为9.1622~9.2345，需要贬值4.68%~6.61%。2015年人民币兑美元的名义汇率约为5.4153~5.7575，需升值14.06%~19.17%；人民币兑欧元的名义汇率约为7.2723~8.0374，需升值8.17%~16.91%。

表5　　　　　　　　到2010年双边汇率升值幅度

	人民币/美元	人民币/港币	人民币/英镑	人民币/欧元
2010.9.21日外汇报价	6.6997	0.8629	10.42	8.7522
方案1：双边汇率升值幅度（%）	1.05	0.89	0.42	-5.5
2010年双边汇率应升值到	6.6292	0.8552	10.376	9.2345
2010年实际有效汇率	81.07			
方案2：双边汇率升值幅度（%）	1.37	1.21	-0.93	-6.61
2010年双边汇率应升值到	6.6080	0.8525	10.5171	9.2830
2010年实际有效汇率	81.07			
方案3：双边汇率升值幅度（%）	0.56	0.40	2.47	-4.68
2010年双边汇率应升值到	6.6620	0.8594	10.1621	9.1622
2010年实际有效汇率	81.07			

注：2010年9月21日人民币/美元、人民币/港币、人民币/英镑、人民币/欧元的报价来自国家外汇管理局网站；人民币/欧元的升值幅度之所以是负数，是因为2010年9月21日的人民币/欧元的报价相对于2009年的报价升值幅度高达8%。

表6　　　　　　　　到2015年双边汇率升值幅度

	人民币/美元	人民币/港币	人民币/英镑	人民币/欧元
2010.9.21日外汇报价	6.6997	0.8629	10.42	8.7522
方案1：双边汇率升值幅度（%）	17.14	17.01	16.62	11.65
2015年双边汇率应升值到	5.5512	0.7161z	8.6887	7.7328

	人民币/美元	人民币/港币	人民币/英镑	人民币/欧元
2015年实际有效汇率	71.25			
方案2：双边汇率升值幅度（%）	19.17	19.04	8.03	8.17
2015双边汇率应升值到	5.4153	0.6986	9.5837	8.0374
2015年实际有效汇率	71.26			
方案3：双边汇率升值幅度（%）	14.06	13.93	29.65	16.91
2015年双边汇率应升值到	5.7575	0.7427	7.3308	7.2723
2015年实际有效汇率	71.24			

三、行为均衡有效汇率方法（BEER）的测算

1. 行为均衡汇率理论的原理

1995年IMF的McDonald提出了行为均衡汇率理论（Behavioral Equilibrium Exchange Rate，BEER），行为均衡汇率的表达式为：

$$q_t = \alpha_1 L_t + \alpha_2 M_t + \beta S_t + \mu_t \tag{11}$$

其中：L为长期内影响汇率的基本经济因素向量，M为中期内影响汇率的基本经济因素，S为影响汇率的短期、临时因素组成的向量，μ为随机扰动项。

在方程（4）中，可观测到的实际汇率完全由基本经济因素L和M、短期因素S和随机误差μ解释，定义当前均衡真实汇率q'_t为：

$$q'_t = \alpha_1 L_t + \alpha_2 M t \tag{12}$$

定义真实有效的当前失调cm_t为实际观测到的汇率与当前均衡真实汇率之差，即：

$$cm_t = q_t - q'_t \tag{13}$$

因为基本经济因素本身会偏离其长期均衡水平，因此定义长期均衡真实汇率为：

$$q_t^* = \alpha_1 L^* + \alpha_2 M^* \tag{14}$$

其中L^*、M^*为代表基本经济要素的可持续的长期均衡值。

定义真实有效的长期失调pm为：为实际观测到的汇率与长期均衡真实汇率之差：

$$pm = a_t - q_t^* \tag{15}$$

2. 计量模型和变量选择

在选取决定人民币均衡汇率的经济基本面变量时，施建淮、余海丰（2005）认为，应考虑以下三个因素：一是理论模型所建议的变量，主要根据 BEER 方法的已有文献给出的建议；二是数据的可得性；三是我国的具体国情。结合秦朵、何新华（2010）和施建淮、余海丰（2005）的方法，我们选取的基本变量有：相对人均收入（RY），净对外资产（NFA）占比，开放度（OPEN）。

为了较好与 FEER 测算的结果比较，BEER 方法中的实际有效汇率的设置方式同 FEER 中的一样，见公式（9）及其说明。

相对人均收入（RY）：是一个衡量本国与外国生产率增长差异的较为直接的指标，用于体现 Balassa – Samuelson 效应。

$$RY = \ln(Y) - \sum_{i=1}^{17} \omega_i \ln(Y_i) \tag{16}$$

净对外资产占比（NFA）：该指标用于捕捉外部环境因素，我们采用净对外资产占 GDP 的比率。具体计算公式见前一部分的说明。

开放度（OPEN）：该指标用于捕捉贸易政策因素，可利用进出口总额占 GDP 的比率来描述一个国家的开放政策。

我们采用的样本期为 1982~2009 年，总共 28 个样本。

3. 模型的检验和估计

整个检验和估计过程包括：①单位根检验，②协整检验，我们在估计协整关系个数时采用 Johansen 法，其余的均采恩格尔—格兰杰（Engle—Granger）两步法。③误差修正。

（1）单位根检验

由表 7 可知 REER、TNT、NFA、OPEN 都是一阶单整，因此可以对 REER、TNT、NFA、OPEN 进行协整检验。

表7　　REER、RY、NFA、OPEN 的单位根检验

	截距	时间趋势	滞后阶数	ADF 统计量	10%关键值
REER	有	有	2	-1.735923	-3.22923
RY	有	有	2	-1.005451	-3.229230
NFA	有	有	2	-0.410055	-3.22923
OPEN	无	无	2	-0.203894	-1.609329
D（REER）	有	有	2	-4.970380	-4.356068

	截距	时间趋势	滞后阶数	ADF统计量	10%关键值
D（RY）	有	有	2	-5.267479	-4.374307
D（NFA）	有	有	2	-4.422499	-4.356068
D（OPEN）	无	无	2	-2.685617	-2.656915

(2) 协整检验

首先，需要估计一个不受限制向量自回归（简称 VAR）。表 8 给出了对 VAR (2) 系统的诊断结果。由表 8 可知，异方差检验、1 到 4 自相关检验、正态性检验都能通过。

表 8　VAR (2) 模型的评估诊断（Model Evaluation Diagnostics）

	Multivariate Diagnostic Test			
Autocorrelation LM Test	LM (1)	LM (2)	LM (3)	LM (4)
	22.3342	17.30768	21.13283	20.51245
20.51245	(0.1328)①	(0.3660)	(0.1735)	(0.198)
Heteroskedasticity Test	X^2 (160) = 182.2031		(0.1103)	
Jarque – Bera normal Test	X^2 (8) = 11.15512		(0.1931)	

注：①括号里的表示 P 值。

然后，进行 VAR (2) 的协整检验，见表 9。由表 9 知，无论是迹统计量还是最大特征值统计量都表明存在且只存在一个协整方程。因此可以进一步做静态回归。

最后，用普通最小二乘法对变量之间的关系作静态回归，并对回归结果的残差序列做 ADF 单位根检验，检验结果见表 10（回归方程残差的 ADF 检验结果），残差序列是平稳的。回归方程见式 (17)①，由式可见，人民币实际均衡汇率的重要长期决定因素主要包括三个：相对人均收入、净对外资产、开放度，它们对人民币均衡汇率的影响方向为：净对外资产的增加和开放度的放大会使实际均衡汇率贬值，而相对人均收入的增加会导致人民币实际均衡汇率的升值。

$$REER = -\underset{(0.067)}{0.904} * RY + \underset{(0.003)}{0.023} * NFA + \underset{(0.002)}{0.009} * OPEN + \underset{(0.036)}{0.133} * TD + \underset{(0.221)}{0.955}$$

(17)

$R^2 = 0.951$。

---

① 考虑到我国 1994 年和 2005 年的汇率制度改革，这里设置了两个亚变量，但是 2005 年的亚变量不显著，去掉了。我们也考虑了不设亚变量，结果稍有差异，但基本没变。

表9　　　　　　　　VAR（2）的协整检验结果

协整秩	迹统计量	5%临界值	P值
None *	60.80873	47.85613	0.0019
At most 1	26.41610	29.79707	0.1168
At most 2	8.301526	15.49471	0.4337
At most 3	0.217135	3.841466	0.6412

协整秩	最大特征值统计量	5%临界值	P值
No. of CE (s)	Statistic	Critical Value	Prob. **
None *	34.39263	27.58434	0.0057
At most 1	18.11457	21.13162	0.1256
At most 2	8.084391	14.26460	0.3702
At most 3	0.217135	3.841466	0.6412

表10　　　　　　回归方程残差的 ADF 检验结果

	t - Statistic	Prob. *
Augmented Dickey - Fuller test statistic	-4.205807	0.0002
Test critical values: 1% level	-2.656915	
5% level	-1.954414	
10% level	-1.609329	

（3）误差修正

误差修正方程见（18）。该式中，ECM 实际上是式中回归方程（17）的残差项的一阶滞后，称之为误差修正项，其系数为 -0.319（绝对值小于1），该系数反映了误差修正模型自我修正的动态机制，如果在上年，均衡汇率低于实际有效汇率（ECM<O），也就是说，汇率出现低估，那么在下一年，由于误差修正项的系数为正，长期的 REER 就会贬值，显然误差修正项的系数越大，系统的自我修正能力就越强，当系数为1时，汇率的失调在一年内就可以完全矫正。

$$D(REER) = -0.319ECM(-1) - 0.845D(RY) + 0.007D(NFA) \\ + 0.003D(OPEN) + 0.039 \quad (18)$$

4. 实际汇率失调程度的估算及分析

（1）实际汇率长期失调程度的估算

为了得到人民币的长期均衡真实汇率，需要提取经济基本面要素变量的长期均衡值以反映经济基本面要素变量对实际均衡汇率持久性的影响,为此,我们利用 HP 滤波来提取经济基本面要素变量相对人均收入、开放度、净对外资产的长期均衡值,将滤波后的经济基本面要素变量值代入方程(15)中,可以得到人民币的长期均衡真实汇率值,图 5 给出了实际真实有效汇率与长期均衡真实汇率的时序图。实际真实有效汇率长期失调程度计算公式为:实际真实有效汇率长期失调程度 = (实际真实有效汇率 – 长期均衡真实汇率)/长期均衡真实汇率×100%。图 6 给出了实际真实有效汇率的长期失调程度的时序图。

(2) 实际真实汇率失调程度的分析

从图 5、图 6 可以看出,我国实际真实有效汇率围绕长期均衡有效汇率波动,偏离幅度在 20% 以内。1994 年我国汇率并轨,人民币兑美元大幅贬值,使得当年的实际真实有效汇率低估 17.4%;1997 年亚洲金融危机以及 1998 年我国承诺人民币不贬值,使得 1998 年我国人民币的实际真实有效汇率高估 13.1%;此后我国人民币实际真实有效汇率对长期均衡有效汇率的偏离幅度在 10% 以内,尤其是 2005 年汇率制度改革以来,偏离幅度仅在 6.2% 以内。2005 年汇率制度后,人民币实现了一定的升值,尤其是 2007 年下半年到 2008 年上半年,人民币对美元的升值加速,与此相应我国的实际真实有效汇率从 2008 年开始由此前的低估变为稍微的高估,但高估程度仅为 2% 左右。总体而言,2005 年的汇率是比较成功的。

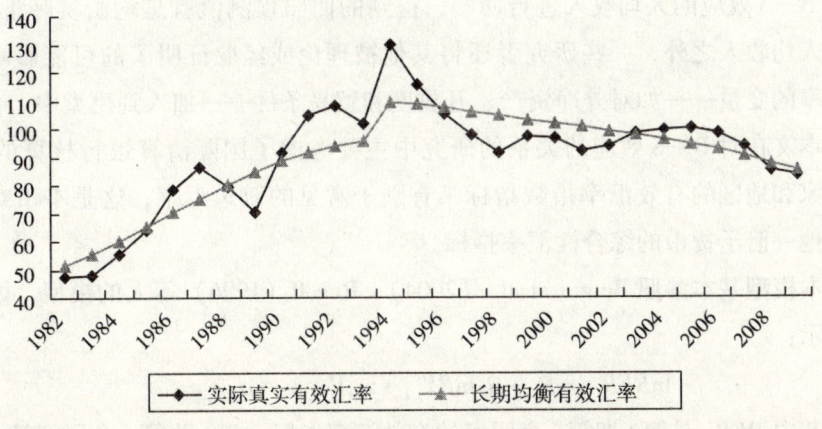

图 5 实际真实有效汇率和长期均衡有效汇率时序图

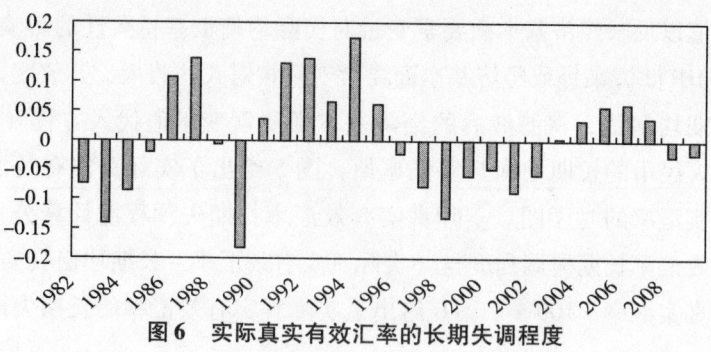

图 6　实际真实有效汇率的长期失调程度

五、扩展购买力平价方法

1. 模型及其说明

扩展购买力平价法（Enhanced Purchasing Power Parity Approach）以 B—S 效应为理论基础。根据 B—S 效应，如果本国可贸易品部门和不可贸易品部门生产率的比率的增长速度快于外国，那么本国货币的实际汇率就会相对于外国货币升值。因为可贸易品部门生产率增长速度通常高于不可贸易品部门生产率增长速度，根据这一理论，一国在经济赶超过程中会伴随着实际汇率升值。因此，扩展购买力平价法一般用截面数据或面板数据将实际汇率对用来表示 B—S 效应的人均收入进行回归，得到的回归预测值就是均衡实际汇率。除了人均收入之外，一些研究者还将其他被理论或经验证明了的可能影响实际汇率的变量——如对外净资产、开放度和贸易条件——加入到模型中。

本文在对 B—S 效应的关系的研究中主要考虑了国际清算银行核算的 58 个国家和地区的有效汇率指数指标，有别于常见的双边汇率，这是本币对应于其他一篮子货币的综合性汇率指标。

本模型基本参照 Bergin et al.（2004）、Rogoff（1996）等人的模型，如方程所示：

$$\ln RER_{i,t} = \beta_0 + \beta_1 \ln RY_{i,t} + z_{i,t}\Gamma + \alpha_i + \mu_t + \varepsilon_{i,t}$$

其中 $RER_{i,t}$ 是第 t 期第 i 个国家的有效汇率指标；$RY_{i,t}$ 为第 i 个国家第 t 期的相对人均收入；Z 是其他解释变量；a_i 表示国家 i 的特定效应；μ_t 是时间效应；ε 表示残差项。

除了相对收入之外，还加入了几个被认为会对中长期实际汇率产生重要影响的解释变量，它们是开放度（trade）、政府支出（govern）和投资（invest）。一般来讲，开放度越高实际汇率越低，因为限制自由贸易（主要是进口方面）将导致一国进口产品价格提高，非贸易品价格上涨。相比私人投资，政府支出更倾向于非贸易品，因此政府支出比重越高，实际汇率越高。对于投资而言，资本劳动力比率越高，生产效率和工资水平也越高，因而实际汇率也就更高。

2. 数据说明

我们收集了国际清算银行有效汇率指标中的 57 个国家和地区（因欧元区中的相关国家数据已包括在其中，这里我们将剔除欧盟作为单独个体的数据）的年度面板数据来估计人民币对其他货币的均衡有效汇率；时间段为 1994 年到 2009 年，共计样本量 771。

相对人均收入是第 i 个国家的人均收入与当年其他国家加权人均收入的比率。当年其他国家加权收入则由各国贸易权重（每个国家贸易进出口总额占当年所有样本国家贸易进出口总额之比）乘以各国人均收入得到。与其他研究一样，开放度用进出口总额与 GDP 的百分比来衡量；政府支出是指政府支出与 GDP 的百分比；投资则指投资与 GDP 的百分比。

3. 实证结果

首先，回归结果如下：

$$\ln RER_{i,t} = -3.587221 + 0.0282626 \ln RY_{i,t} + 0.0160483 \mathrm{govern} \\ + 0.007251 \mathrm{invest} - 0.0023561 \mathrm{trade}$$

估计系数均在 1% 水平下显著，R_2 等于 0.1463，各指标回归系数符号符合预期的经济意义。

根据回归结果，我们可以估算人民币的实际均衡汇率与实际汇率失衡程度。由于决定实际汇率的基本因素并不一定处于它们的均衡水平上，为了计算长期实际均衡汇率，我们首先必须计算这些基本因素的均衡值。我们用广泛应用的 H—P 滤波对这些基本因素进行平滑以取得其均衡值。这样，图 7 中曲线 ERER 就是人民币实际均衡汇率指数估计值，ARER 就是人民币的实际有效汇率指数。

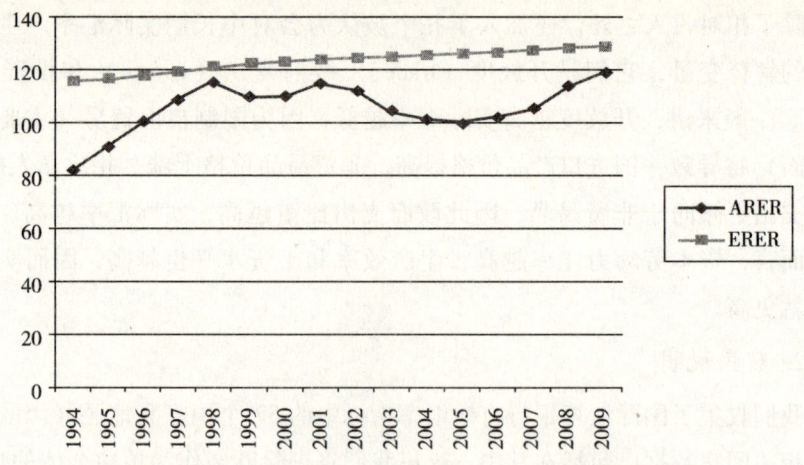

图7 扩展购买力平价法估算的人民币实际均衡汇率

在得到实际均衡汇率的估计值之后,我们通过下式计算实际汇率失衡程度:

$$MIS = (ARER - ERER)/ERER \times 100$$

MIS 小于零则意味着实际汇率低估,MIS 大于零则意味着实际汇率高估,人民币实际汇率失衡程度如图8所示。可见,虽然人民币存在一定程度的低估,但从2005年之后低估的程度已经缩小了很多。

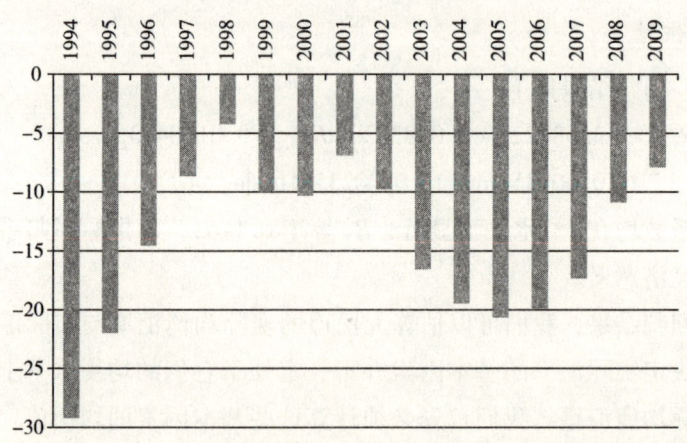

图8 扩展购买力平价法估算的人民币实际汇率失调程度

六、人民币均衡汇率水平的判断及人民币汇率政策建议

1. 不同研究方法的评估及人民币均衡汇率水平判断

本文采用 FEER、BEER、扩展的购买力平价三种不同的方法计算我国人民币的均衡真实有效汇率,这三种方法得出的均衡有效汇率有所差异,其中采用 FFER 和 BEER 方法得出的结果比较接近,都认为我国的实际真实有效汇率在过去既有低估的阶段,也有高估的阶段,且失衡程度大多数年份都在 10% 以内,就目前的汇率而言,这两种方法都认为目前人民币实际有效汇率已经升值到位,且存在稍微高估(3% 以内),都认为 2005 年我国的汇率制度改革是比较成功的(图9)。而扩展的购买力平价法则认为我国实际真实有效汇率一直存在低估,但 2005 年汇率制度改革以来低估程度已经大幅降低(由 2005 年 20.63% 下降到 2009 年 7.93%)。结合这三种测算方法所得出的结果,我们认为目前我国的人民币实际有效汇率已经处于比较合理的区间上,既不需要大幅的升值也不需要大幅的贬值。

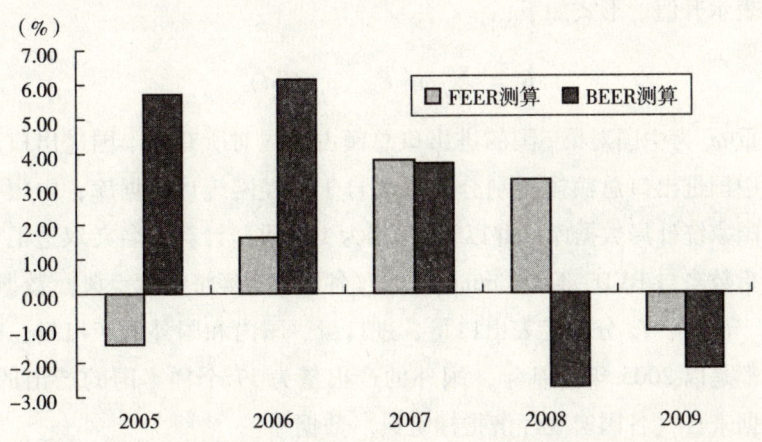

图9　FEER 和 BEER 两种方法测算的人民币均衡汇率失调程度比较

2. 人民币汇率政策的建议

第一,2010 年人民币均衡有效汇率相对于 2009 年轻微升值 2.25% ~ 2.68%,而从目前到"十二五"期末我国实际有效汇率指数升值 11.52% ~

16.53%,其中 2011~2015 年每年的升值幅度依次为 0.4%~1.64%、1.26%~2.39%、2.03%~2.97%、2.69%~3.45%、3.3%~3.88%。

第二,2010 年人民币兑美元的名义汇率约为 6.6080~6.6292;人民币兑欧元的名义汇率约为 9.1622~9.2345。以 2010 年 9 月 21 日外汇报价为基准,2015 年人民币兑美元名义汇率的升值幅度为 14.06%~19.17%,约为 5.4153~5.7575;人民币兑欧元名义汇率升值幅度为 8.17%~16.91%,约为 7.2723~8.0374。

第三,推出中国人民币有效汇率指数,并定期公布,使公众了解我国的有效汇率是合理的;减轻国际上对我国人民币升值的压力。

附录:变量定义及数据来源

(1) 基本均衡汇率方法中的变量及数据来源

实际有效汇率:是一篮子货币的实际双边有效汇率的加权平均,具体使用中一般把它表示成指数形式,这里以 2005 年为 100,指数增加表示贬值,反之则表示升值。形式如下:

$$R = \sum_{i=1}^{17} \omega_i [E_{d/i}(p_i^*/Pd)]$$

权重 ω_i 为中国对第 i 国的进出口总额占中国对所有样本国进出口总额的份额。中国进出口总额按国别分数据来自于中经网统计数据库;中国 CPI 指数来自国家统计局数据库,并以 2005 年为 100 重新计算;名义双边汇率、国外价格指数来自 BVD – EIU CountryData《各国宏观经济指标宝典》数据库。

X、M、Y、Y_w 分别代表出口量、进口量、国内和国外的产出量,这四个数据项都是以 2005 年为基年,国外的产出量为 17 个样本国的产出的总和。具体数据来自《各国宏观经济指标宝典》数据库。

经常项目占比 CA:用货物与服务净出口表示经常项目余额,货物与服务净出口、中国 GDP 年度数据来自中经网统计数据库。

老年人口依存比:为老年人口占工作人口的比重。1985~2008 年数据来自世界银行数据库,2009 年数据根据自回归法计算所得。

政府财政盈余占 GDP 比值 BA:该项数据来自《各国宏观经济指标宝典》

数据库。

净对外资产占 GDP 比值 NFA：2004~2009 年的数据采用国家外汇管理局公布的数据，而 2004 年之前的由于没有公布，则采用该年度的净对外资产减去本年度的经常项目余额得出上一年度的净对外资产。

（2）BEER 方法中的变量及数据来源

实际有效汇率同上。

相对收入之比（RY）：是一个衡量本国与外国生产率增长差异的较为直接的指标，用于体现 Balassa – Samuelson 效应。

$$RY = \ln(Y) - \sum_{i=1}^{17} \omega_i \ln(Y_i)$$

权重的定义及需要的数据来源见实际有效汇率项；同人均收入 Y、Y_i 来自《各国宏观经济指标宝典》数据库。

净对外资产占比（NFA）：见基本均衡汇率方法中的变量及数据来源部分。

开放度（OPEN）：该指标用于捕捉贸易政策因素，可利用进出口总额占 GDP 的比率来描述一个国家的开放政策。我国进出口总额、GDP 数据来自中经网统计数据库。

（3）扩展的购买力平价法的变量及数据来源

本方法基本方程如下

$$\ln RER_{i,t} = \beta_0 + \beta_1 \ln RY_{i,t} + Z_{i,t}\Gamma + a_i + \mu_t + \omega_{i,t}$$

$RER_{i,t}$ 是第 t 期第 i 个国家的有效汇率指标，数据来 BIS 网站。

$RY_{i,t}$ 为第 i 个国家第 t 期的相对人均收入，等于第 i 个国家的人均收入与样本内其他国家加权人均收入的比率。当年加权收入则由各国贸易权重（每个国家贸易进出口总额占当年所有样本国家贸易进出口总额之比）乘以各国人均收入得到。各国人均收入和进出口贸易总额均来源于 EIU CountryData《各国宏观经济指标宝典》数据库。

Z 是其他解释变量，它们是开放度 trade、政府支出 govern 和投资 invest。开放度用进出口总额与 GDP 的百分比来衡量；政府支出是指政府支出与 GDP 的百分比；投资则指投资与 GDP 的百分比。三个数据均来源于 EIU CountryData《各国宏观经济指标宝典》数据库。

参考文献

[1] 胡春田,陈智君. 人民币是否升值过度?——来自基本均衡汇率(1994~2008)的证据. 国际金融研究,2009(11)

[2] 林伯强. 人民币均衡实际汇率的估计与实际汇率错位的测算. 经济研究,2002(12)

[3] 王义中,金雪军. 人民币内外均衡汇率:1982-2010. 数量经济技术经济研究,2008(5)

[4] 王泽填,姚洋. 人民币均衡估计. 金融研究,2008(12)

[5] 秦朵,何新华. 关于人民币失衡的测度——指标定义、计算方法及实证分析. 中国社会科学院世界经济与政治研究所统计研究室工作论文,2010

[5] 施建淮,余海丰. 人民币均衡汇率与汇率失调:1991—2004. 经济研究,2005(4)

[6] 张斌. 人民币均衡汇率:简约一般均衡下的单方程模型研究. 世界经济. 2003(11)

[7] 张晓朴. 人民币均衡汇率理论与模型. 经济研究,1999(12)

[8] Borowski, D. and Couharde, C., 2003. The Exchange Rate Macroeconomic Balance Approach: New Methodology and Results for the Euro, the Dollar, the Yen and the Pound Sterling, Open Economics Review, 14, pp. 169-190

[9] Clark, P. B. and MacDonald, R., 1999, "Exchange Rates and Economic Fundamentals: A Methodological Comparison of BEERs and FEERs", In MacDonald, R, and Stein, J, (eds), Equilibrium Exchange Rates, Kluwer Academic Publishers

[10] Cline, W. R. and J. Williamson, 2008, Estimate of the Equilibrium Exchange of the Renminbi: Is There a Consensus and if Not, Why Not? In Debating China's Exchange Rate Policy edited by Morris Goldstein and Nicholas R. Lardy, IIE, pp131-168. April 2008

[11] Cline, W. R. and J. Williamson, 2009, estimates of fundamental equilibrium exchange rates Policy Brief09-10, Peterson Institute for International Economics

[12] Cline, W. R. and J. Williamson, 2010, estimates of fundamental equilibrium exchange rates Policy Brief10-15, Peterson Institute for International Economics

[13] Edwards, S. and Savastano, M., 1999, "Exchange Rates in Emerging Economies: What Do We Know? What Do We Need To Know?", NBER Working Paper No. 7228

人民币汇率政策改革策略与宏观经济政策配套

温建东

2005年7月以来，根据主动、渐进、可控的原则，我国不断完善人民币汇率形成机制，汇率形成市场化程度逐步提高，国内经济金融保持稳定，显示改革总体是成功的。随着全球金融危机愈演愈烈，从2008年6月到2010年6月，人民币对美元汇率中间价又收窄了波幅，期间在6.82~6.84之间波动。国际金融危机平静后，中国人民银行6月19日决定进一步推进人民币汇率形成机制改革，增强人民币汇率弹性。关于人民币汇率何去何从，众说纷纭。因此，有必要根据国内外经济金融形势和趋势，重新评估和谋划人民币汇率政策安排。

一、影响人民币汇率走势的主要因素

2005年汇改以来，人民币对美元累计升值21%。据国际清算银行（BIS）数据测算，2010年5月人民币实际有效汇率为120，较2005年6月升值了23%。从2008年第四季度至2010年5月平均水平为119年，是1994年以来水平最高、持续时间最长的阶段。人民币汇率比过去任何时候都接近均衡汇率，这也可从2010年第一季度经常项目顺差占GDP比例下降到接近均衡水平的3.5%可以得到印证。

1. 中国实体经济表现是人民币汇率变动的基础

币值强弱是以经济基本面为保证的。决定未来一段时间人民币汇率走势的关键之一是中国经济走势。改革开放以来，我国经济保持高速增长，各行业特别是制造业的劳动生产率快速提高，增速明显高于世界平均水平和其他

温建东：对外经济贸易大学金融学院，国家外汇管理局。

新兴市场国家。有关国际组织的研究显示，2000~2005年间我国劳动生产率增长63.4%，远高于印度的26.9%和东盟的15.5%。强势增长的中国经济无疑成为人民币升值的经济基础，这也符合巴拉撒—萨缪尔森效应的理论解释。

亚洲金融危机和2008年全球金融危机期间，我国之所以出现资本流动、人民币贬值现象，就是因为当时国内存在经济下滑和通货紧缩的风险。例如，2008年10月以来公布的我国出口、工业增加值、财政收入等主要经济指标增速大幅下降甚至转为负增长，显示中国经济下行压力加大。2008年三季度以后，我国GDP增速从过去三年平均10%以上迅速回落，三季度9.6%，四季度降为6.8%。同时，2008年末全国城镇失业率4.2%，比上年新增0.2个百分点。2009年1月，CPI涨幅骤减为1.0%，PPI下降3.3%。市场认为，如果中国经济面临较大困难，则会重新面临1998年所处的局面，即贸易大量顺差，资本大量外流。因此，人民币贬值预期一度达到3%。2009年第二季度以来，随着一系列扩大内需和积极的财税、金融以及外贸等政策的逐步贯彻落实，市场认为中国经济增长能维持一个比较良好的局面，人民币对美元汇率重回升值通道。

2. 国际收支持续大量顺差是人民币升值的直接原因

受经济转轨、文化传统、人口结构等多种因素的影响，1994年以来，我国国民储蓄增长一直高于国内投资，国民储蓄率在1982~2007年间由36%升至50%，投资率由34%升至42%。根据国民收入恒等式（储蓄－投资＝出口等经常项目收入－进口等经常项目支出），净储蓄（储蓄－投资）的另一面就是形成净出口（经常项目顺差）。特别地，经济全球化背景下的国际产业转移和跨国公司内部贸易成为我国贸易顺差持续扩大的一个重要原因。据统计，加工贸易顺差是我国贸易顺差的主要来源，2000~2008年间加工贸易顺差对同期贸易顺差的贡献率为125%，而加工贸易出口约80%来自外商投资企业。这些变化说明，随着跨国公司价值链和国际分工格局的调整，我国作为世界加工车间的角色日益凸显。此外，由于国内金融体系不健康，金融部门的储蓄吸纳效率远高于储蓄资源分配（投资），客观上需要有一个能够高效分配储蓄资源的国外金融部门，以使国内储蓄借此转为投资。在其他因素的共同作用下，以国际直接投资为主的资本和金融项目也保持顺差。1999年以来，我国国际收支连续十年呈现双顺差格局，使人民币处于持续升值预期之中。

3. 国际汇率走势影响人民币多边汇率

美元汇率强弱传导到人民币有效汇率，导致人民币预期变化。全球金融危机初期，美元走软。但随后多数欧日等发达国家和新兴市场经济金融都也陷入困境。危机深化过程伴随金融行业"去杠杆化"现象，即危机深化引发以往过度追求高额杠杆收益的机构开始赎回这些杠杆比例高的资产，回补空头。这导致大部分资产价格下降，金融市场流动性降低，而随着对流动性需求的增长，风险利差、流动性利差等都会上升，这引发美元在"去杠杆化"过程中汇率陡然走高。同时，"去杠杆化"引起金融市场信贷资金冻结，银行大举收缩信贷，美元空头只能通过各种其他市场方式进行空头回补，形成的美元轧空行情也推升美元近期大幅上涨，仅2008年7月后的4个月内美元对主要货币汇率就骤升逾20%，推升人民币实际有效汇率指数全年升值11.89%。

4. 国际环境对人民币汇率产生压力

国际经济金融形势通过影响经常项目顺差进而影响人民币汇率。随着美国次贷危机逐渐演变成全球性的金融危机和经济衰退，去库存化和去杠杆化导致国外需求萎缩，外贸形势发生逆转。2008年11月，月度进出口总值出现了自2001年10月以来首次负增长，月度进口、出口增速发生1998年10月以来的双降，到2009年1月，进、出口继续下降，环比分别下降43.1%和17.5%。全球金融危机造成国外需求明显萎缩，出口规模下降。随后出现了贸易逆差，这些因素扭转了单边人民币升值趋势。

全球贸易保护主义常常使得人民币汇率政策有再度成为国际焦点。2008年10月，国际货币基金组织预测，2009年全球经济增长将放缓至0.5%，比上次预测下调了1.7个百分点，其中发达国家经济平均收缩2%，为二战以来首次全部陷入衰退，新兴市场和发展中国家经济增速将降至3.3%。各国为应对国际金融危机，刺激本国经济增长，极有可能采取各种形式的贸易保护措施，进而引发贸易战。现美国白宫、参众两院均由更具有贸易保护主义色彩的民主党控制的政治现实也加重了这种担忧。奥巴马新政府上台伊始就通过的经济刺激方案中，就顶住国内外自由贸易的舆论，强行加入了所谓"购买美国货"的条款。美国前财长保尔森离任前夕将当前国际金融危机部分归咎于中国的高储蓄，而新财长盖特纳一上任也重提中国"操纵汇率"。国际货币基金组织为协调与美国新政府的立场，与中国就汇率失调问题的磋商一拖再拖。作为拥有全球最大贸易顺差的国家，我国常常成为危机责任论和国家威胁论的众矢之的，成为贸易保护主义的主要受害方。与我国存在贸易竞争关系并且深陷危机困境的新兴市场和发展中国家，也加入美日欧的行列，对人民币汇率政策集体发难并发动贸易战。据世界银行统计，2010年一季度，各国47%的新发起和82%已结案的贸易调查都针对或涉及中国。

人民币汇率不能免受归类思维影响。全球经济危机重创了新兴市场，许多国家陷入衰退。例如，2008年12月底，韩国外汇储备从2680亿美元减少到2012亿美元，而其外债规模高达4000亿美元。俄罗斯卢布2008年7月后急转直下，半年内卢布实际有效汇率贬值12.15%。俄罗斯外汇储备则在三个月内用去了1/4，降至4500亿美元，其外债规模仍高达4300亿美元。国际投资者把我国列入新兴市场"金砖四国"。我国外贸依存度在2007年已经攀升至70%，高于绝大多数新兴市场国家或地区。随着全球金融市场动荡，经济陷入衰退，国际上对于中国经济增长前景的担忧不断上升，这传导到市场对人民币汇率转为贬值预期，进而影响即期汇率和外汇储备。相反，金融危机平静后，国际上风险偏好上升，2009年3月后，资金又从发达国家重返新兴市场，新兴市场货币开始升值。人民币NDF又从美元升水（人民币贬值）预期转为美元贴水（人民币升值预期）。

二、人民币汇率变动对跨境资本流动的影响

探讨汇率变动对跨境资本流动的影响实际上等价于分析资本管制的有效性。Dooley（1986）认为：有效的资本管制应具备长期维持宏观经济政策不协调体制的能力。通常，资本管制的有效性应根据其对资本流动和政策目标的影响进行衡量。如果对经济变量能够产生可以衡量的较显著影响，则资本管制有效。国内外在评价资本管制有效性时，主要采用价格指标和流量指标两种方法。

第一，价格指标方法通过评估同种金融工具的国内外价格差距可持续性，判断国际资本自由流动程度，其中最具代表性的标准是国内外利率之间的差异，一般情况下，此差异较小说明资本存在跨境自由流动，反之则可以说明

资本的流动受到限制，也可以认为本国货币政策保持一定的独立性，国内利率受国际市场利率影响不大。Cheung 等人[1]通过模型验证中美短期利率差异，认为短期套利活动受限导致利差显著而持久。尤其是如果存在离岸市场，则可以比较在岸和离岸市场本币利率差异，若此差异显著不为 0，就能证明资本管制有效。马国南等人[2]比较了中国境内外人民币收益率，认为中国的资本管制仍然有效，阻止了人民币境内外收益率的趋同。金荦、李子奈[3]比较了中国国内美元利率和国外美元利率之间的差异，认为中国资本管制基本有效。

第二，流量指标方法主要分析资本流动与国内外利率、市场预期、股票收益率等影响因素的关系，在不存在资本管制的情况下，资本的流动与上述因素联系较紧密，并具有一定的因果关系；但在资本管制有效的情况下，上述因素不能成为资本大量流动的主要影响指标，因果关系也难以确定。于洋、杨海珍[4]通过分析中美利差对中国实际利用外资额、对外借款等项目的影响，认为中国资本管制比较有效。此外，于洋等人还在文献中分析了中国投资和储蓄的关系，认为在资本完全流动情况下，一国的投资不必通过该国储蓄融资，两者的关系应该是 0，反之，资本流动越少，两者的相关性就越高，得出了中国资本管制短期内有效，长期有所减弱的结论。

1. 人民币汇率变动对整体资本流动的影响

基于上述两种主要的判断方法，我们分别进行实证分析，进一步检验中国资本管制的效果。

（1）汇率对境内外利差的影响

由于人民币利率 Shibor 时间序列较短并且可成交性不足，我们选用 Chibor 作为人民币利率的代表指标。对比 1996 年 12 月~2010 年 8 月中美利率（3 个月的 Chibor 和 3 个月的 Libor 的利率）的日数据（图 1），发现两者表现出不同步的走势，相关系数只有 0.44。但两者差距较 1990 年代后期显著缩小，进一步格兰杰因果检验，得到美元利率是人民币利率的解释原因的结论。然

---

[1] Cheung, Yin-Wong, Menzie D Chinn and Eiji Fujii: The Chinese economies in global context: the integration process and its determinants, NBER Working Papers No. 10047, October, 2003.

[2] Guonan Ma, Robert N McCualey: Do China's capital controls still bind? Implications for monetary autonomy and capital liberalization, BIS Working Papers No. 233, August 2007.

[3] 金荦，李子奈："中国资本管制有效性分析"，《世界经济》，2005 年第 8 期。

[4] 于洋，杨海珍："中国资本控制有效性的实证检验及启示"，《管理评论》，2005 年第 5 期。

而，需要注意的是，这可以解释为改革开放后中国对外开放度加大，导致两国经济周期逐渐趋同。最重要的是，两者之间保持了显著的利差。

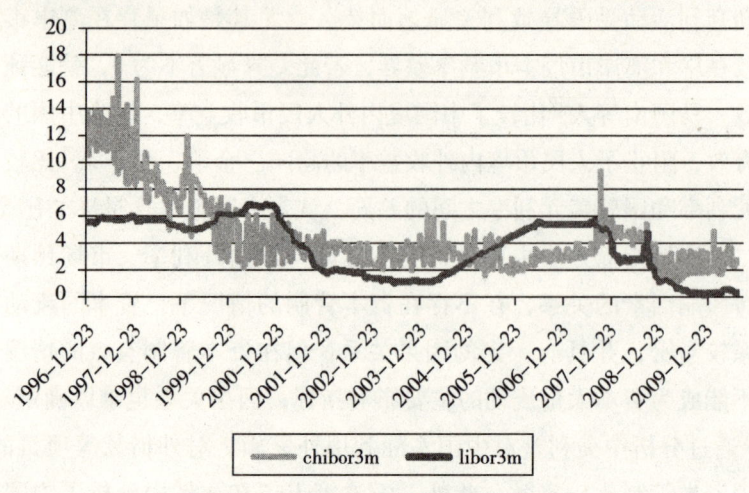

图1　中美利差的历史数据（%）

资料来源：路透，CEIC。

如果分析境内外人民币利率，结论更加明显。我们分析境内人民币收益率（1个月的Chibor）与离岸NDF隐含的一个月人民币收益率之差（简称利差）的历史数据（图2），可以看出，利差及其波动性较大。表1的计量方法证实了利率差显著不为0，我国的资本管制仍然有效地维持了显著的收益率差。

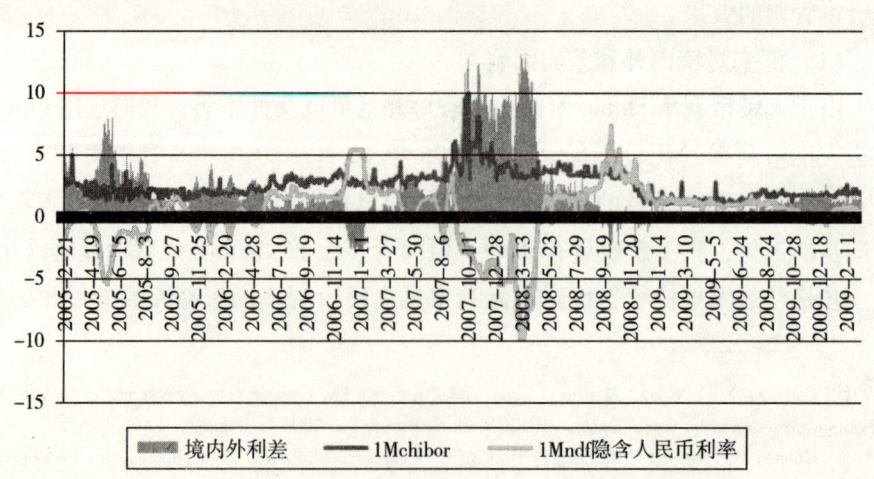

图2　境内人民币收益率与离岸NDF隐含人民币收益率（%）

资料来源：路透，CEIC。

表1　　　　　　　　　　中美利差的回归分析

(1)	spread = 2.95 - 0.004 T (18.35) (-6.87)	Adj - R^2 = 0.10; DW = 0.12
(2)	spread = 3.64D_1 - 16.49D_2 - 0.009T_1 + 0.049T_2 (25.87) (-15.32) (-11.39) (16.69)	Adj - R^2 = 0.51; DW = 0.22

上述两个分析支持资本管制仍然有效的结论。但值得指出的是，境内外利率逐步接近也是不争的事实。因此，为了进一步证明我们的观点，我们使用交易流量数据来进行分析。

（2）结售汇顺差与利差、股票收益差和汇率预期的关系

在这里，我们用结售汇差额（包括了进出口、服务贸易和资本项目）表示外汇净流入；用一年期央行票据发行利率同一年期美元Libor之差表示中美利差；用股票收益差表示境内外资产收益率差；用境内外一年期远期贴水点差（境外NDF贴水 - 境内远期贴水）表示人民币升值预期。

理论上，外汇净流入与中美利差、境内外资产收益率差和人民币升值预期正相关，即人民币升值预期、境内外资产收益率差和中美利差越大，外汇净流入就越多。我们剔除金融危机的异常情况，选取2000年1月到2008年下半年一年期央行票据发行利率，美国利率为一年期的LIBOR数据。但表2结果显示，中美利差、股票收益差、升值预期与结售汇差额差分项不存在显著的相关关系。

表2　结售汇差额（差分后）与利差和预期的相关性和回归分析

分析方法	中美利差	股票收益差	升值预期
相关分析	相关系数 = -0.01	相关系数 = -0.14	相关系数 = 0.004
回归分析	拟合度（R^2）= 0	拟合度（R^2）= 0.014	拟合度（R^2）= 0

为进一步验证上述指标之间的因果关系，将中美利差、升值预期[①]、股票收益差分别与结售汇差额的差分项（经过了平稳性检验）进行格兰杰因果关系检验（见表3）。结果表明，中美利差、升值预期、股票收益差与结售汇差额的差分项都不存在显著的因果关系。

---

① 由于我国外汇远期推出不久，因此无法找到2000年的数据，我们使用NDF贴水来表示升值预期。

表3　　　　　　　　　格兰杰因果关系检验结果

序号	原假设	F统计量	P值
1	中美利差不是结售汇差额差分项的解释原因	0.5594	0.5736
2	结售汇差额差分项不是中美利差的解释原因	0.0728	0.9298
3	升值预期不是结售汇差额差分项的解释原因	0.7715	0.4654
4	结售汇差额差分项不是升值预期的解释原因	0.5021	0.6070
5	股票收益差不是结售汇差额差分项的解释原因	1.4356	0.2435
6	结售汇差额差分项不是股票收益差的解释原因	1.7345	0.1825

注：数据区间：2000年1月~2008年6月月度数据。

上述实证研究表明，外汇净流入与中美利差、境内外资产收益差和人民币升值预期不存在显著的因果关系，中美利差、境内外资产收益差、人民币升值预期并不能成为解释外汇净流入的主体因素，导致外汇净流入的原因可能更主要来自贸易顺差等经济基本面。

2. 汇率变动对投机性资本流动的影响

虽然实证研究的结论是外汇净流入与中外利差、升值预期的关系不大，主要是经济基本面决定，但应承认，在全球经济一体化不断加强、中国改革开放不断深化的情况下，套利资本流动仍然存在。下面选用货物贸易外汇收支差额与进出口差额的差距（简称"顺收顺差差距"）代表一部分短期跨境资本流动，并对其进行必要的季节调整。该指标在一定程度上能够反映出企业在外贸环节以提前或延后外汇收支的形式实现短期资本跨境流动的目的。

（1）人民币汇率对外商直接投资（FDI）的影响

目前，商务部公布的外商直接投资是高频数据。为验证人民币汇率与FDI之间的因果关系，将商务部每月公布的实际利用外资与人民币汇率进行格兰杰因果关系检验（见表4）。结果表明，两者之间存在显著的因果关系。也就是说，人民币汇率是外商直接投资变动的解释原因，而外商直接投资不是汇率变动的解释原因。

表4　　　　　　　　　格兰杰因果关系检验结果

序号	原假设	F统计量	P值
1	人民币汇率不是FDI的解释原因	3.97	0.03
2	FDI不是人民币汇率的解释原因	1.54	0.23

注：数据区间：2006年1月到2010年7月月度数据。

（2）NDF价格、中美利差和股票收益差对跨境资本流动的影响

选择中国境内外利率差异、汇率预期和股票市场收益率差为顺收顺差差

距的主要影响指标，分别由国内银行间人民币同业拆借利率与伦敦同业拆借市场美元利率之差（简称"中美利差"），一年期NDF市场人民币对美元汇率远期升（贴）水值（简称"NDF升贴水"），以及香港股票市场收益率和中国大陆股票市场收益率之差（简称"股票收益差"）表示。

根据进出口差额等指标的公布周期，数据频率确定为月度。基于数据可得性和分析有效性考虑，样本区间选择7年（2000~2006年），该期间包含了我国外汇收支从基本平衡到顺差的转变过程，也同时包含了中美利率正向利差阶段和负向利差阶段，以及人民币贬值预期阶段和升值预期阶段。回归结果如下：

$$顺收顺差差距 = 27.5 + 6.5 \times NDF 升贴水 + 4.3 \times 中美利差 - 0.1 \times 股票收益差 \tag{1}$$

其中，数据单位为亿美元，NDF升贴水单位为1000个基点，中美利差单位为1个百分点。本模型检验结果显示，中美利差、NDF升贴水与顺收顺差差距的关系较明显，但股票收益差与顺收顺差差距没有显著关系。

为进一步验证上述指标之间的因果关系，将中美利差、NDF升贴水、股票收益差分别与顺收顺差差距进行格兰杰因果关系检验（见表5）。结果显示，中美利差和NDF升贴水是顺收顺差差距的原因，而顺收顺差差距不是中美利差和NDF升贴水的原因；股票收益差和顺收顺差差距间不存在因果关系。

表5　中国资本管制相对有效性的格兰杰因果关系检验结果

序号	原假设	F统计量	P值
1	中美利差不是顺收顺差差距的解释原因	3.6068	0.0318
2	顺收顺差差距不是中美利差的解释原因	2.6797	0.0750
3	NDF贴水不是顺收顺差差距的解释原因	4.6940	0.0119
4	顺收顺差差距不是NDF贴水的解释原因	0.2592	0.7723
5	股票收益差不是顺收顺差差距的解释原因	0.0287	0.9718
6	顺收顺差差距不是股票收益差的解释原因	2.0276	0.1386

从实证中可以看出，境内外股票市场收益差异对跨境资本流动影响很小。这也进一步说明，中国现有的资本管制导致国际资本在中国境内外股票市场间的流动受到限制，使其不能根据两个市场的收益情况进行自由的投资选择。

根据模型（1）的结果，剔除股票收益差变量，建立二元回归模型：

$$顺收顺差差距 = 27.6 + 6.5 \times NDF 贴水 + 4.4 \times 中美利差 \tag{2}$$

从模型看，中美利差每增加一个百分点，由月度顺收顺差差距代表的这部分跨境短期资本可能增加流入 4.4 亿美元，年增加 52.8 亿美元 (4.4 亿美元×12 个月)。人民币对美元 NDF 汇率远期贴水每增加 1000 个基点 (人民币升值)，该部分跨境短期资本每月可能增加流入 6.5 亿美元，年增加 78 亿美元 (6.5 亿美元×12 个月)。

(3) 从外债变动情况分析汇率对资本流动情况的影响

从外债变动也可看出端倪。我国外债口径包括登记外债和贸易信贷。登记外债较为稳定，显示外债控制严格的结果。但贸易信贷变化较大，虽然与金融危机外贸滑坡有关，但不排除里面混杂套利资金。

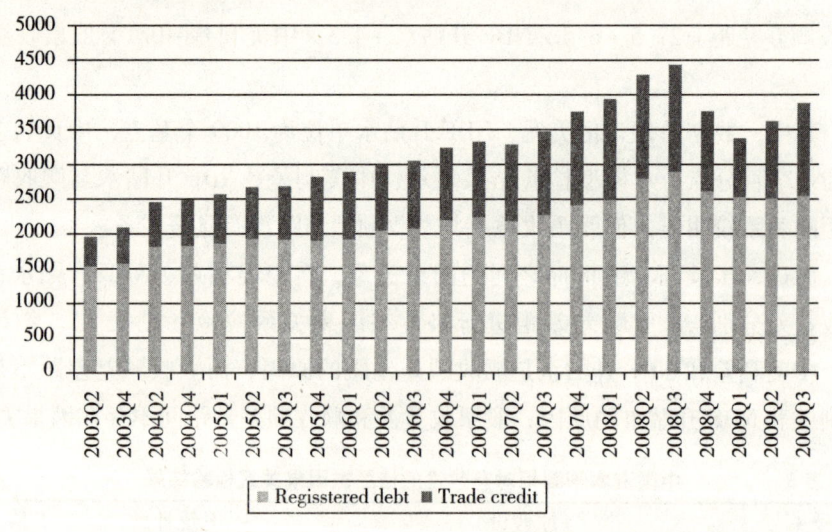

图 3 我国外债变动

综上所述，由于境内外存在显著利差，外汇净流入与本外币利差、人民币升值预期不存在显著关系，境内外股票市场收益率差异对跨境资本流动也无明显影响，因此，汇改后资本流动整体上还是受到有效的管制。但是，随着我国经济不断开放，在利差和升值预期的驱动下，套利资本流动还是可以找到一些途径进入。例如，中美利差和 NDF 升贴水会导致顺收顺差差距扩大。但这些流入总体规模有限。

但从长期来看，随着中国经济进一步融入全球经济一体化，中国投资环境改善和进一步开放，人民币升值预期持续的大背景下，外汇还会借各种渠道流入。所以，应当更加客观全面地看待资本管制有效性。从长期来看，应该采取深化改革和扩大开放的方法解决问题，有序推进资本项目可兑换，逐步扩大人民币汇率弹性，促进国际收支平衡。

三、2005年以来人民币汇率机制变化及其对我国宏观经济调控手段的影响

1. 2005年以来人民币汇率机制变化

（1）2005年汇率形成机制改革的起步阶段

自2005年7月21日起，人民币汇率机制改革迈出重要步伐，开始实行以市场供求为基础、参考一篮子货币进行调节、有管理的浮动汇率制度。人民币汇率制度改革的总体目标是，建立健全以市场供求为基础、有管理的浮动汇率制度，保持人民币汇率在合理、均衡水平上的基本稳定。

本次汇率机制改革包括三个方面的内容：

一是实行以市场供求为基础、参考一篮子货币进行调节、有管理的浮动汇率制度。人民币汇率不再钉住单一美元，而是参照一篮子货币、根据市场供求关系来进行浮动。这里的"一篮子货币"，是指按照我国对外经济发展的实际情况，选择若干种主要货币，赋予相应的权重，组成一个货币篮子。同时，根据国内外经济金融形势，以市场供求为基础，参考一篮子货币计算人民币多边汇率指数的变化，对人民币汇率进行管理和调节，维护人民币汇率在合理均衡水平上的基本稳定。

篮子内的货币构成，将综合考虑在我国对外贸易、外债（付息）、外商直接投资（分红）等外经贸活动占较大比重的主要国家、地区及其货币。主要原则有四项：着重考虑商品和服务贸易的权重作为篮子货币选取及权重确定的基础；适当考虑外债来源的币种结构；适当考虑外商直接投资的因素；经常项目中一些无偿转移类项目的收支，也在权重的考虑之中。参考一篮子表明外币之间的汇率变化会影响人民币汇率，但参考一篮子不等于钉住一篮子货币，它还需要将市场供求关系作为另一重要依据，据此形成有管理的浮动汇率。这将有利于增加汇率弹性，抑制单边投机；维护多边汇率稳定，保护出口竞争力。

二是分步改革基准汇率、交易汇价、挂牌汇价管理，放松价格限制。中国人民银行于每个工作日闭市后公布当日银行间外汇市场美元等交易货币对

人民币汇率的收盘价,作为下一个工作日该货币对人民币交易的中间价格。这意味着从过去按加权平均汇率转为按收盘价公布中间价,提高了央行干预的主动性和灵活性。2005年7月21日后,每日银行间外汇市场美元对人民币的交易价仍在人民银行公布的美元交易中间价上下0.3%的幅度内浮动,非美元货币对人民币的交易价浮动幅度从交易中间价上下1%扩大到上下1.5%。银行对客户的美元现汇、现钞挂牌汇价范围实行汇率中间价上下0.2%和1%的对称性管理。银行对客户的非美元货币挂牌汇价实行买卖价差幅度管理,由于买卖价不需围绕交易中间价对称设置,银行对客户的非美元挂牌价由原来的一日一价调整为一日多价。2005年9月23日后,每日非美元货币交易汇价浮动幅度从原来的1.5%扩大为3%。并将银行对客户美元现汇、现钞挂牌汇价范围由原来交易中间价上下0.2%和1%的对称性管理分别改为1%和4%的买卖价差管理。同时还取消了银行对客户的非美元货币挂牌汇价的价差幅度限制。

三是从2005年7月21日19时起,美元对人民币交易价格一次性地小幅升值2%,调整为1美元兑8.11元人民币,作为次日银行间外汇市场上外汇指定银行之间交易的中间价,外汇指定银行可自此时起调整对客户的挂牌汇价。人民币汇率制度改革重在人民币汇率形成机制的改革,而非人民币汇率水平在数量上的增减。这一调整幅度主要是根据我国贸易顺差程度和结构调整的需要来确定的,同时也考虑了国内企业进行结构调整的适应能力。

2005年汇改后,人民币对美元汇率弹性逐步提高。7月22日至12月30日,美元对人民币价格小幅振荡,有升有降,双向浮动,总体保持平稳波动,中国人民银行公布的人民币收盘价由最初的1美元兑8.11元人民币小幅升值至年末的1美元兑8.0702元人民币。全年人民币对美元升值了2.56%。美元对人民币收盘价最低达到8.0702(12月30日),最高为8.1128(7月27日)。上下波幅达到426个基点。

2006年1月4日,再次对汇率中间价形成方式进行调整。2006年1月4日,即期外汇市场引入询价交易方式,银行间外汇市场会员可自主决定采取询价或竞价交易方式,提高了交易灵活性。为提高流动性,正式引入人民币对外币交易做市商制度,做市商在银行间外汇市场持续提供买卖双边报价,为市场提供流动性。规定中国外汇交易中心于每日银行间外汇市场开盘前向所有银行间外汇市场做市商询价,并将全部做市商报价作为人民币兑美元汇率中间价的计算样本，去掉最高和最低报价后，将剩余做市商报价加权平均，得到当日人民币对美元汇率中间价，权重由中国外汇交易中心根据报价方在银行间外汇市场的交易量及报价情况等指标综合确定。各外汇指定银行在此价格基础上，按照人民银行规定的浮动范围制定本行各币种现钞及现汇的买入、卖出价。

表6	人民币汇率升值情况	
	期末价	对美元升值幅度（%）
2005年7月21日	8.11	
2005年下半年	8.0702	0.49
2006年上半年	7.9956	0.93
2006年下半年	7.8087	2.39
2007年上半年	7.6155	2.54
2007年下半年	7.3046	4.26
2008年上半年	6.8591	6.50
2008年下半年	6.8346	0.36

中间价形成机制改革后，人民币汇率在起伏中加快了升值速度。2006年上半年，人民币对美元中间价收报7.9956元人民币/美元，升值0.93%。2006年末为7.8087元/美元，人民币对美元升值2.39%。2007年6月29日，人民币对美元中间价7.6155，升值2.54%。

（2）2007年5月扩大人民币对美元汇率浮动区间

放宽每日交易汇价波幅，进一步提高人民币汇率形成机制的市场化程度。自2007年5月21日起，银行间即期外汇市场人民币对美元交易价浮动幅度由千分之三扩大至千分之五，即每日银行间即期外汇市场人民币对美元的交易价可在中国外汇交易中心对外公布的当日人民币对美元中间价上下千分之五的幅度内浮动。

2007年下半年开始，人民币对美元汇率升值速度明显加快。2007年底中间价7.3046，升值4.26%。2008年上半年中间价收报6.8594，升值6.5%。人民币中间价隔日变动率也显著扩大。2005年汇改后至年底、2006年上半年、2006年下半年，人民币中间价隔日变动率分别只有0.021%、0.043%和0.056%。这段时间虽然波动逐步加大，但市场认为2006年后升值速度比不上美元贬值幅度，国际货币基金组织仍然归为爬行钉住汇率制度。2007年上下半年和2008年上半年达到0.066%、0.094%和1.06%。

(3) 2008年7月至2010年6月人民币汇率收窄了波幅,归入事实钉住汇率

正当海外NDF市场预测一年升值12%的时候,美国次贷危机演变为全球金融危机,2008年7月后人民币对美元汇率升值中断。2008年下半年收报6.8346,仅升值0.36%。人民币对美元中间价隔日波幅回落到0.5%。人民币由单边升值转为双向波动,汇率弹性增强。下半年126个交易日中,人民币对美元汇率中间价隔日贬值天数占比较上半年增加了17个百分点,达到55%。境内外市场对人民币升值预期转为贬值预期。2008年3月底以来,境外不交割远期美元贴水开始收窄。随着次贷危机逐步演化为国际金融危机直至拖累全球出现经济衰退,9月中旬后又进一步转为美元升水且升水幅度不断增大,显示境外人民币汇率预期逆转。10月中旬起,境内银行间市场各期限美元对人民币远期价格也由美元贴水转为美元升水。随着汇率预期的变动,2008年12月的第一周,在银行间外汇市场上,人民币对美元交易价格相对当日汇率中间价出现连日触及跌停或在跌停价附近成交的情况。2009年至2010年6月,人民币对美元汇率中间价始终在6.82~6.84之间窄幅波动,被国际货币基金组织归为钉住汇率。

回顾过去,2009年第二季度后,政府稳步落实四万亿经济刺激计划,全球金融危机最坏阶段已经过去,海外NDF市场人民币预期开始由贬值3%渐趋为零。这是恢复人民币汇率弹性的大好时机。

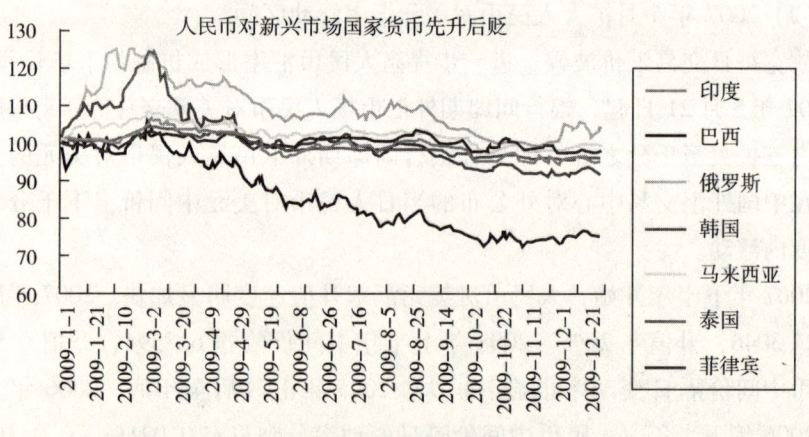

图4　人民币对新兴市场国家货币走势

综上所述,央行虽然可以稳定人民币对美元的双边汇率,但无法稳定人民币多边汇率。根据国际清算银行(BIS)的数据,2010年6月人民币名义有

效汇率指数为117.42，较2005年7月汇改前累计升值18.5%，较国际金融危机全面爆发前的2008年6月累计升值8.6%。人民币实际有效汇率指数小幅波动，整体呈升值趋势，2010年6月人民币名义有效汇率指数为119.04，较2005年7月汇改前累计升值21.7%，较国际金融危机全面爆发前的2008年6月累计升值8.2%。

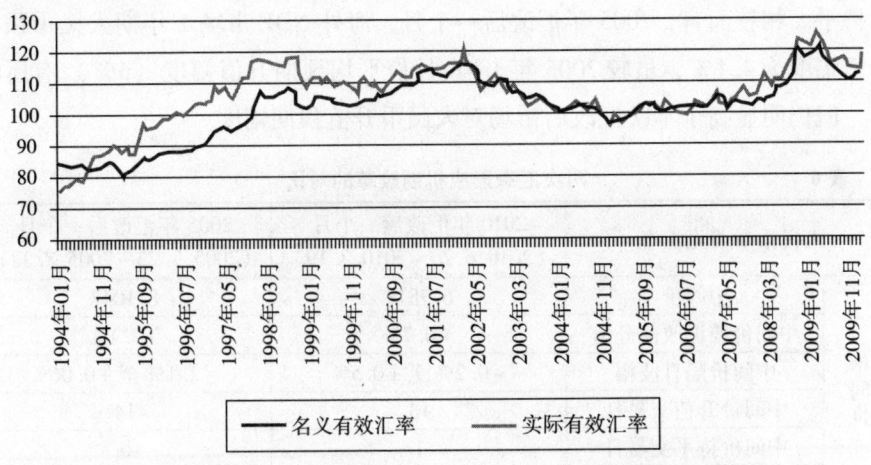

图5　1994年1月~2010年6月人民币有效汇率走势

(4) 2010年6月重启汇率形成机制改革

2010年6月19日，人民银行宣布进一步推进人民币汇率形成机制改革，增强人民币汇率弹性。重启汇改后，市场经历短暂动荡，随后人民币汇率呈现双向、宽幅波动，升值预期逐渐减弱，外汇供求失衡状况趋于缓和。2010年6月20日至7月19日，人民币中间价呈现双向波动、整体持稳的态势。13个交易日隔日升值，8个交易日隔日贬值，1个交易日持平。这与2005年汇改一个月后的情况相似。2005年汇改后第一个月共22个交易日，其中8个交易日隔日贬值，14个交易日隔日升值。银行间市场人民币对美元交易价呈现更加明显的双向宽幅波动，日均104个基点。交易价仅有2个交易日在升值区间波动，4个交易日在贬值区间波动，16个交易日双向波动。而2005年汇改后一个月，银行间市场人民币对美元交易价更多呈现单边升值态势，其中有8个交易日在升值区间波动，4个交易日在贬值区间波动，10个交易日双向波动。

汇改重启后，各界对此评价积极，认为长远来看，汇改有利于加快产业升级，带动企业向内地迁移，促进区域平衡增长。央行进一步推进汇改不意味着短期内汇率大幅变化，人民币将更多参考篮子汇率，相当于内置了自动调整机制，而且远期、掉期和货币掉期市场发展很快，不少企业积累了避险经验。由于远期结汇和售汇需求大体平衡，远期市场升值预期远小于 2005 年汇改。截至 2010 年 7 月 20 日，境内远期市场 1 年期人民币升值预期不到 1%，海外 NDF 市场 1 年期人民币升值预期为 1.8%，与 6 月 18 日的 1.6% 基本持平。相较而言，2005 年汇改后一个月，海外 NDF 市场 1 年期人民币预期升值幅度为 4.1%，虽较 2005 年 1~6 月份平均预期升值幅度（5%）有所收窄，但仍明显高于本次汇改后市场对人民币升值预期幅度。

表6　　　　　　　　两次汇率形成机制改革的对比

	人民币对美元汇率	2010 年汇改后一个月（2010.6.20~2010.7.19）	2005 年汇改后一个月（2005.7.23~2005.8.22）
中间价	中间价	6.7812	8.1047
	中间价较汇改前升值	+0.7%	+2.1%
	中间价隔日波幅	-0.2% 至 +0.5%	-2.1% 至 +0.06%
	中间价升值交易日	13	14
	中间价持平交易日	1	0
	中间价贬值交易日	8	8
市场交易价	交易价每日波动	34 至 329 基点	—
	交易价日均波动	104 基点	—
	交易价全天在中间价升值区域天数	2	8
	交易价全天在中间价贬值区域天数	4	4
	交易价在中间价上下双向波动区间	16	10
NDF	海外 NDF 市场 1 年期人民币预期升幅	1.8%（2010 年汇改前：1.6%）	4.1%（2005 年汇改前：5%）

2. 汇率形成机制改革对宏观经济调控手段的影响

（1）长远来说汇率形成机制改革有利于增强货币政策的自主性

"三元悖论理论"证明了，开放经济条件下，"资本自由流动"、"独立的货币政策"和"汇率稳定"这三项政策目标，不可能同时实现。在经济开放度越来越大、外汇管制有效性逐渐下降的情况下，保持汇率稳定即意味着牺牲货币政策的独立性，损失货币政策的有效性。

有管理的浮动汇率制对货币政策传导也有重要意义。灵活的汇率制度对货币政策除了上述两条正面作用外,从我国当前的现实来看,更加灵活的汇率制度有助于抑制通货膨胀和资产泡沫。例如,在通货膨胀压力高企的时候,本币适度升值一点,进口的东西就相对便宜一些。特别是对于我们这种资源比较缺乏的国家,需要大量进口初级商品,汇率调整更有助于缓解"输入型"通胀压力。汇率的灵活性还有助于改善货币政策传导机制。企业、商业银行等微观主体主动适应汇率浮动的意识增强,应对市场变化的灵活性和能力提高。货币市场、外汇市场进一步发展,市场深度和广度都有了很大的提高。金融机构在适应汇率灵活性的同时,加强了风险管理,改善了金融服务,加快了产品创新。这些都在一定程度上夯实了货币政策传导的微观基础和市场基础。

(2) 改革初期汇率弹性和配套宏观调控措施不足降低了货币政策有效性,且主要依靠数量手段

汇改特别是2006年以来,人民币对美元升值,但头两年里升值相对缓慢。例如,我们以国际清算银行编制的实际有效汇率进行国别对比。2005年7月至2006年10月,人民币REER升值4.4%,韩元REER升值7.2%,泰铢REER升值11.5%,印尼卢比REER升值了27.8%。因此,以实际有效汇率衡量,人民币升值速度相对缓慢。这虽然对进出口增速取得了一定调控效果,但外贸顺差由于基数原因惯性扩大。同时,升值预期由于适应性预期和美元看跌不断强化。上述两因素导致国际收支双顺差进一步加大。

针对外汇流入的加大,央行一方面加大购汇量,另一方面加大了对冲力度。央行对冲手段不断翻新:从继续发行央票和回购操作,到上调存款准备金率,2005年开办央行外汇掉期业务,再到2007年后要求主要银行以外汇缴存存款准备金。为了抑制通货膨胀,央行从2007年开始摆脱利率平价束缚,采取升息措施,当国内利率高于国外利率时,此举又会吸引资金流入,形成恶性循环。2005年来,除了2007年输入型通货膨胀导致CPI较高外,我国CPI基本稳定在较低的水平,但广义价格水平,如PPI(生产者价格指数)、房地产等资产价格都有较大幅度上涨。

人民币汇率弹性不足,很大程度制约了央行货币政策的自主性。以发行央行票据的方式回笼基础货币会逐步增加央行对冲成本,我国从2003年起,七年时间外汇储备已增长2万亿美元,央行货币投放急剧扩张,市场流动性

过多。目前，产能过剩在我国已开始显现，资产价格也呈现较快上涨，整体经济运行经常存在偏快向过热转化的倾向。一旦央行发行票据的利息成本加上本币升值的汇兑损失高于外汇储备经营的回报，就会造成央行的潜在财务损失。当然，储备价值应以对外购买力衡量。但即使不考虑这些成本，由于外汇储备增长势头越来越猛，央行的对冲效果也在逐渐减弱。央行新发票据已越来越多地用于置换到期票据，而增量对冲部分有限，这也是基础货币投放较多、货币供应增长较快的重要原因，是造成市场流动性过剩的根源。

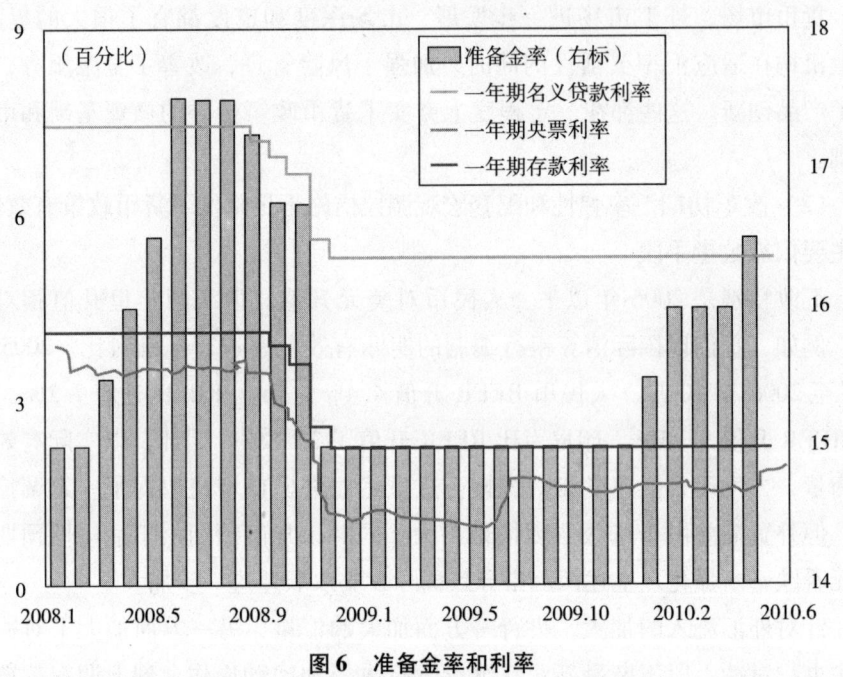

图6 准备金率和利率

（3）汇率难以解决经常项目顺差问题，最后容易使得宏观调控转向行政手段

人民币小幅爬行升值对我国外贸增速有一定调控作用，但影响逐渐消退。我国外贸出口增速呈现稳步下降势头，月度同比增速由汇改前的约32%逐步下降至25%左右，而进口增速提高，从汇改前的14%上升到汇改后的23%左右。到2006年10月底，人民币对美元累计升值5.1%，出口增速仍维持在25%左右的水平。究其原因，加工贸易两头在外和出口企业对人民币汇率的波动已经具有一定适应能力，采取提高生产效率、降低中间消耗的方式降低成本，企业还利用涨价转移汇率损失。根据人民银行对19个地区1000多家

企业抽样调查的结果显示，各规模企业均有一定上调价格的能力，2005年11月，有84.8%的企业出口价格同比上升或持平，其中出口提价3%以上的企业占到12.1%，且"提高产品档次、技术含量和附加值"已成为企业应对人民币升值的首选，占比接近70%。经常项目顺差占GDP的比例从2004年的3%一路上升，到2007年达到11%。

国际收支长期连年大额双顺差相当于洪水源源不断，央行对冲操作相当于扬汤止沸。通过央票和回购对冲并不能直接减少货币供给量，只是影响金融机构可贷资金。在银行超额准备金保持在2%以上的情况下，社会货币供应量实际取决于银行信贷规模限制等窗口指导措施。随着银行体系流动性增加，央行票据的大量发行和存款准备金的频繁调整等也对商业银行的经营行为乃至金融体系的运行效率造成一定影响，央行的对冲成本也在逐渐加大。

(4) 2008年下半年至2010年下半年稳定人民币对美元汇率带来一定隐忧

2008年全球金融危机后，由于保持人民币对美元中间价的稳定，人民币实际有效汇率跟随美元不降反升，这和外需萎缩一起冲击了出口部门，加大了一些出口企业困难。2008年第四季度以来，我国密集推出了一系列宏观调控措施，实施积极的财政政策和适度宽松的货币政策，明确要保增长、扩内需、调结构。迅速落实基础设施投资，允许银行积极信贷、全面大幅提高出口退税率，放松对"两高一资"行业准入的限制。这在当时无疑有利于抵御国际金融危机影响，另一方面却带来一些隐患：增加中央和地方财政负担，降低了银行信贷质量，加大了今后治理节能减排的难度。如果当时采取稳定有效汇率的办法，应该说可以减轻部分副作用。

四、近中期人民币汇率调整的策略及其配套政策

1. 近中期人民币汇率调整的策略

建议抓住当前人民币升值预期降低、外汇收支较为平衡有利时机，按照市场化的改革方向，强化汇率的工具地位，淡化汇率的目标色彩，运用灵活的汇率政策化解内外部经济变动带来的冲击。具体来说，可以采取以下几方面的政策措施：

一是不断完善中央银行汇率调控。充分发挥银行间外汇市场做市商的作用，逐渐减少央行对汇率水平和汇率波动的直接控制，增强市场的自主运行能力。逐渐从关注双边汇率稳定转向多边汇率即有效汇率水平的稳定，以维护我国出口产品总体的价格竞争力，这既可以深化汇率形成的市场化改革，又可以服务于保增长的目标，同时还可以避免在汇率问题上对外交往的被动。

二是逐步放宽人民币汇率波动区间。用足银行间外汇市场人民币对美元交易汇价现行波动幅度，允许汇率及时和灵活反映经济基本面和市场因素的变化，容纳正常的市场波动。放宽人民币对美元汇率波幅区间，进一步增强银行定价自主性和灵活性。

三是大力培育和发展外汇市场。丰富银行间外汇市场交易主体类型，扩大多元化的市场供求基础。进一步活跃现有的即期、远期、外汇掉期和货币掉期等人民币外汇交易品种，试点引入期货、期权等新的人民币外汇衍生产品。引入更多的货币经纪公司参与报价，丰富银行间外汇市场的交易平台。

2. 近中期人民币汇改配套措施

（1）高度重视促进国际收支平衡的宏观调控目标，确立经常项目顺差的调控目标

应把经常项目顺差占 GDP 比重降低到 4%~5%（2003 年以来经常项目平均占比 3.75%）作为"十二五"规划的重要调控指导性目标。在世界经济复苏、国内经济运行逐渐回归正常之际，逐步降低出口退税率，进一步限制"两高一资"行业出口，实现可持续发展。稳步推进加工贸易转型升级，促进我国对外贸易多元化。调整加工贸易禁止类和限制类目录，鼓励加工贸易向中西部转移。积极拓宽非洲、中东和新兴市场。另一方面，扩大国内有需求产品的进口。削减关税壁垒和非关税壁垒，推进贸易便利化。增加先进技术、国内尚不能制造的关键设备及元器件和重要能源原材料进口，视国际市场行情适当增加能源、部分有色金属产品等重要物资进口和战略储备。积极稳妥地实施"走出去"战略。同时，改善对进出口的金融服务，加大对外贸企业的信贷支持力度，改善出口企业融资担保条件，健全出口信用风险保障机制。

（2）减少没有用汇需求的境外上市

近中期看，我国处在储蓄大于投资的阶段。制定政策的出发点应该是消化储蓄缺口，而不是延续过去的思维定势，盲目引进外资。据不完全统计，

2003年以来，我国通过H股和红筹股等境外IPO以及配股方式筹集外资3000亿美元，加大了国际收支不平衡和人民币升值压力。2010年仅农行等金融机构境外发股配股外汇流入就超过400亿美元。因此，应采取切实措施减少没有用汇需求的企业境外上市。

(3) 保持工资增长与GDP同步，实现共享式增长，引导产业转移升级

建议制订工人最低工资和平均工资五年翻番（年增长率14%）计划，并将其作为地方政府业绩考核的重要指标。这可以收到一石三鸟之效：一方面，通过实际升值减少汇率的名义升值压力；另一方面，弥补长期以来工资增长跟不上GDP增长造成的收入分配差距拉大问题；再一方面，这可以帮助化解升值压力和鼓励产业转移和结构调整。

(4) 研究新的货币政策框架，综合判断调控货币汇率政策松紧程度

汇改后，货币政策不再钉住美元，在获得货币政策独立性的同时也面临失去货币锚的问题。我国开放度已经超过70%，金融危机后，国际经济金融形势风云变幻，汇率变动频繁，外部冲击影响越来越大。因此，应参照加拿大、瑞典和新西兰的经验，研究转向钉住通胀制度货币政策框架，以货币状况指数作为操作目标，综合判断调控货币汇率政策松紧程度。

(5) 改进外汇流入管理，遏制短期套利资金流入

现阶段加强外汇资金流入管理有利于震慑和抑制非法外汇流入，为国内政策调整和汇率市场化等改革争取时间。近中期可以采取建立企业分类管理体系，进一步加强对贸易项下外汇资金收结汇的真实性审核和事后核查，遏制无实际贸易背景的外汇资金流入。加强借用外债管理，提高外债尤其是贸易信贷管理效率。研究改革外商投资企业外债管理方式，加强对贸易信贷的统计与管理。改进外商投资企业留置利润管理，防范隐性外债风险。研究通过对资本流入征收无息存款准备金或托宾税，遏制套利资金流入。

(6) 拓宽资本流出渠道，促进外汇收支均衡管理

随着经济日益开放、市场化程度日益提高，资本管制有效性总是趋于下降。因此，应稳妥有序地推进人民币资本项目可兑换。进一步拓宽资本流出渠道，促进资金双向合理流动。具体包括：放宽个人境外直接投资政策；继续支持通过境内合格机构投资者渠道对外金融投资，扩大主体范围、投资额度和投资范围，更好满足居民个人财产性收入增长和多元化投资的用汇需求；进一步对外开放国内证券市场；进一步放宽跨国公司境外放款资格条件和规

模；放宽境外机构在境内发行人民币债券等融资限制并允许所筹资金购汇汇出，应当引进境外优质企业到境内上市，一方面发展境内股票和债券市场，另一方面便利储蓄转化为投资。

五、中长期人民币汇率政策选择和配套政策

汇率作为一种相对价格，对调节国际收支具有一定的作用，但国际收支调节不能完全依靠汇率的升贬。对大国来讲，对内平衡、对内政策优先，汇率政策的作用更加次要。因此，应在服从内部均衡的前提下，采取一揽子政策措施，从恢复经济对内均衡入手，辅以对外经济政策调整。

1. 中长期人民币汇率政策调整策略

2010年，我国已经跃居世界第二经济大国。三元悖论理论要求我们不应也不可能放弃自身的货币政策目标而受制于其他国家经济政策。从汇率制度选择的理论分析和各国汇率制度实践来看，既没有适合所有国家的单一的汇率制度，也没有适合任何国家一成不变的汇率制度。选择何种汇率制度，都必须在物价稳定、汇率稳定和资本流动三个目标之间进行取舍。但总的来看，随着经济发展、金融开放，汇率制度选择的弹性化依然是大势所趋。无论是钉住单一货币还是一篮子货币（即多边汇率或有效汇率），都是钉住汇率安排。从中长期来看，人民币汇率应该实行真正的有管理浮动，加大波幅区间，即：央行对外汇市场的干预应该是例外而非常态，市场在汇率形成中发挥基础性作用；外汇储备窄幅而非剧烈波动，国家宏观调控的有效性提高。

上述汇率政策选择主要是基于以下几点考虑：一是中国经济高成长的基础依然存在，同时处于转轨时期的中国经济结构正在经历剧烈的调整，增加汇率弹性，有利于更好地适应由此引起的均衡汇率水平变化，避免汇率基本面失调带来的市场扭曲、资源错配。二是随着中国经济尤其是金融日益开放，增加汇率弹性，有利于更好地应对外部冲击，提高货币政策独立性，减少对资本管制手段的依赖。三是随着国际金融危机之后美元主导的国际货币体系重构步伐加快，增加人民币汇率弹性，有利于摆脱对单一货币的过度依赖，更好地维护我国在国际经贸交往中的合法权益。

2. 人民币汇率形成机制改革的配套政策建议

1994年人民币汇率并轨，国家采取了外贸、税收、外汇体制等一揽子改革措施，配以适度从紧的财政货币政策，抑制了过热的外汇需求，一举扭转了长期以来的外汇短缺局面，打消了根深蒂固的人民币贬值预期。而2005年人民币汇率形成机制改革则缺乏其他配套措施，使得国际收支失衡的调整过分依赖于汇率调节，这一定程度上造成了升值步伐越快、升值预期越强烈的自我循环。要实现上述人民币汇率短期和中长期改革目标，还需采取以下配套措施：

①加快转变经济发展方式，增强内需对经济的拉动作用。国际收支失衡是经济对内失衡的外在反映，应在服从内部均衡的前提下，从恢复经济对内均衡入手，促进经济恢复对外均衡。改革收入分配体制，提高居民在国民收入分配中的比重，在稳定外需的同时扩大内需尤其是消费需求。开放对医疗、教育、能源、金融、IT、传播与文化等服务业部门的市场准入，完善建立公平竞争的市场环境，大力发展服务产业。加快国内经济结构的战略性调整，完善自主创新体系，推动产业结构优化和技术升级。

②完善要素价格改革，增强价格调节的基础性作用。优先推进资源税和资源价格改革，改变资源价格过低对出口的变相补贴，改资源从量为从价计税。分步骤推进公用事业收费，降低个人所得税，宣布制造业劳动力平均工资五年倍增目标。稳步推进土地、能源、电力、交通等基础产品及公共服务价格的市场化，继续完善养老、失业、医疗等社会保险体系。落实国民待遇原则，进一步改善外商投资环境，逐步减少土地、环保、劳动力等过度优惠。

③积极发展金融市场，更好地促进储蓄有效转化为投资。建立形式多样、结构合理、功能完善、安全高效的现代金融体系，不断提高银行、保险、证券业的竞争能力和服务水平，发展多层次、多元化的金融市场和投融资平台，减少对外资的过度依赖。继续深化金融机构改革，改进金融监管，促进形成合理的人民币收益率曲线，强化金融机构的经营和风险管理，增强金融体系抗风险能力。

④进一步完善涉外经济管理，稳步推进资本项目可兑换。继续推进贸易投资便利化，扩大进口先进技术和关键设备、必需的资源、原材料。在风险可控前提下，逐步实现人民币资本项目可兑换，支持国内有条件的企业利用境外资产价格大幅下跌的机会扩大风险低、收益稳的国际并购，有序放宽境

内机构和个人对外证券投资的限制，不断便利境内机构和个人持有与使用外汇。扩大人民币跨境贸易结算试点，稳步推动人民币货币市场和资本市场对外开放，拓宽人民币对外计价、结算、支付和贮藏功能。

⑤强化风险管理，增强市场适应汇率波动的能力。继续深化国有企业改革，健全法人治理结构，理顺激励约束机制，增强企业风险控制能力。不断优化出口商品结构，提高出口非价格竞争能力。按照均衡管理的思路加快建立健全跨境资本双向流动的监测与管理机制，加强国际收支预警体系建设，提高国际收支风险监测及预警能力。逐步实现金融产品创新由监管驱动向市场驱动的转变，积极支持金融机构根据市场需求进行人民币外币衍生产品创新。积极参加危机管理与处置的国际协调与合作，逐步增强发展中国家在国际经济金融事务中的发言权。进一步加强区域经济与货币合作，以区域经济金融一体化制衡美元本位，推动国际货币体系多极化的发展。

⑥稳步推进人民币国际化。因势利导，积极推进各部门在人民币计价结算政策上形成合力，为人民币的跨境流通提供政策基础，积极拓展在对外经贸往来中使用人民币结算的国家和业务范围。逐步推进资本项目可兑换。稳步提高境内金融市场的深度和对外开放度，推动人民币成为世界范围内贸易、服务贸易和资本收支的结算币种。

经济转型与汇率制度选择的国际比较研究

张 斌

生产率提高、货币升值和经济结构转型是经济增长过程中不同侧面的表现。中国经济在经历了30年的高速增长之后，来自汇率价格调整和经济结构转型的挑战日益严峻。货币升值和经济结构转型难以避免地会对短期内就业和短期经济增长带来冲击，政策调整势必挑战过去的发展思维模式，挑战当前的制度和政策安排。如何确保经济制度和政策安排不阻碍经济增长过程中内生的、有利于继续保持经济增长动力的相对价格和经济结构调整，成为当前政策制定者面临的突出问题。

这项研究当中，我们以国际经验为鉴，重点分析以下几个问题：①从理论和国际经验来看，货币升值压力来自何方？②其他国家宏观经济当局如何应对货币升值压力？③各国应对货币升值压力的措施效果如何，特别是对进出口、贸易余额、贸易条件、物价、经济增长、经济结构等的影响如何？④人民币汇率制度改革能够从国际经验上学习到哪些经验和教训？

一、货币升值压力的理论与国际经验

1. 理论解释

相对于贸易伙伴长期保持更高的生产率，是解释快速经济增长经济体货币持续升值的主要原因。简单直观的理解是：如果一个国家的贸易品生产率增长较快，该国家贸易品在国际市场上具备更强有力的竞争力，这个国家的进口替代和出口能力增强。进口替代和出口的增加会分别减少一个国家的外汇需求并增加外汇供给，市场供求力量的变化带来货币升值。如果这种贸易

张斌：中国社会科学院世界经济与政治研究所。

品部门的相对生产率进步持续较长时间，货币升值也会持续较长时间。上世纪60年代提出的巴拉撒—萨缪尔森效应（Balassa，1964；Samuelson，1964）对于理解货币持续升值做出了更加系统的理论解释，这也是这方面问题研究的核心理论框架。巴—萨效应在一个两个国家、两个部门（贸易品—非贸易品）、资本和劳动自由流动的模型中讨论了两个国家相对生产率变化对贸易品/非贸易品相对价格的影响。他们的基本结论是，如果一个国家相对另一个国家的贸易品生产率较高，这个国家的贸易品相对价格下降，真实汇率升值。其中的基本逻辑是：受到贸易品部门生产率快速提升的影响，贸易品部门工资水平提高。在完全竞争的劳动力市场上，非贸易品部门工资也跟随贸易品部门工资上升，非贸易品部门产品价格上升。在不影响国际价格的假定下，本国贸易品部门的商品价格由国际市场决定，因此其价格不会因为劳动生产率和部门工资的变化而变化。最终，非贸易品价格相对于贸易品价格上升，真实汇率升值。固定汇率制度下，真实汇率上升的主要渠道是国内价格上涨；有弹性的汇率制度下，真实汇率上升的主要渠道是货币升值，可能伴以适当的通胀。

如果官方不干预汇率，生产率变化带来的汇率调整要求自动在市场上实现，并不存在所谓的升值压力。升值压力的另一个要素是官方采取了固定汇率或者是其他非清洁浮动的汇率体制，通过干预市场令自发的市场供求关系变化不能影响汇率。

货币升值压力突出体现在内部和外部两个方面，理论方面的分析主要集中在内部压力，对于涉及到较多政治问题的外部压力鲜有系统的分析。内部压力主要体现增加基础货币投放和由此带来的通胀和资产价格泡沫风险。货币升值压力多数情况下是货币当局干预外汇市场的结果，而货币当局干预外汇市场的另一个结果是在吸纳外币的同时，大量向市场投放本币。如果因为干预外汇市场带来的货币投放增长过快，将增加通货膨胀和资产价格泡沫的风险。冲销措施被认为是对冲干预外汇市场带来超额货币供给的手段。但是学术界对于冲销措施有效性和持续性提出了质疑。冲销措施有效性有赖于国内外资产的不完全替代、有效的资本管制等条件，但冲销措施即便是做到短期内的有效，持续大规模的冲销措施也会给货币当局带来难以承受的财务损失，令冲销难以持续。在保持生产率进步优势的前提下，化解货币升值压力最终还是要通过两个渠道实现，一是名义汇率调整，二是通货膨胀，二者都实现了真实汇率上升，以此反映生产率变化所要求的相对价格调整。

传统文献中关于货币升值压力的研究主要聚焦在宏观经济稳定层面。除此以外，还需要引起关注的是货币升值压力也会反映在资源配置失衡和经济结构扭曲层面。张斌、何帆（2005）模型中所强调的，如果宏观经济管理当局不顺应生产率的变化调整真实汇率，真实汇率价格的扭曲会引发资源的不合理配置，并给经济带来一系列结构性问题，比如收入分配不利于劳动者，但有利于资本所有者；农村向城市劳动力转移放慢；过度依赖外需；工业比例偏高而服务业比例偏低，如此等等。

2. 德国经验

下文选择德国和日本两个曾经经历过持续高速增长，并面临持续货币升值压力的样本国家，重点研究这两个国家曾经面临的升值压力、采取的应对措施，以及这些应对措施带来的后果。德国马克在经济快速增长期间经历了货币大幅升值，从 1960 年的 4.17 马克/美元升值到 1990 年 1.49 马克/美元，升值 1.8 倍。德国货币当局面临的国内外升值压力并不是非常突出，主要原因是德国货币当局无意恪守固定汇率，更不愿容忍因为干预外汇市场而加剧国内通货膨胀。

1960~1990 年期间，马克汇率轨迹和面临的压力可以划分为两个阶段。第一个阶段是布雷顿森林体系解体以前。这期间德国马克有过相对于美元的数次价值重估，但是德国货币当局面临的主要压力和当时国际货币领域内的争议焦点主要集中在如何维系布雷顿森林体系，而不是类似于中国目前面临的双边压力。上世纪 50~60 年代，虽然美国还能保持贸易顺差，但是庞大的对外驻军和援助项目拖垮了美国的国际收支，美国总的国际收支在布雷顿森林体系下绝大部分年份为负。1960 年，美国官方黄金储备还有 508 万盎司，布雷顿森林体系解体之前已经下降到了不足 300 万盎司；1962 年，美国对外负债开始超过对外资产，此后差额不断扩大。美元与黄金挂钩、世界其他货币与美元挂钩的双挂钩体系遭到了市场的不信任，对于美元的投机也此起彼伏。作为当时重要的经济体之一，德国面临的问题是协助美国维护当时国际货币体系的稳定。德国曾采取了数次重估德国马克/美元汇率、干预甚至是关闭外汇和黄金市场、增加对于国际货币基金组织的贷款等措施。但是总的来看，压力主要集中在美国，国际社会讨论的主要解决方案也不是仅仅聚焦在个别国家的汇率上，除了汇率，减少美国的对外军事开支、对黄金和外汇市场的干预、限制资本流动、增加国际货币基金组织下的借款总协定，甚至是放弃黄金和美元之间的固定比价如此等等，都是当时被认为是解决问题的办法。尽管德国经济增长强劲、对外贸易顺差不断扩大,德国货币当局面临的并不是单方面的货币升值压力,而是当时世界主要货币和黄金之间的价值重估,并以此实现双边汇率调整。1971年12月的史密森协议上,德国、日本、英国、法国、意大利、荷兰、瑞典等国家都纷纷对美元升值,美国也不再按照38美元/盎司卖出黄金。

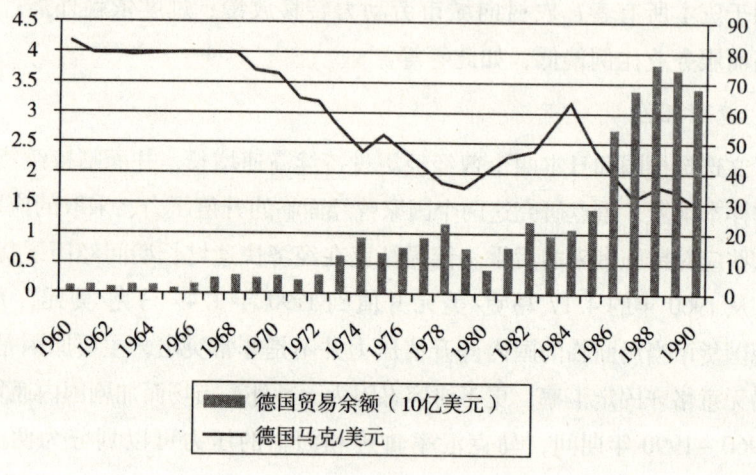

图1 德国的贸易顺差和汇率

资料来源:IFS。

布雷顿森林体系崩溃以后,德国马克选择了浮动汇率体系。在强劲的贸易顺差影响下,市场对德国马克升值的期望很高,德国货币当局干预外汇市场的后果是难以控制住国内的货币供给,并因此加剧由石油危机带来的通货膨胀。1973年3月1日,德国破纪录地在一天之内买入了27亿美元,在3月2日迫于市场压力关闭了外汇市场。此后,德国选择了浮动汇率体制,在汇率问题上更多让位于市场供求关系。由于市场较多地释放了货币升值的内生压力,德国马克的总体升值/贬值轨迹相对平稳,没有在以后诸如广场协议这样的国际联合干预行动中出现过于剧烈的调整。

3. 日本经验

日元在经济快速增长期间也经历了货币大幅升值。从1960年的360日元/美元升值到1990年的144日元/美元,升值1.5倍。与德国相比,日本面临的国内外升值压力更加突出。日本采取各种措施,延缓了货币升值的步伐,但也因此给货币政策操作带来了巨大压力,最终日元以更加突兀的方式完成了其升值过程。与德国的货币升值进程相比，我们看到日元的升值比马克升值更加集中在几个较短的时期。

1960~1990 期间，日元汇率轨迹和问题也可以划分为两个阶段。第一阶段是 1960 年到 1971 年的尼克松冲击。这期间内，日本的贸易项目逐渐转为顺差，日元一直保持在 360 日元/美元的固定汇率。1970 年以前，日本政策制定层和国民对日本经济还没有建立信心，认为贸易顺差的基础并不牢固，日本社会各界拥护当时的货币体系和 360 日元/美元的固定汇率水平，并认为减少贸易顺差的策略在于扩大国内支出和增加进口，货币升值会让日本经济陷入衰退。1971 年 8 月中旬尼克松讲话之后，市场抛售美元，法国以外的欧洲主要国家关闭了外汇市场，而当时的日本还继续以 360 日元/美元的汇率继续买入外汇。短短两周之内，日本货币当局买入了 40 亿美元，这个数字接近日本当时外汇储备的一半，因为购买 40 亿美元而投放出的日元大约 1.5 万亿，而当时日本 M1 总量也只有 24 万亿。货币当局因此面临货币升值与通货膨胀之间的两难选择，同时开始面临来自美国的国际压力。1971 年底，日本在史密森协议同意日元升值 16.9%，在当时所有国家当中升值幅度最大。

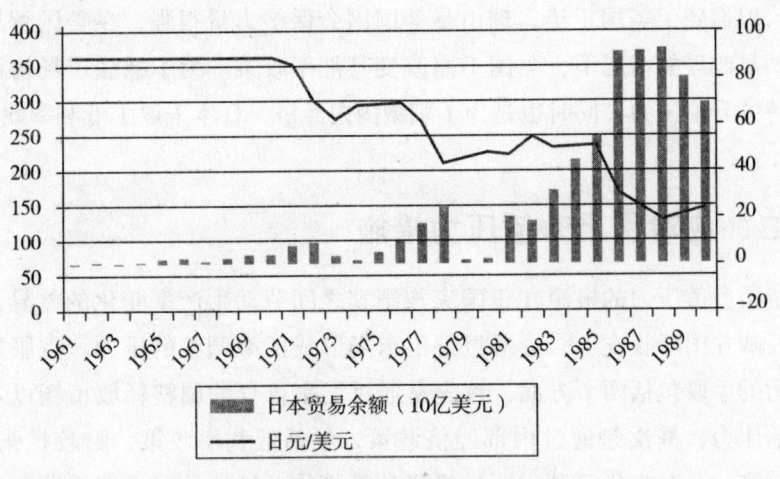

图 2 日本的贸易顺差和汇率

资料来源：IFS。

1973 年以后，日元汇率进入浮动阶段。经过了前期的升值和石油危机的影响，国际市场对日元一度产生过怀疑，但是日本在 1975 年最早从石油危机中复苏，贸易顺差又开始大幅增加，日元升值压力卷土重来。日本在 1975 年以后的浮动汇率体制内，非常频繁地干预汇率，大部分操作是买入美元，减少日元升值幅度。尽管日元也在升值，但是日本当局巨大的贸易顺差和较多的外汇市场干预还是引起了国际社会的广泛指责。来自美国的贸易制裁也不断加剧。1979年第二次石油危机爆发、美国的高利率政策，再加上日本保险公司和养老基金购买数百亿的美国国债，使得日本在1979~1984年期间没有显著的货币升值压力。但是国际社会普遍认为美元被高估了，日元、马克等世界其他主要货币再次面临被重估的压力。1985年8月，美英德日法五国集团签订了广场协议，目的是阻止美元的进一步上升，同时会议还提出不寻求美元的急剧贬值。日本大藏大臣竹下登明确表示可以接受日元10%~20%幅度的升值，这甚至超过了美国的预期，日方在汇率问题上的让步是为了缓解来自美国国会对日本的贸易制裁压力。广场协议实施得非常成功，美元取得了期望中的贬值，五国集团以低于预期的干预规模实现了当初预计美元贬值10%~12%的目标。但此后，日元升值步伐没有停止，日元在随后几年中连续升值，并引发了国内不满和批评。日本当局在此期间也曾干预市场，但收效甚微。日本首相和大藏省大臣一起致信，希望于美国帮助制止日元进一步升值，但遭到了美国拒绝，理由是美国国会保护力量很强，在美国贸易余额没有明显改善的情况下，美国不愿改变其汇率政策。为了减缓广场协议后日元的持续升值压力，同时也是为了刺激国内经济，日本采取了低利率政策。

二、应对货币升值压力措施

货币升值压力的根源在于国家与国家之间劳动生产率变化的差异，这些差异反映在国际收支上，会通过外汇市场形成汇率调整的压力。克服货币升值压力的手段包括两个方面，首先是通过汇率自身的调整释放市场以及外部的政治压力，其次是通过内部经济政策，包括低利率政策、财政扩张政策、贸易政策、金融市场管制、对外投资政策等等，目的是减少贸易顺差，减轻货币升值压力。

1. 德国应对措施

以布雷顿森林体系解体为分界点，德国应对货币升值压力的措施可以分为两个阶段。布雷顿森林体系时期，德国是美国面临的主要谈判对象，核心问题是维护当时的黄金与美元、美元与世界其他货币之间双挂钩的国际货币体系。德国在这个期间采取的主要相关措施包括：

1961 年，马克相对美元升值 5%。

1962 年，出资 10 亿美元，补充国际货币基金组织下的借款总协定，主要目的是担心美国可能需要从国际货币基金组织借款。

1967 年，德国银行主席卡尔·布利辛在对美联储主席的信中提出，联邦德国正式同意不从美国购买黄金。

1969 年 4 月，德国财长宣布作为多边货币重新安排的一部分，德国同意重新给马克估值。德意志银行在随后的两天里为稳定汇率在外汇市场上买入 40 亿美元。

1969 年 5 月，德国内阁宣布"永远"拒绝重估马克。

1969 年 5 月，德国采取了新的管制方法控制资金流入，削减了政府收支，强行征收相当于出口税和进口补贴的"过境费"，并对外国存款暂时实施 100% 的法定准备金要求。

1969 年 9 月，允许马克自由浮动。

1969 年 10 月，德国选举之后，马克重估 9.3%，德国放松了投机资金流入。

1971 年，德国经济部部长希勒在欧共体财长会议上提出欧洲货币联合浮动。

1971 年 8 月，受尼克松讲话影响，关闭外汇市场。

1971 年 12 月，十国集团的史密森协议上，德国同意马克对美元升值 13.6%。

1972 年 6 月，与其他国家一起干预外汇市场，以维持史密森协议达成的汇率水平。

1972 年 6 月 29 日，德国政府阻止德国债券销售给外国人，目的是减轻马克上升压力。

进入浮动汇率体系以后，德国货币当局较少地干预外汇市场，德国马克先后经历了 1973~1979 年的持续升值，1979~1984 年贬值，1985 年广场协议后再次升值。德国更看重国内货币供给的稳定，因此在外汇市场干预力度有限。广场协议之前和之后的市场干预也是多国联合干预。

2. 日本应对措施

日本在上世纪 60 年后末期，也就是布雷顿森林体系摇摇欲坠前夜，开始面临来自日元汇率方面的压力。最初的压力来自美国，主要任务是帮助美国改善国际收支状况。但当时美国关注和谈判的焦点是欧洲，而不是日本。日本政府当时采取的应对货币升值压力的措施包括：

1971年6月，日本政府宣布了"八点计划"，以降低国际收支顺差，缓解日元升值压力。这次措施具体包括：增加进口自由化；对不发达国家采取优惠关税；削减关税；推进对内、对外的资本投资；降低非关税壁垒；加强对外经济援助；评价出口税的刺激作用；引进"秩序化的市场"。

1971年12月，十国集团的史密森协议上，日本同意日元对美元升值16.9%。

布雷顿森林解体以后，日元的升值压力除了在第二次石油危机和美元高利率期间有所缓解以外，其他时间都伴随着日本的贸易顺差扩张而延续。日本政府在此期间应对升值压力措施包括：

1977年，日本福田首相重组内阁，吸收了几位扩张主义者，专门设定了对外经济担当大臣职位，指派对外经济担当大臣牛场信彦寻求与美国和解。

1978年，波恩首脑会议上，接受了以财政扩张方式推动世界经济增长的方案。

1982年，允许日本机构对外投资。

1984年，"日元—美元"委员会提交报告，建议开放日本金融市场，尤其是发展欧洲日元市场。开放金融市场的初衷是当时货币学派经济学家认为在日本巨额盈余的情况下，日元依然疲软，原因是日本金融市场存在诸多障碍和扭曲，导致外汇市场不能产生合理的汇率水平。

1985年，大藏大臣竹下登签订广场协议，并表示愿意接受日元10%~20%的升值。

1986年，首相中曾根康弘和大藏大臣竹下登致函当时美国总统里根和财政部长贝克，希望帮助制止日元的进一步升值，但遭到拒绝。

1986年，宫泽喜一接替竹下登成为大藏大臣，宫泽与美国财长贝克秘密会晤，就如何削减美国赤字和减缓日元升值压力达成协议，主要内容包括日本扩大财政刺激，包括减税；减低贴现率从3.5%到3%。美国同意停止美元贬值，同时发行日元计价的财政部证券支持该行动。

1987年，参与签署卢浮宫协议，日本同时采取措施刺激国内需求，同时稳定汇率。

1988年，再次降低利率从3%到2.5%。此举被认为可以刺激国内经济，同时减缓日元升值压力。

三、应对货币升值压力措施的效果评价

货币升值以及由此缓解货币升值压力所采取的措施不仅会对实体经济带来短期冲击,也可能带来长期影响。以下我们分别从对外贸易与贸易条件、宏观经济稳定、劳动生产率以及经济结构几个角度,观察货币升值期间与汇率相关的主要经济变量的变动轨迹及其与汇率之间的联系。

1. 德国

(1) 对外贸易与贸易条件

马克持续十多年的升值并没有阻挡德国对外出口和进口的增长。为了能更真实地看到汇率变动对于真实出口和进口的影响,图3当中没有使用名义出口和进口值,而是使用出口数量和进口数量,使用出口和进口数量而非名义值的优点在于这两个变量剔除了价格的影响,这两个真实变量与就业、经济增长等国内其他真实经济变量有更紧密的联系。图3中我们看到,尽管上世纪70年代以后马克/美元汇率变动不拘,但是中长期内的出口和进口数量都遵循了带有稳定趋势的增长轨迹。与此同时,我们看到马克/美元汇率调整对于短期内进出口数量的表现会有显著影响。1980年马克开始贬值以后,真实进口显著下降,真实出口相对稳定,真实贸易顺余额扩大。1985年马克再度大幅升值后,真实出口增长一度减缓,但真实进口快速增长,真实贸易顺差小幅收窄。

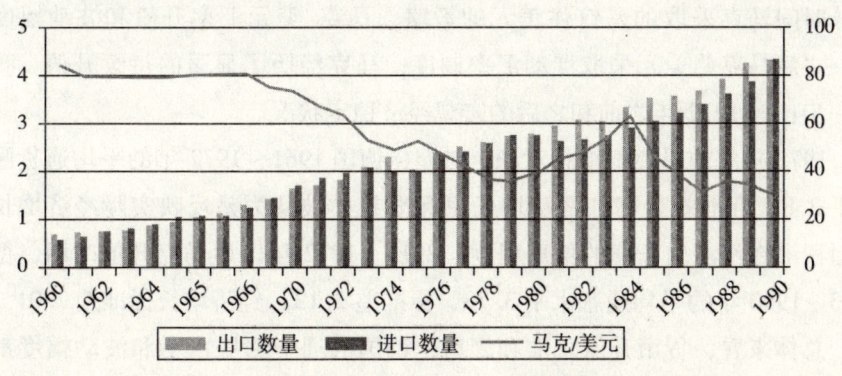

图3 出口、进口与马克/美元汇率

资料来源: WDI。

马克升值对于改善德国贸易条件作用非常显著。由于数据限制,我们没有找到上世纪80年代以前德国的贸易条件数据,取而代之的是1980~1995年

的马克/美元汇率和同期的贸易条件变化。图4中我们看到，80年代前期马克贬值并没有带来显著的贸易条件恶化，但是80年代中期以后的马克大幅升值带来了贸易条件的显著提升。1985~1995年，马克/美元汇率从2.46升值到1.43，同期贸易条件从93.3上升到107.4。

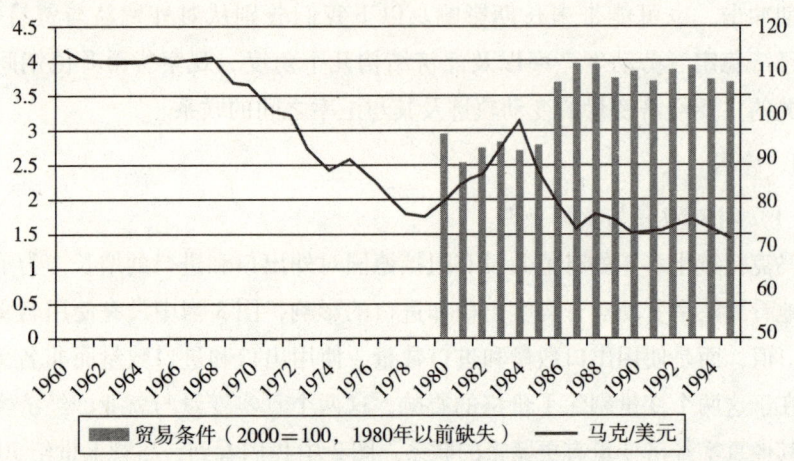

图4　贸易条件与马克/美元汇率

资料来源：WDI。

(2) 宏观经济稳定

通货膨胀水平和波动幅度，以及实际经济增长相对于潜在经济率的偏离程度被认为是反映宏观经济稳定程度的关键指标。以1972年为界线，之前大部分时间马克采取的是钉住美元的策略，马克/美元汇率升值和波动幅度有限；之后马克兑美元采取浮动汇率制度，马克经历了显著的持续升值。我们进一步比较1972年之前和之后的宏观经济稳定状况。

1972年之前马克汇率相对稳定时期，德国1961~1972年的平均通货膨胀水平2.8，标准差1.07，经济增长率标准差（被认为是反映实际经济增长率相对于潜在经济增长率的偏离程度）2.11。1972年以后马克升值时期，德国1973~1990年的平均通胀水平3.78，标准差2.13，经济增长标准差2.01。

总体来看，货币升值之前和之后，德国的通货膨胀水平和波动幅度都还保持在合理水平。后期较高的平均通胀水平和通胀波动幅度，也显著受到了两次石油危机的影响。前后两个时期经济增长率标准差基本相同，说明德国并没有因为货币升值加剧经济波动。考虑到后面一个时期德国经济还面临了两次严重的石油危机并因此加剧经济波动，德国在后一个时期取得如此稳定的实体经济表现可能在一定程度上受益于浮动汇率体制（图5）。

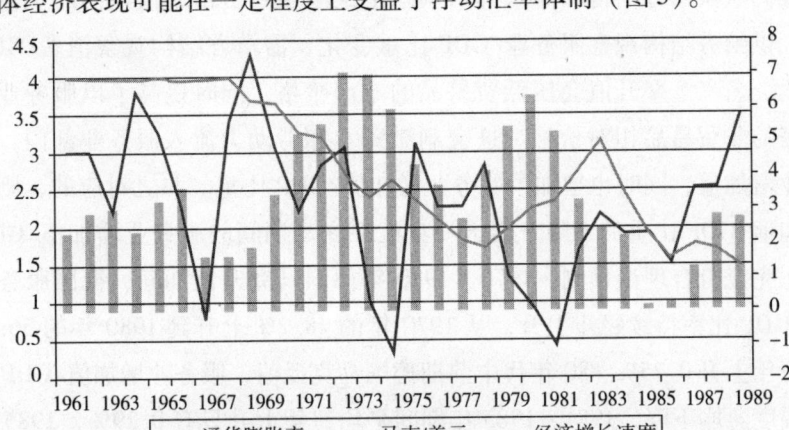

图5 经济波动、通货膨胀与马克/美元汇率

资料来源：WDI。

（3）劳动生产率与经济结构

从经济增长和经济福利的角度看，货币升值以及应对货币升值压力对产业结构和劳动生产率的影响，以及对经济结构的影响是我们关心的问题。反映产业结构的数据难以获得，但是劳动生产率的变化和产业结构保持比较密切的联系。图6中，我们考察了1970～1995年期间德国马克汇率变动和单位工作小时真实GDP。尽管德国马克经历了巨大的波动，但是反映劳动生产率的单位工作小时真实GDP并没有显著变化。单位工作小时真实GDP基本围绕在趋势线上小幅波动。

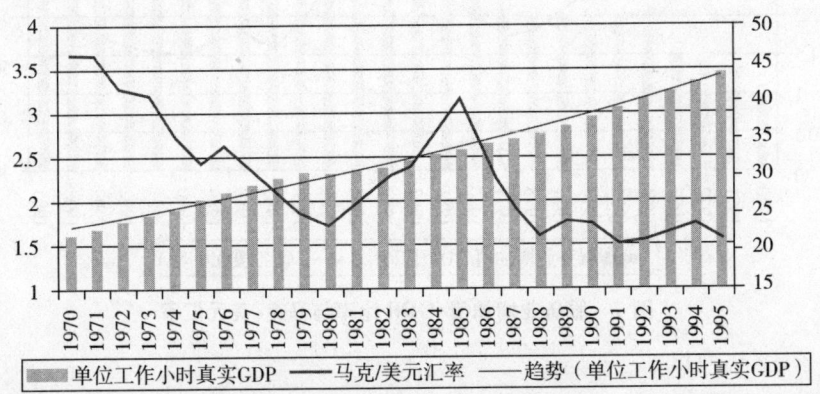

图6 劳动生产率与马克/美元汇率

资料来源：WDI；单位工作小时真实GDP来自Penn World Table 6.3。

我们从供给方结构和需求方结构两个维度观察货币升值期间的经济结构变化,供给方结构观察服务业/GDP比重变化,需求方结构观察消费/GDP比重变化。名义汇率升值会压低贸易品的本币价格,同时提高了以服务业产品为代表的非贸易品相对价格,这会刺激资本和劳动力流入服务业部门,提高服务业增加值,同时也增加了服务业增加值/GDP比重。与之对应的,则是工业增加值/GDP比重的下降。德国马克汇率变动期间的服务业增加值/GDP比重变化完全符合理论预测。1970~1980年德国马克升值期间,德国服务业增加值/GDP比率持续稳步上升,从1970年的48.2%上升到1980年的56.5%,平均每年上升0.75%。80年代中前期德国马克贬值,服务业增加值/GDP比率上升幅度急剧下降,1981~1985年期间平均每年上升只有0.29%。1985年广场协议后,马克又经历了一轮升值,与之相伴随的服务业增加值/GDP比率在1986~1995年期间平均每年上升0.76%。1970~1990年20年间,德国服务业增加值/GDP比率持续上升,而德国马克汇率虽然整体上保持了上升,但其中也有贬值的时候,这一方面说明汇率仅仅是服务业增加值/GDP比率的影响之一,还有其他重要的经济变量在支撑着服务业增加值/GDP比率趋势性的上升;另一方面从汇率与这个比率之间的紧密联动联系也说明了汇率对与这个比率的影响至关重要。

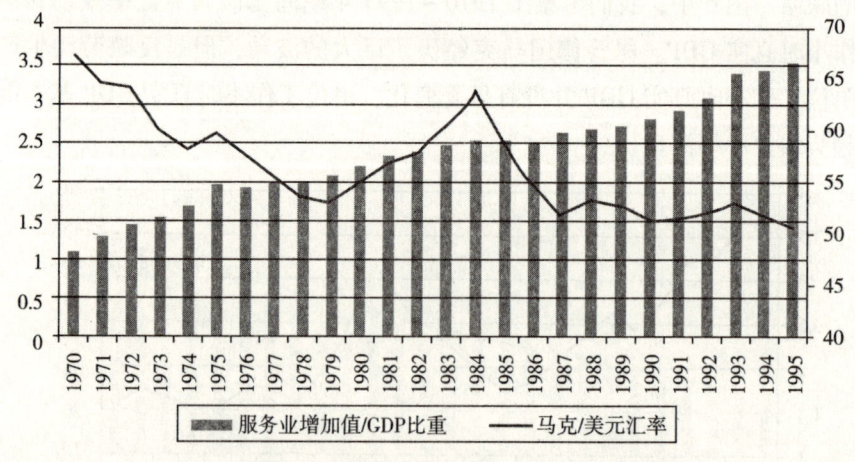

图7 服务业增加值/GDP比率与马克/美元汇率

资料来源:WDI。

为了应对货币升值压力,宏观当局倾向于采取扩大内需的战略填补出口下降带来的经济增长损失。但至少从德国的经验来看,汇率变动和消费/GDP

比率关系非常模糊，有些区间正相关，有些区间负相关。整个样本期内，德国消费/GDP比率相对稳定，在54.5%~60%之间，消费/GDP比率在70年代中后期和80年代中前期两次显著上升的原因不在于消费突然上升，而是GDP增速受石油危机和美国高利率政策影响突然下降。如果剔除这些异常阶段的影响，德国消费/GDP比率更加稳定。

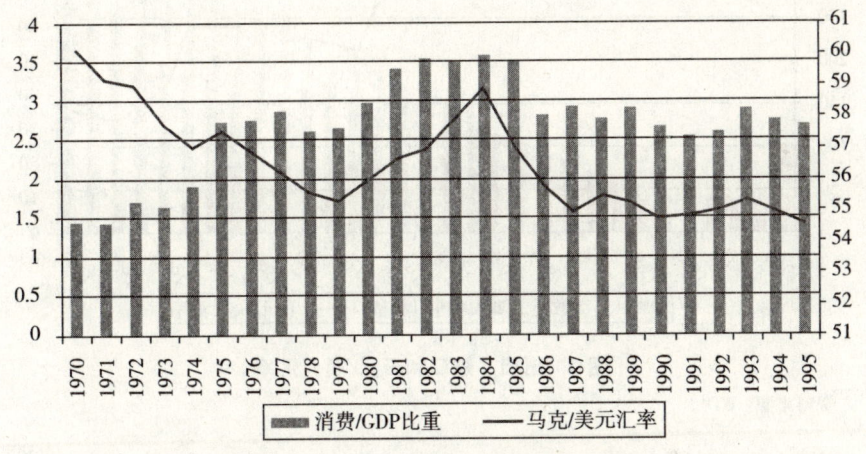

图8　消费/GDP比率与马克/美元汇率

资料来源：WDI。

2. 日本

（1）对外贸易与贸易条件

总的来看，日元自上世纪70年代以后的升值没有阻挡真实出口和进口的稳定持续增长。但是短期来看，进出口和汇率之间有显著联系。1980~1985年期间，日元/美元汇率升值步伐停滞，其间真实出口快速增长，真实进口停滞不前，贸易顺差急剧放大。1985~1986年日元快速升值以后，真实出口经历了短暂下滑，真实进口增速大幅提高，真实贸易余额有所下降。这说明日元升值至少在短期内，对于减少真实贸易顺差发挥了作用。

日元升值对于改善日本贸易条件作用非常显著。由于数据限制，我们没有找到上世纪80年代以前日本的贸易条件数据，取而代之的是1980~1995年的日本/美元汇率和同期的贸易条件变化。从图10我们看到，日元升值带来了贸易条件的持续改善。1980~1995年，日元/美元汇率从226升值到94，同期贸易条件从79.7上升到114.9。日本经济学家认为，正是在1985年广场协议日元大幅升值以后，日本国民才更充分地认识到了日元升值给国民福利带来的好处（沃尔克，行天丰雄，1997），特别是进口商品价格的下降对于提高日本国民福利发挥了重要作用。

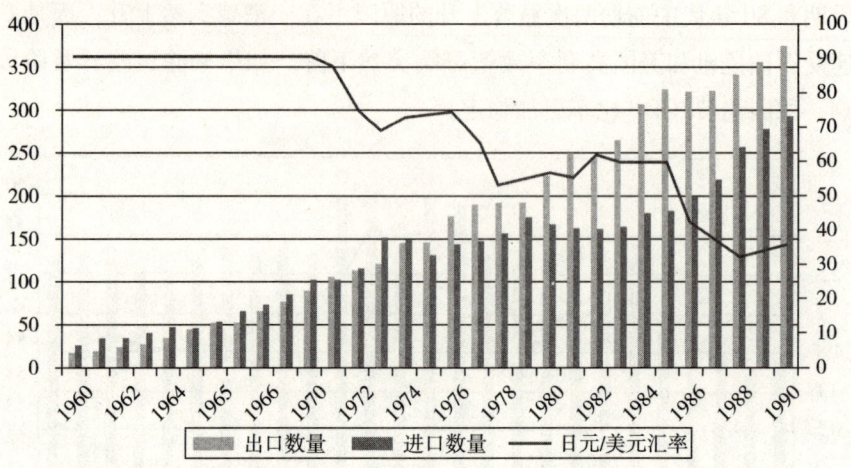

图 9　出口、进口和日元/美元汇率

资料来源：WDI。

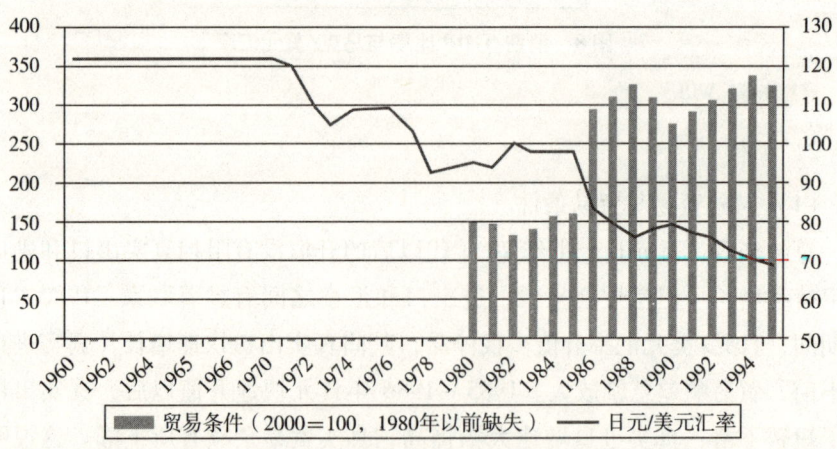

图 10　贸易条件与日元/美元汇率

资料来源：WDI。

（2）宏观经济稳定

以 1972 年为界线，之前日元/美元汇率相对稳定，之后日元/美元汇率持续升值。日本 1961~1972 年的平均通货膨胀水平 5.8，标准差 1.3，经济增长率标准差（被认为是反映实际经济增长相对于潜在经济率的偏离程度）2.82。1972 年以后日元升值时期，日本 1973~1990 年的平均通胀水平 5.54，标准差

5.55，经济增长标准差 2.24。比较而言，日元升值前后的平均通胀水平没有太大差异，实体经济波动幅度也没有太大差异，但是通货膨胀的波动幅度大大提升，从前一个区间的 1.3 提高到后一个阶段的 5.55。我们还可以做一个比较，德国在 1973 年以后也实施浮动汇率体制，但是德国 1973～1990 年的平均通胀水平 3.78，标准差 2.13，无论是通胀的绝对水平还是波动幅度都远远低于日本。造成通胀较大波动的主要原因是日本货币政策操作失误。1972 年以后的那次严重通胀与之前日本货币当局为了干预汇率而大量投放货币有密切联系。

日本的资产价格泡沫与汇率政策有非常紧密的联系。1985 年以后，日本官方在各方面压力下，认为日元已经不能继续升值，并表露出了干预倾向，但仅仅是日本官方的单独干预事实上又无力改变市场一边倒的日元升值预期，日元升值预期一直持续，给日元标价的资产价格留下了进一步上涨的预期。更糟糕的是，日本货币当局为了缓解市场上的升值压力，在实体经济增速表现尚可的情况下连续调低了贴现率，引发了市场上的流动性过剩。日本经济学家的主流意见认为当时过于宽松的货币政策是造成日本资产价格泡沫最重要的诱因（Koruda，2003）。

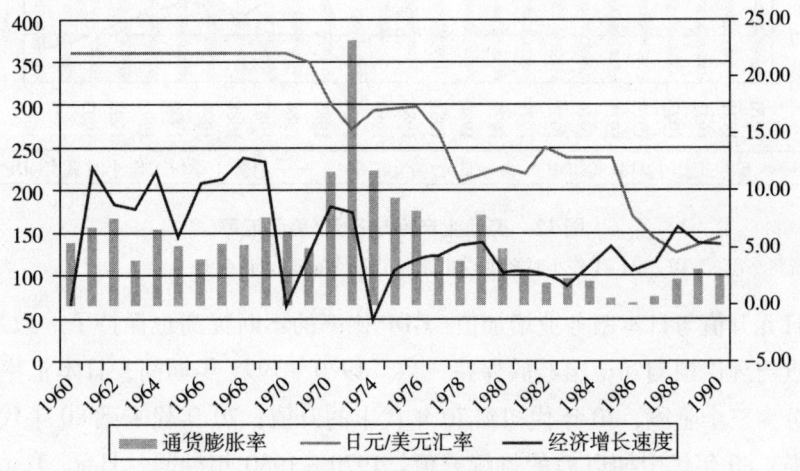

图 11 经济波动、通货膨胀与日元/美元汇率

资料来源：WDI。

日本的财政状况恶化与汇率政策也有密切联系。政府采取扩张性的经济政策被认为是减少贸易顺差和减少日元升值压力的重要手段。70 年代中后期，日本为了减少国际社会对日本不断增加的贸易顺差抱怨和日元升值压力，采取了扩张性财政政策，这使得日本财政状况逐渐恶化。到 1985 年，日本政府赤字

达到预算的22%，所有的公共债务余额达到国民生产总值的42%，这是当时发达国家的最高水平。80年代中期，日本政府也一再对国际社会做出增加国内财政开支和减税的承诺，目的同样是减少贸易顺差和日元升值压力。

（2）劳动生产率与经济结构

下图中，我们考察了1970~1995年期间日元汇率变动和单位工作小时真实GDP。单位工作小时真实GDP基本围绕在趋势线上小幅波动。70年代日元大幅升值期间，劳动生产率都高出趋势线，而80年代前期日元基本保持稳定和80年代中后期日元大幅升值期间，劳动生产率稍低于趋势线。我们从中找不到劳动生产率与汇率之间的明确联系。

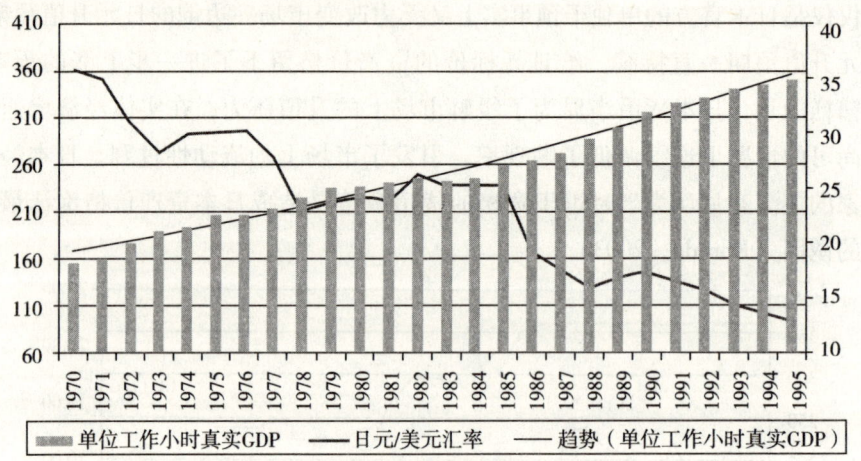

图12 劳动生产率与日元/美元汇率

资料来源：WDI；单位工作小时真实GDP来自Penn World Table 6.3。

日元升值与日本服务业增加值/GDP比率的不断提高也保持了一致趋势，这一点与理论预测和德国经验保持一致。1970~1995年期间，日本汇率可以大致分为三个阶段，70年代初到70年代末的升值；70年代末到80年代中期的停滞；80年代中期以后的持续升值。1970~1980年期间，日元/美元汇率显著升值，日本服务业增加值/GDP比率平均每年提高0.65%；1981~1985年间，日本/美元汇率保持稳定，服务业增加值/GDP比率平均每年提高幅度减缓到0.38%；1986~1995年间，日本/美元汇率再度大幅上升，服务业增加值/GDP比率再度加速提高，平均每年提高0.67%。日本的经验再次表明，虽然汇率不是服务业增加值/GDP比率唯一决定因素，但对于这个比率的影响至关重要。

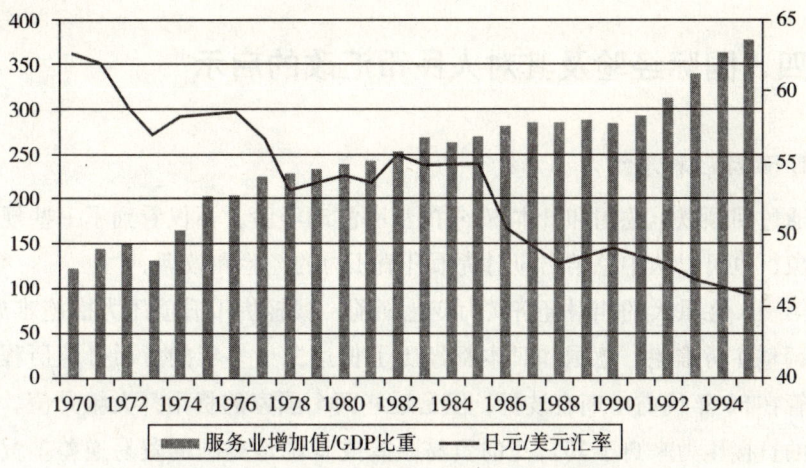

图13 服务业增加值/GDP比率与日本/美元汇率

资料来源：WDI。

日元汇率变动和消费/GDP比率关系也非常模糊。上世纪60年代日元/美元汇率相对稳定时期，消费/GDP比率先是在60年代前中期保持稳定，平均在53%，随后在60年代中后期持续下降，曾一度在1969和1970年下探至50%以下，随后又开始上升。日元启动长达二十多年的持续升值步伐以后，消费/GDP比率有升有降，汇率与消费/GDP比率之间没有显示密切的联动趋势。但总的来看，日本消费/GDP比率也比较稳定，多数情况下在50%~54%之间波动。

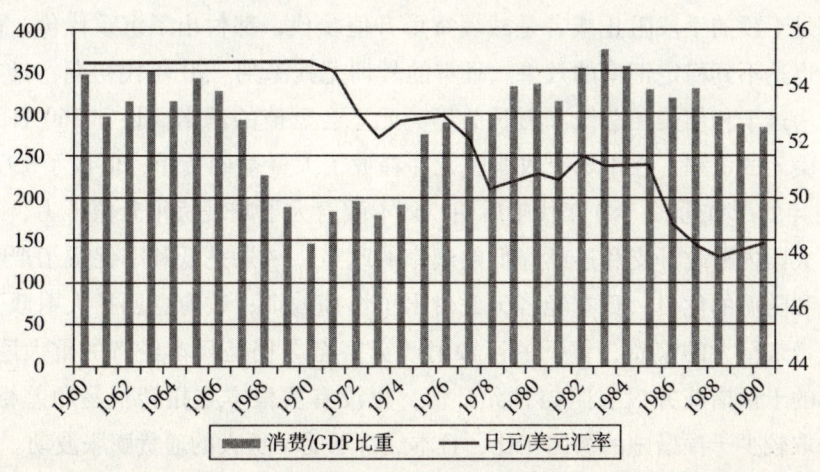

图14 消费/GDP比率与日元/美元汇率

资料来源：WDI。

四、国际经验及其对人民币汇改的启示

1. 国际经验总结

通过回顾以上德国和日本 30 年的汇率波动经验,不仅看到了一些规律性的现象,也可以从中总结出应对货币升值压力的经验和教训。

第一,在重大的相对经济实力变化面前,减轻货币升值压力措施难见效,汇率调整在所难免。德国和日本都经历了长达二十多年的货币升值历程,其中尽管在 80 年代前中期有波折,但是最终两个国家的货币都大幅升值。货币升值的直接压力来自于其自身的贸易顺差或者说是美国的贸易逆差。贸易顺差的决定因素虽然非常复杂,但对于德国和日本两个制造业强国来说,趋势性的推动力量是贸易品部门更快的生产率提高,这会通过提高出口竞争力和进口替代能力两个方面带动贸易余额上升。对于德国和日本,如果说制造业劳动生产率提高是经济增长的必然依托,货币升值就在所难免。德国和日本采取了诸如外汇市场干预、遏制国外短期资本流入、鼓励进口、扩大对外投资、扩大财政开支、降低贴现率等政策应对货币升值压力,但结果既不能阻止货币升值步伐,对进出口和贸易余额的影响也都非常有限。

第二,政府干预难挡升值步伐且代价沉重。德国和日本都不止一次地尝试通过干预的手段阻止或者是减缓货币升值步伐,都付出了沉重代价,而且最终也达不到稳定汇率的效果。日本的教训尤其深刻。70 年代初期,日本政府因为过于相信美国总统和财长关于美元不会贬值的承诺而恪守 360 日元兑换 1 美元的汇率,在市场上收购美元并释放了大量基础货币,促成了 1973～1974 年的严重通胀。80 年代中后期,日本政府为了减缓货币升值压力,采取了扩大国内财政开支和连续降低贴现率的政策,结果是低利率促成了严重的泡沫和随后的危机,日本经济为此付出了惨痛教训;政府急剧扩大财政开支不仅带来巨大的浪费,留下的巨额财政赤字至今仍是日本经济的重大隐患。日本的干预措施并没有阻挡日元升值,也没有从根本上扭转贸易顺差格局,与采取较少干预措施的德国相比,日本经济承受了更大的通货膨胀波动。

第三,货币持续大幅升值显著影响短期内的真实进口和出口,但不会改变真实进口和出口的中长期增长趋势,也不足以根本扭转中长期的贸易顺差

格局。德国和日本在70年代以后都经历了剧烈的货币升值,每次大幅货币升值后,进出口和贸易余额在未来1~2年内都出现了显著调整,但是进口和出口随后重新向增长趋势回归,德国贸易余额一直维持在较低水平上,日本贸易余额水平较高,且一直难以消除。

第四,货币持续大幅升值显著改善贸易条件和国民福利,社会各界对于货币升值的态度会由刚开始的反对逐渐转向理解和支持。一个国家的福利改善主要依赖两个渠道,首先是劳动生产率提高,即一个国家的生产能力提高;另外是贸易条件改善,即一个国家的交换能力提高,用同样的国内商品可以换取更多的国外商品。货币升值带动的贸易条件改善进一步强化了德国和日本国民福利的改善。这也是社会各界从当初反对货币升值到最后接受货币升值的关键原因。

第五,较大的汇率变动对劳动生产率没有显著影响。德国和日本的例子都说明,尽管汇率在大幅波动,但是劳动生产率基本围绕在其自身变化趋势周围小幅波动,与汇率变化没有显著联系。这说明汇率并非是劳动生产率变化的重要决定因素。考虑到劳动生产率与产业结构之间的密切联系,这个证据也说明汇率变动不足以改变产业结构的内生调整进程。

第六,较大的汇率变动对于产业结构有显著影响,货币升值会加速提高服务业增加值在GDP中的比率,货币贬值则延缓服务业增加值在GDP中的比率上升。德国和日本都有类似的经历,货币升值一直伴随着服务业增加值/GDP比率的提高,在80年代中前期德国马克贬值和日元基本稳定时期,服务业增加值/GDP比率增速相对其他货币持续升值阶段下降了一倍。

2. 对人民币汇率制度改革的启示

首先,鉴于中国相对经济实力的迅速提高,恪守钉住美元的汇率制度难以为继,中国需尽快转向市场供求主导的浮动汇率体制。上世纪90年代中期以后,中国制造业部门生产率的快速提升彻底改变了中国的对外贸易格局,在出口竞争力和进口替代能力双双提高的作用下,贸易顺差规模不断扩大。从德国和日本的经验来看,这种情况下继续恪守钉住美元的汇率制度不仅不能平衡外汇市场供求,对国内货币供应和资产价格会带来巨大压力,而且不断招致来自贸易逆差国的国际社会压力。如果这些压力不能有效释放,中国将面临更剧烈的宏观经济波动、资产价格泡沫,以及贸易战的风险,而且最终汇率水平也难以坚守。尽快转向市场供求主导的浮动汇率体制是释放压力的最佳途径。

第二，切忌为了减轻货币升值压力而采取过于宽松的国内货币政策环境，汇率稳定目标应服从于通胀稳定目标和资产价格相对稳定目标。德国和日本是非常鲜明的对比。德国把稳定通胀作为货币政策的首要目标，汇率则是留给市场决定。日本力图保持汇率稳定或者是减缓升值幅度，并为此大量干预外汇市场甚至是降低贴现率。日本付出的代价是70年代初期超过10%的通货膨胀和80年代中后期严重的资产价格泡沫，而且日元汇率几乎是只涨不跌。德国同期内通胀水平和波动率远低于日本，而且德国马克是有升有跌，80年代中前期德国马克的持续贬值对于刺激当时德国经济增长发挥了重要作用。

第三，需采取暂时性措施缓解货币大幅升值对出口部门的暂时性负面影响，需充分认识出口的自我恢复能力。德国和日本经验显示，面临大幅度的汇率调整，在短期内会对真实进出口和贸易余额有显著影响，但是经过1~2年后真实进出口又会向增长趋势上靠拢。为了妥善应对货币大幅升值可能在短期内带来的压力，需要暂时性措施应对这些暂时性冲击，防止经济太大的波动，同时注意不可低估出口的自我恢复力量。

第四，出口、劳动生产率的趋势性决定力量还是制度、技术等一些更加根本的供给方因素，汇率的作用不显著，货币大幅升值对此也不构成显著负面冲击。

第五，汇率价格是调节资源配置和经济结构的重要手段，货币升值有助于推动服务业发展。经济持续增长到一定阶段以后，服务业占国民经济中的比重会逐渐提高，汇率价格变化在这其中起到非常关键的作用。货币升值提高了非贸易品的相对价格，有助于引导更多资源流入服务业部门。不仅理论上对此支持，德国和日本的经验也验证汇率调整幅度与服务业/GDP比率之间的紧密联系。

第六，从中长期看，货币升值能够显著改善贸易条件和国民福利，人民币汇率形成机制改革会因此获得越来越多的内部支持。货币升值对一些低附加值的出口企业会带来生存压力，但会提高绝大多数群体的购买力水平。出口部门企业面临的生存压力很容易被归咎于货币升值，但是绝大多数群体很难全面理解自身购买力水平提高和货币升值之间的联系。日本的经验显示，货币大幅升值会遭受各种国内指责和政治压力，但后来随着福利效果的显现会被慢慢理解和接受。

参考文献

[1] Balassa, B. (1964), "The Purchasing Power Parity Doctrine: A Reappraisal", Journal of Political Economy 72 (6): 584 – 596

[2] Samuelson, P. A. (1964), "Theoretical Notes on Trade Problems", Review of Economics and Statistics 46 (2): 145 – 154

[3] Koruda, H., 2003: "The Nixon Shocks and the Plaza Agreement: Lessons From Two Seemingly Failed Cases of Japan Exchange Rate Policy" 在中国社科院世界经济与政治研究所提交的演讲论文

[4] 沃尔克, 行天丰雄. 时运变迁. 北京: 中国金融出版社, 1996